바다 속에 난 길

김서택 목사의 시편 강해 ⑥

바다 속에 난 길

김서택 지음

예찬사

■ 서문

무한한 진리의 보고

저는 언젠가 신문에서, 침몰한 옛날 보물선을 찾아내어 무진장한 보물을 얻은 사람의 이야기를 본 기억이 있습니다. 그 사람은 우선 정확한 고증과 문헌 조사를 통하여 보물을 실은 선박이 침몰한 시기와 위치를 알아냈다고 합니다. 그리고 나서 최첨단 과학 장비와 끈질긴 노력으로 실제로 그 보물선을 발견한 것입니다.

우리가 가지고 있는 시편은 그야말로 '진리의 보고' 입니다. 이 시편 안에는 우리의 신앙에 필요한 모든 귀중한 보배들이 다 들어 있음에도, 사실 우리는 이 진리의 바다 속에 들어가는 것을 두려워해 왔습니다. 그러나 진정으로 자신의 영혼을 풍요롭게 하기를 원하는 자들은 보물선을 탐사하듯 시편 속에 묻힌 보물을 충분히 찾아보아야 합니다.

다른 성경은 하나님께서 우리에게 직접 말씀하신 것이기 때문에 '여호와께서 가라사대' 로 되어 있습니다. 그런데 시편은 다른 성경과는 달리 믿음의 사람들이 하나님께 대하여 신앙을 고백한 것입니다. 우리 인간이 하나님의 진리를 자신의 경험과 체험 속에 완전히 녹여서 하나님께 기도나 찬송으로 표현한 것입니다. 이것은 완전히 삶 속에 녹은 진리이기 때문에 우리가 그대로 먹기만 하면 약이 됩니다.

특히 다윗이 이렇게 많은 시를 지은 것이 놀랍습니다. 그만큼 그에게는 놀라운 성령의 부으심이 있었고 성령의 영감이 넘쳐흘렀습니다. 하나님께서 교회에 놀랍게 복을 주시는 부흥의 시기에는 바로 이런 풍성한 말씀의 은혜가 있습니다.

저는 이 시편을 설교하면서 지금까지 제가 설교한 모든 것을 종합한다는 심정이었습니다. 왜냐하면 시편 자체가 그렇게 되어 있기 때문입니다. 이 시편의 놀라운 진리들이 우리의 신앙을 부요하게 만들어 줄 것입니다. 그리고 다시 한번 교회의 강단에서 풍성한 진리가 넘쳐흐름으로 성령의 위대한 부흥의 시대가 우리에게 찾아오기를 바랍니다.

2003년 여름

대구 수성교 옆에서 **김서택** 목사

■ 차례

바다 속에 난 길

73.

73:1-28

하나님을 가까이함이 복이라

하나님이 참으로 이스라엘 중
마음이 정결한 자에게 선을 행하시나
나는 거의 실족할 뻔하였고 내 걸음이 미끄러질 뻔하였으니
이는 내가 악인의 형통함을 보고 오만한 자를 질시하였음이로다
저희는 죽는 때에도 고통이 없고 그 힘이 건강하며
타인과 같은 고난이 없고 타인과 같은 재앙도 없나니
그러므로 교만이 저희 목걸이요 강포가 저희의 입는 옷이며
살찜으로 저희 눈이 솟아나며 저희 소득은 마음의 소원보다 지나며
저희는 능욕하며 악하게 압제하여 말하며 거만히 말하며
저희 입은 하늘에 두고 저희 혀는 땅에 두루 다니도다
그러므로 그 백성이 이리로 돌아와서 잔에 가득한 물을 다 마시며
말하기를 하나님이 어찌 알랴 지극히 높은 자에게 지식이 있으랴 하도다
볼지어다 이들은 악인이라 항상 평안하고 재물은 더 하도다
내가 내 마음을 정히 하며 내 손을 씻어 무죄하다 한 것이 실로 헛되도다
나는 종일 재앙을 당하며 아침마다 징책을 보았도다
내가 만일 스스로 이르기를 내가 이렇게 말하리라 하였더면
주의 아들들의 시대를 대하여 궤휼을 행하였으리이다
내가 어찌면 이를 알까 하여 생각한즉 내게 심히 곤란하더니
하나님의 성소에 들어갈 때에야 저희 결국을 내가 깨달았나이다
주께서 참으로 저희를 미끄러운 곳에 두시며 파멸에 던지시니
저희가 어찌 그리 졸지에 황폐되었는가 놀람으로 전멸하였나이다
주여 사람이 깬 후에는 꿈을 무시함 같이
주께서 깨신 후에 저희 형상을 멸시하시리이다
내 마음이 산란하며 내 심장이 찔렸나이다
내가 이같이 우매 무지하니 주의 앞에 짐승이오나
내가 항상 주와 함께하니 주께서 내 오른손을 붙드셨나이다
주의 교훈으로 나를 인도하시고 후에는 영광으로 나를 영접하시리니
하늘에서는 주 외에 누가 내게 있으리요
땅에서는 주 밖에 나의 사모할 자 없나이다
내 육체와 마음은 쇠잔하나
하나님은 내 마음의 반석이시요 영원한 분깃이시라
대저 주를 멀리하는 자는 망하리니
음녀같이 주를 떠난 자를 주께서 다 멸하셨나이다
하나님께 가까이 함이 내게 복이라
내가 주 여호와를 나의 피난처로 삼아 주의 모든 행사를 전파하리이다

Surely God is good to Israel, to those who are pure in heart.
But as for me, my feet had almost slipped; I had nearly lost my foothold.
For I envied the arrogant when I saw the prosperity of the wicked.
They have no struggles; their bodies are healthy and strong.
They are free from the burdens common to man;
they are not plagued by human ills.
Therefore pride is their necklace; they clothe themselves with violence.
From their callous hearts comes iniquity;
the evil conceits of their minds know no limits.
They scoff, and speak with malice; in their arrogance they threaten oppression.
Their mouths lay claim to heaven,
and their tongues take possession of the earth.
Therefore their people turn to them and drink up waters in abundance.
They say, "How can God know? Does the Most High have knowledge?"
This is what the wicked are like--always carefree, they increase in wealth.
Surely in vain have I kept my heart pure;
in vain have I washed my hands in innocence.
All day long I have been plagued; I have been punished every morning.
If I had said, "I will speak thus," I would have betrayed your children.
When I tried to understand all this, it was oppressive to me
till I entered the sanctuary of God; then I understood their final destiny.
Surely you place them on slippery ground; you cast them down to ruin.
How suddenly are they destroyed, completely swept away by terrors!
As a dream when one awakes, so when you arise,
O Lord, you will despise them as fantasies.
When my heart was grieved and my spirit embittered,
I was senseless and ignorant; I was a brute beast before you.
Yet I am always with you; you hold me by my right hand.
You guide me with your counsel, and afterward you will take me into glory.
Whom have I in heaven but you? And earth has nothing I desire besides you.
My flesh and my heart may fail,
but God is the strength of my heart and my portion forever.
Those who are far from you will perish;
you destroy all who are unfaithful to you.
But as for me, it is good to be near God.
I have made the Sovereign LORD my refuge; I will tell of all your deeds.

우리가 일반적으로 이 세상을 돌아보면 악인이 잘 되는 것 같다가 결국 얼마 가지 못해서 망하고 맙니다. 그리고 의인들은 처음에 고생을 하고 압제를 당하다가 나중에는 성공하는 것입니다. 이것이 일반적인 현상이며 우리 성도들은 이런 모습을 통하여 하나님께서 이 세상을 다스린다는 것을 확인을 하게 됩니다. 그런데 그렇지 않은 경우도 있습니다. 즉 악인들이 끝까지 잘되고 형통하며 오히려 의인들은 처음부터 끝까지 어려운 시련 가운데 있을 때가 있습니다. 그럴 때 우리 마음속에 어떤 생각이 드는가 하면 내가 믿음을 지킨 결과가 이렇게 끝까지 힘들고 비참한 것이라면 굳이 믿음을 지킬 필요가 무엇이겠느냐 하는 것입니다. 이것이 믿음을 가진 자들이 경험하는 딜레마입니다. 즉 나는 끝까지 하나님에 대한 믿음을 지키고 있는데 하나님은 나를 도와 주시지도 않고 어려움에서 건져 주시지도 않을 때 믿음의 뿌리가 흔들리게 되는 것입니다.

오늘 본문은 바로 이런 문제를 다루고 있는 시입니다. 사실 우리 그리스도인들의 심중을 꿰뚫어보고 있는 시이며, 우리들의 답답한 문제를 시원하게 해주는 놀라운 말씀입니다. 시인은 이 세상에서 나름대로 자신의 믿음을 지키며 깨끗한 양심을 지키려고 애를 썼습니다. 그러나 세상 돌아가는 것을 보고는 거의 믿음을 잃을 뻔했다는 것입니다. 왜냐하면 믿음을 지키는 자들은 하나님께서 주야로 치시고 어려움을 주시는데 비하여 믿음을 지키지 않고 자기 마음대로 사는 자들은 어려움도 없고 심지어는 죽을 때에도 너무 편안하게 죽더라는 것입니다. 결국 하나님께서는 악인을 심판하시지도 않고 의인에게 복을 주시지도 않는다는 것입니다. 그래서 그도 거의 신앙을 버릴 뻔했습니다. 그런 그의 생각이 극적으로 변하게 된 것은 하나님의 성소에 들어가는 순간이었습니다. 거기서 이 성도는 자신의 문제를 하나님의 눈으로 보게 되었습니다. 그때부터는 불평이 찬송으로 변하면서 모든 생각이 달라지게 된 것입니다. 그런 것을 볼 때 똑같은 현상을 두고서 우리의 관점의 변화가 얼마나 큰 영향을 미치는지 알 수 있습니다.

일반적인 생각이 깨어짐

우리 믿는 사람들이 가지고 있는 생각은 믿음대로 사는 의인이 하나님의 복을 받고 악인은 망한다는 것입니다. 그런데 이 성도는 이 세상이 반드시 그런 것만은 아니라는 것을 발견하게 되었습니다.

> "하나님이 참으로 이스라엘 중 마음이 정결한 자에게 선을 행하시나 나는 거의 실족할 뻔하였고 내 걸음이 미끄러질 뻔하였으니 이는 내가 악인의 형통함을 보고 오만한 자를 질시하였음이로다"(73:1-3).

이 성도가 가졌던 생각은 하나님께서 참으로 이스라엘 사람들 중에서 의를 행하고 마음이 정결한 자에게 선을 행하신다는 것이었습니다. 즉 그는 하나님께서 깨끗한 신앙 양심을 가지고 사는 자에게 복주신다는 생각을 가지고 있었습니다. 즉 깨끗한 신앙 양심을 가진 자는 복을 받고 악하게 사는 자는 벌을 받는다는 것이었습니다. 그런데 그는 '거의 미끄러질 뻔하였다' 고 말하고 있습니다. 여기서 '미끄러질 뻔하였다' 는 것은 마음에 큰 시험이 들어서 믿음을 거의 포기할 뻔하였다는 뜻입니다. 이 세상 현실이 돌아가는 것을 보니 마음이 정결한 자가 복을 받는 것도 아니고 악한 자가 망하지도 않으니 너무나도 불공평하다는 생각이 들었다는 것입니다. 그래서 그의 마음속에 혹시 하나님이 안 계신 것은 아닌가 하는 의심도 생기고 굳이 신앙 양심을 지킬 필요가 무엇이 있겠는가 하는 생각까지 들었다는 것입니다. 그리고 한 걸음 더 나아가서 자칫 잘못했으면 자기 자신도 죄와 손잡을 뻔할 정도의 유혹을 느꼈다는 것입니다. 그 이유에 대하여 이 성도는 솔직하게 말하고 있습니다.

즉 나는 악인의 형통함이 부러웠으며, 오만한 자의 형통함을 보고 시기심이 생겼다는 것입니다. 다시 말해서 악인이 잘 되는 것이 솔직히 부러웠다는 것입니다. 그리고 아주 일시적이기는 했지만 마음속으로 '나도 저런 식으로 해서 한번 성공해보자' 는 생각이 들었다는 것입니다.

우리는 성경이 너무나도 솔직한 것에 대하여 놀라지 않을 수 없습니다. 이 성도는 너무나도 솔직하게 '나는 사실 악인이 잘 되는 것이 좋아 보였고 부러워 나도 그렇게 되고 싶었다' 고 말하고 있습니다. 그것이 무엇입니까?

이것이 미끄러질 뻔한 것입니다. 우리도 한번 솔직하게 생각해 봅시다.

우리가 믿음을 지키는 많은 이유 중에 하나님께서 딴 길을 열어주시지 않기 때문에 어쩔 도리가 없어서 믿음을 지키는 경우가 많을 것입니다. 즉 나도 세상적인 방법으로 출세하고 성공할 수 있으려면 얼마든지 그렇게 했을텐데 그런 길이 없었던 것입니다. 마음속으로는 가지 못한 세상 길에 대한 미련이 남아 있는 것입니다.

악인의 교만

성도의 주변에 이 악인이 있었던 것 같습니다. 어쩌면 그의 가족 중 한 명이었는지도 모르고, 어쩌면 그의 친한 친구였는지도 모릅니다. 이 성도는 악인을 아주 가까이에서 관찰하였기 때문에 너무나도 잘 아는 처지였습니다. 그런 그가 악인을 관찰한 결과가 무엇입니까?

> "저희는 죽는 때에도 고통이 없고 그 힘이 건강하며 타인같은 고난이 없고 타인과 같은 재앙도 없나니 그러므로 교만이 저희 목걸이요 강포가 저희 입는 옷이며" (73:4-6).

이 성도가 가진 생각이 무엇입니까? 아무리 악인이 잘산다 하더라도 적어도 죽기 전에 심한 고통을 겪거나 망해야 하는 것이었습니다. 물론 이런 마음이 좋은 마음은 아니지요. 그러나 그가 가진 신앙의 관점으로 언젠가는 악인들이 망해야 내가 의로워지는 것이니 악인이 죽을 때까지 기다려본 것입니다. 그런데 막상 악인이 죽을 때도 잘 죽더라는 것입니다. 악인이 죽는데 고통도 없이 죽고, 건강하여 다른 사람 같은 재앙도 없고, 고난도 없더라는 것입니다.

그러니까 이 성도는 악인이 이렇게 죽을 때까지 망하지 않는 것을 보고 자기가 가지고 있던 신앙이 다 허물어지는 것입니다. 이런 것을 일종의 정의감이라고 합니다. 다시 말해서 악인이 망하는 것을 통하여 자신의 의로움을 보상받으려고 하는 것입니다.

실제로는 이것도 결코 좋은 심보는 아닙니다. 왜냐하면 악인 당사자의 입장에서 보면 자기가 불행해지는 것을 결코 원하지 않을 것이기 때문입니다. 그리고 사실 하나님께서는 악인들이라고 해서 무조건 다 망하게 하시지는 않습니다. 아마 이 성도는 이 악인으로부터 무슨 피해를 입었던 것 같고 심한 마음의 상처를 받았던 것 같습니다. 그래서 이 사람이 망해야 나의 억울함이 어느 정도 풀어진다고 생각했기 때문에 마음속으로 은근히 이 악인이 망하기를 기다렸던 것입니다.

이런 것을 '요나 콤플렉스' 라고 부를 수 있습니다. 요나는 이스라엘 백성들을 침략하고 많은 고통을 준 니느웨가 망해야 그 동안 당했던 억울함이 어느 정도 보상된다고 생각한 것입니다. 그래서 그는 니느웨가 하나님의 말씀을 듣고 회개하지 못하도록 다른 곳으로 달아나버렸습니다. 즉 니느웨같은 나라는 망해야 이스라엘의 의로움이 드러난다는 것입니다. 그러나 하나님은 할 수만 있으면 그런 악인들까지라도 망하지 않기를 바라고 계셨습니다.

그래서 우리들도 할 수 있는대로 모든 사람들이 잘 되기를 바래야 합니다.

그럼에도 이 악인은 하나님의 심판이 전혀 없으니까 '교만이 목걸이이고 강포가 저희 입는 옷' 이었습니다. 여기서 목걸이와 옷은 남에게 자랑하기 위하여 보여주는 과시입니다. 즉 하나님의 심판이 임해야 악인의 기가 좀 꺾일텐데 하나님께서 전혀 손을 보시지 않으니까 이들은 아예 교만을 자랑하고 다니며 강포를 옷처럼 항상 두르고 다녔습니다.

여기서 더 꼴 보기 싫은 것이 7절에 나옵니다.

"살찜으로 저희 눈이 솟아나며 저희 소득은 마음의 소원보다 지나며" 입니다. 얼마나 살이 쪘든지 눈이 다 튀어나오더라는 것입니다. 그러니까 얼마나 보기가 싫습니까? 대개 교만하면 눈을 아래로 깔기 때문에 눈을 제대로 뜨지 못하는 것과 같습니다. 그리고 얼마나 장사가 잘되는지 소득은 항상 생각을 넘는 것입니다. 장사가 너무 잘 되어서 돈을 주체할 수 없을 정도입니다.

이것이 과연 복일까요? 그러나 이 성도는 자기 눈에는 이것이 복으로 보였다는 것입니다.

어느 시골에 국책 사업이 시행되면서 국가에서 많은 보상을 하는 바람에 사람들이 많은 돈을 손에 쥐게 되었습니다. 그래서 갑자기 부자가 된 사람들은 고급 양주를 들이마시는 바람에 모두 코가 빨간 알콜 중독자가 되었습니다. 그리고 주식 투자를 한다고 돈을 많이 날렸습니다. 이것이 과연 복이겠느냐는 것입니다. 그럼에도 사람들의 눈에는 복으로 보이는데 어떻게 합니까?

그런데 정말 무서운 것은 이렇게 전혀 하나님의 간섭없이 사는 부자들은 결국 하나님을 대적하게 되더라는 것입니다.

> "저희는 능욕하며 악하게 압제하여 말하며 거만히 말하며 저희 입은 하늘에 두고 저희 혀는 땅에 두루 다니도다. 그러므로 그 백성이 이리로 돌아와서 잔에 가득한 물을 다 마시며 말하기를 하나님이 어찌 알랴 지극히 높은 자에게 지식이 있으랴 하는도다"(73:8-11).

결국 이 사람들은 악하게 살아도 하나님이 징계하시지 않으니까 이제는 하나님이나 사람들이나 부모나 형제나 아무도 두려워하지 않는 것입니다.

'저희 입은 하늘에 두고 저희 혀는 땅에 두루 다닙니다.' 이것은 하나님도 저주하고 사람들도 누구든지 상대를 가리지 않고 마음대로 욕을 하는 것입니다. 혀가 땅을 돌아다니는 장면을 생각해 보십시오. 구석구석을 돌아다니면서 말거리를 찾아서 훼방도 하고 삼키기도 하는 것입니다.

'백성들이 마시는 잔에 가득한 물'이 그냥 물이겠습니까? 너무나도 여러 곳을 다녔기 때문에 목이 말라서 이 물을 마시겠습니까? 아닙니다. 이 물은 독약입니다. 간덩이를 붓게 해서 하나님을 두렵지 않게 만드는 독약의 물입니다.

성도는 악인이 잘 되는 것을 보고 크게 실망했습니다. 특히 하나님의 공의에 대하여 실망을 했습니다.

"볼찌어다. 이들은 악인이라. 항상 평안하고 재물은 더하도다. 내가 내 마음을 정히 하며 내 손을 씻어 무죄하다 한 것이 실로 헛되도다"(73:12-13).

이것은 하나님에 대하여 하는 불평입니다. 악인은 항상 평안하고 돈은 더 잘 벌더라는 것입니다. 그래서 내가 마음을 깨끗이 하고 깨끗한 손으로 일한 것이 헛되다고 생각한 것입니다. 이 성도가 하나님께 가진 불만이 보통 큰 것이 아닌 것을 알 수 있습니다. 이제는 신앙도 필요없고 양심도 필요없고 '막가파' 로 갈 뻔했다는 것입니다.

거기에 비하여 자기 자신의 형편은 어떻습니까?

"나는 종일 재앙을 당하며 아침마다 징책을 보았도다"(73:14).

하나님은 이 성도에게 매일 어려움을 주셨습니다. 그리고 아침마다 하나님께서는 그를 징계하셨습니다. 이 말은 그에게는 어려움이 계속되었고 아무리 하나님께 기도하고 기다려도 해결의 실마리는 보이지 않았다는 뜻입니다.

한번 생각해 보십시오. 교만하고 악한 자는 일이 잘 되어도 너무 잘 되는데 겸손하게 하나님을 의지하고 늘 깨끗한 양심을 지키는 이 사람은 항상 어려움이 계속 되니까 마음속에 하나님에 대한 의심과 원망이 생기는 것입니다. 그래서 그가 내린 결론이 무엇입니까?

"내가 만일 스스로 이르기를 내가 이렇게 말하리라 하였더면 주의 아들들의 시대를 대하여 궤휼을 행하였으리이다"(73:15).

어느 정도까지 가게 되었는가 하면 사실 그의 생각이 생각으로 그쳐서 다행이지 만일 행동으로 옮겨졌더라면 그는 분명히 성도들을 속이는 짓을 하고야 말았을 것이라는 것입니다.

'주의 아들들의 시대'가 무엇을 의미하는지, 아마도 그를 믿고 따라오는 많은 성도들을 의미하는 것 같습니다. 이 사람의 깨끗한 신앙의 자세를 보고 힘을 내고 따라오는 많은 자들을 넘어지게 할 뻔했다는 것입니다. 즉 나 혼자 살기 위하여 다른 많은 사람들의 신앙을 다치게 할 뻔했다는 것입니다.

위대한 생각의 전환

"내가 어찌면 이를 알까 하여 생각한즉 내게 심히 곤란하더니" (73:16).

우선 이 성도는 자기 안에 있는 이런 갈등을 두고 많은 고민을 했습니다. 그의 신앙은 충분히 성숙한 신앙이 아닙니다. 우리가 하나님 앞에서 정결한 마음을 지켰으며 그것으로 충분히 가치있는 것으로 생각해야지 물질적인 복까지 기대했다는 것이 아직 세상 욕심을 버리지 못한 것입니다.

그는 아직도 기계적인 신앙을 가지고 있습니다. 즉 내가 하나님께 한 가지를 잘하면 하나님도 나에게 한 가지를 잘해주셔야 한다는 것입니다. 이것은 아직 욕심을 버리지 못한 것입니다. 그리고 왜 굳이 악인이 망해야 합니까? 악인은 사람이 아닙니까? 그리고 도대체 그 악인의 기준이 무엇입니까? 내 마음에 들지 않으면 모두 다 악인이고 망해야 하는 사람으로 생각하는 것은 아닙니까? 그는 이런 생각을 하면서 끝까지 하나님의 입장에서 이것을 보려고 하지 않았습니다. 즉 자기 생각이 옳고 하나님께서 모든 것을 공의롭게 하시지 않는다는 생각을 가지고 있었던 것입니다.

그런데 이 성도에게 위대한 생각의 전환이 일어나게 됩니다. 이것은 하나님의 성소에 들어가면서 이루어진 것입니다.

"하나님의 성소에 들어갈 때에야 저희 결국을 내가 깨달았나이다"(73:17).

하나님의 성전에 들어가면서 그 사람의 마음속에 있는 갈등이 가라앉게 된 것입니다. 여기서 우리는 몇 가지를 생각할 수 있습니다.

첫째로, 이 성도도 처음부터 하나님의 성전을 찾은 것은 아니었습니다. 그는 다른 데를 실컷 돌아다니다가 도저히 다른 가능성이 없으니까 마지막 수단으로 하나님의 성소를 찾게 되었습니다. 그 이유가 어디에 있습니까? 그는 해답이 다른데 있다고 생각을 한 것입니다. 다시말해서 그도 지금까지 세상적인 방법으로 성공할 수 있으면 그렇게 하려고 애를 썼다가 도저히 다른 방법이 없으니까 하나님의 성전을 찾은 것입니다.

둘째로, 그가 하나님의 성전에서 경험한 것이 무엇입니까? 그것은 바로 하나님의 영광이었습니다. 그가 하나님의 성소에 들어갔다고 하는 것은 하나님의 영광을 만나게 되었다는 것입니다. 물론 처음부터 하나님의 영광을 경험한 것은 아닙니다. 그는 너무나도 비참한 마음으로 하나님의 은혜를 간구하였는데 어느 한 순간 하나님의 성령이 그에게 부어지기 시작한 것입니다. 이것이 바로 하늘의 영광이었습니다. 온 세상이 환하게 변하면서 하나님의 사랑이 그의 마음속에 부어지기 시작하는데 그는 자기가 이대로 죽어도 좋다고 생각할 정도로 황홀한 체험을 한 것입니다. 그가 하나님의 영광을 경험하고 보니까 이 세상의 그 반짝이던 모든 것들이 배설물이더라는 것입니다. 그 모든 영광들은 가짜 영광이었습니다. 그리고 귀한 모든 것은 다 하나님께 있었습니다.

그리고 셋째로 그는 하나님의 성소에서 모든 것을 하나님의 눈으로 보는 것을 배우게 되었습니다. 그랬더니 두 가지를 보게 되었습니다. 하나는 그 성전에 나와 있는 자들이 얼마나 귀한 자들인가 하는 것이었습니다. 그리고 다른 하나는 아무 어려움 없이 악하게 사는 자들이 얼마나 위험한 자리에 서 있는지 보게 된 것입니다.

우선 하나님의 성전에 가보니 어떤 사람들이 있습니까? 자기처럼 어려움을 당한 자들이 많이 모여 있습니다. 그런데 그 사람들은 어떤 사람들입니까? 자기보다 훨씬 큰 환난을 겪으면서도 그 모든 것을 다 소화하고 믿음으로 승리한 자들이었습니다. 이 성도는 이전에는 자기만 이 세상에서 비참하고 불행한 사람인 줄 알았습니다. 그러나 하나님의 성전에 가보니까 자신의 어려움은 문제도 아니었습니다. 그것보다 훨씬 더 심한 어려움을 가진 자들이 잘도 참고 있었습니다. 그런데 단순하게 참는 정도가 아니라 그 어려움들을 통하여 너무나도 아름다운 보석으로 변화되고 있었습니다.

또한 하나님의 눈으로 악한 자들을 보니까 어떻습니까?

> "주께서 참으로 저희를 미끄러운 곳에 두시며 파멸에 던지시니 저희가 어찌 그리 졸지에 황폐되었는가? 놀람으로 전멸하였나이다. 주여 사람이 잠이 깬 후에는 꿈을 무시함같이 주께서 깨신 후에 저희 형상을 멸하시리이다"(73:18-20).

성도가 참으로 믿음의 눈으로 교만한 자들을 보니까 이들은 정말 미끄러운 곳에 서 있더라는 것입니다. 한 발만 삐끗하면 그만 밑바닥으로 굴러 떨어질 수밖에 없는 그런 위치에 서 있는 것입니다. 가장 견고한 자리에 서 있는 줄 알았는데 알고 보니까 가장 위험한 곳에 그들이 서 있더라는 것입니다.

하나님께서 한순간에 파멸로 던지시니까 졸지에 망해버리더라는 것입니다. 물론 악인은 지금 전혀 망하지 않았습니다. 그는 지금도 잘 지내고 있습니다. 그러나 이미 그런 교만한 자는 하나님 앞에 아무 의미가 없으며 사람이 잠에서 깨면 꿈을 무시하듯이 하나님 앞에서는 무시될 수밖에 없는 자들이라는 것을 본 것입니다.

성도가 하나님 앞에서 깨달은 것은 이 세상에서 잘 사는 것이 중요한 것이 아니라 하나님의 말씀으로 순종하는 것이 중요하다는 것이었습니다. 예를 들어서 피겨 스케이트 선수가 최고급 스케이트를 가지고 있는 것이 중요한 것이 아니라 그 스케이트로 최고의 연기를 보여주는 것이 더 중요한 것과 같습니다. 즉 얼마나 많은 것을 가지고 있느냐가 중요한 것이 아니라 어떻게 사느냐 하는 것이 더 중요하다는 것입니다.

그는 하나님 앞에서 자기가 얼마나 미련하고 깨닫지 못하였는지 발견하고는 큰 충격에 빠졌습니다.

> "내 마음이 산란하며 내 심장이 찔렸나이다. 내가 이같이 우매 무지하오니 주의 앞에 짐승이오나 내가 항상 주와 함께 하니 주께서 내 오른손을 붙드셨나이다"(73:21-23).

여기서 마음이 산란하고 심장이 찔렸다고 하는 것은 하나님의 은혜를 한번 받고 나니까 과거의 무지에 대하여 충격을 받았다는 것입니다. 자기 스스로는 잘 믿는다고 생각하고 있었는데 알고 보니까 짐승처럼 우매 무지하였던 것입니다. 그러니까 우리가 하나님을 믿는 것도 자신이 깨닫는 것에 따라서 얼마나 수준이 다릅니까? 어떤 분은 아무리 타이르고 사정을 해도 알아듣지 못하는 사람이 있습니다. 그러니까 우리는 항상 내가 아는 것이 전부라고 생각하면 안 됩니다. 처음에는 멋도 모르고 다른 사람이 자기와 다르다고 열심히 비난을 했는데 나중에 보니까 자기는 그 사람 발 밑에도 미치지 못하더라는 것입니다. 무식하면 용감할 수밖에 없습니다. 나중에 점점 깨달아 가면 자기가 잘 믿는다고 생각했던 것들이 얼마나 좁은 소견이며 편견이었는지 깨닫게 됩니다. 저는 우리 믿는 자들에게 이런 깨달음이 빨리 왔으면 좋겠습니다. 그러면 얼마나 서로 더 잘 이해할 수 있겠습니까?

하나님께 대한 고백

성도는 하나님의 은혜를 한 번 받고 난 후에 무엇이라고 고백을 합니까?

> "주의 교훈으로 나를 인도하시고 후에는 영광으로 나를 영접하시리니 하늘에서는 주 외에 누가 내게 있으리요 땅에서는 주 밖에 나의 사모할 자 없나이다" (73:24-25).

하나님께서는 먼저 믿는 자를 주님의 말씀으로 가르치십니다. 이것이 주의 교훈으로 인도하는 것입니다. 그 말씀 속에는 하나님의 영광이 있습니다. 어느 한 순간에 성령의 능력이 그에게 임하면서 하나님의 큰 은혜를 체험하게 됩니다. 물론 여기서 하나님의 성령을 체험할 때 반드시 말씀이 있어야 하느냐 하는 질문을 할 수 있습니다. 물론 하나님의 성령은 말씀의 교훈이 없이도 강하게 임하실 수 있습니다. 기도하는 가운데 임하시기도 하시고, 찬송을 부르거나 말씀을 묵상할 때도 임하기도 하십니다. 그런데 많은 경우에는 함께 모여서 주님의 말씀을 들을 때 큰 은혜가 임하는 것입니다.

그리고나면 고백은 '오직 하나님 한 분뿐!' 입니다. 하나님 외에 다른 것들은 하나님만큼 영광스럽지 않습니다. 하늘에서도 하나님 한 분 뿐이요, 땅에서도 하나님밖에 없습니다.

처음 이성간에 사랑을 할 때 엄청난 사랑의 감정에 빠질 때가 있습니다. 그때는 마치 열병에 걸린 것 같습니다. 그리고 그때에는 시험이고 뭐고 아무 것도 소용이 없습니다. 사랑하는 사람을 목숨걸고 만나러 가는 것입니다.

하나님을 진정으로 체험하면 다른 것은 모두 상대적인 것밖에 되지 못합니다. 오직 절대적인 것은 하나님을 아는 지식밖에 없습니다.

그 후에는 어떻게 됩니까?

"내 육체와 마음은 쇠잔하나 하나님은 내 마음의 반석이시오 영원한 분깃이시라"(73:26).

우리 인간은 너무나도 약해서 병들기도 쉽고 침체될 수도 있지만 하나님은 반석이시오, 영원한 분깃이기 때문에 우리는 약해지지 않습니다. 왜냐하면 비바람이 불어도 우리는 이 반석 안에 숨으면 됩니다. 이것은 마치 눈비바람 불 때에 대형 유리로 되어 있는 건물 안에 있는 것과 같습니다. 하나님 안에 있으면 바람이 불어도 춥지 않고 포근합니다. 그리고 하나님이 우리의 수입이 되시기 때문에 우리는 굶을 걱정이 없습니다. 만일 전혀 먹을 것이 없으면 까마귀가 먹을 것을 날라 올 것입니다.

주님을 멀리한 자는 어떻게 됩니까?

"대저 주를 멀리한 자는 망하리니 음녀 같이 주를 떠난 자는 주께서 다 멸하셨나이다"(73:27).

하나님을 떠난 것 자체가 이미 멸망입니다. 왜냐하면 하나님만이 영원한 생명이시기 때문입니다. 여기에서 유명한 고백이 나옵니다.

> "하나님께 가까이 함이 내게 복이라. 내가 주 여호와를 나의 피난처로 삼아 주의 모든 행사를 전파하리이다" (73:28).

하나님께는 무진장한 복이 있습니다. 우리는 기도할 때 하나님의 보물 창고에 들어가는 것입니다. 거기에 있는 것은 이 세상 어느 곳에서도 찾아볼 수 없는 진귀한 보물들입니다. 우리는 하나님의 말씀을 통하여 무한정으로 하나님께 가까이 나아갈 수 있습니다. 이것이 우리의 피난처이며 우리는 우리가 체험하고 겪은 놀라운 하나님을 온 세상에 전파하게 될 것입니다.

74.

74:1-23

파괴된 성전을 기억하소서

하나님이여 주께서 어찌하여 우리를 영원히 버리시나이까
어찌하여 주의 치시는 양을 향하여 진노의 연기를 발하시나이까
옛적부터 얻으시고 구속하사 주의 기업의 지파로 삼으신
주의 회중을 기억하시며 주의 거하신 시온산도 생각하소서
영구히 파멸된 곳으로 주의 발을 드십소서
원수가 성소에서 모든 악을 행하였나이다
주의 대적이 주의 회중에서 훤화하며 자기 기를 세워 표적을 삼았으니
저희는 마치 도끼를 들어 삼림을 베는 사람 같으니이다
이제 저희가 도끼와 철퇴로 성소의 모든 조각품을 쳐서 부수고
주의 성소를 불사르며 주의 이름이 계신 곳을 더럽혀 땅에 엎었나이다
저희의 마음에 이르기를 우리가 그것을 진멸하자 하고
이 땅에 있는 하나님의 모든 회당을 불살랐나이다
우리의 표적이 보이지 아니하며 선지자도 다시 없으며
이런 일이 얼마나 오랠는지 우리 중에 아는 자도 없나이다
하나님이여 대적이 언제까지 훼방하겠으며
원수가 주의 이름을 영원히 능욕하리이까
주께서 어찌하여 주의 손 곧 오른손을 거두시나이까
주의 품에서 빼사 저희를 멸하소서
하나님은 예로부터 나의 왕이시라 인간에 구원을 베푸셨나이다
주께서 주의 능력으로 바다를 나누시고
물 가운데 용들의 머리를 깨뜨리셨으며 악어의 머리를 파쇄하시고
그것을 사막에 거하는 자에게 식물로 주셨으며
바위를 쪼개사 큰 물을 내시며 길이 흐르는 강들을 말리우셨나이다
낮도 주의 것이요 밤도 주의 것이라 주께서 빛과 해를 예비하셨으며
땅의 경계를 정하시며 여름과 겨울을 이루셨나이다
여호와여 이것을 기억하소서
원수가 주를 비방하며 우매한 백성이 주의 이름을 능욕하였나이다
주의 멧비둘기의 생명을 들짐승에게 주지 마시며
주의 가난한 자의 목숨을 영영히 잊지 마소서 언약을 돌아보소서
대저 땅 흑암한 곳에 강포한 자의 처소가 가득하였나이다
학대 받은 자로 부끄러이 돌아가게 마시고
가난한 자와 궁핍한 자로 주의 이름을 찬송케 하소서
하나님이여 일어나사 주의 원통을 푸시고
우매한 자가 종일 주를 비방하는 것을 기억하소서
주의 대적의 소리를 잊지 마소서
일어나 주를 항거하는 자의 훤화가 항상 상달하나이다

Why have you rejected us forever,
O God? Why does your anger smolder against the sheep of your pasture?
Remember the people you purchased of old, the tribe of your inheritance,
whom you redeemed--Mount Zion, where you dwelt.
Turn your steps toward these everlasting ruins,
all this destruction the enemy has brought on the sanctuary.
Your foes roared in the place where you met with us;
they set up their standards as signs.
They behaved like men wielding axes to cut through a thicket of trees.
They smashed all the carved paneling with their axes and hatchets.
They burned your sanctuary to the ground;
they defiled the dwelling place of your Name.
They said in their hearts, "We will crush them completely!"
They burned every place where God was worshiped in the land.
We are given no miraculous signs;
no prophets are left, and none of us knows how long this will be.
How long will the enemy mock you, O God?
Will the foe revile your name forever?
Why do you hold back your hand, your right hand?
Take it from the folds of your garment and destroy them!
But you, O God, are my king from of old; you bring salvation upon the earth.
It was you who split open the sea by your power;
you broke the heads of the monster in the waters.
It was you who crushed the heads of Leviathan and gave him
as food to the creatures of the desert.
It was you who opened up springs and streams;
you dried up the ever flowing rivers.
The day is yours, and yours also the night; you established the sun and moon.
It was you who set all the boundaries of the earth;
you made both summer and winter.
Remember how the enemy has mocked you, O LORD,
how foolish people have reviled your name.
Do not hand over the life of your dove to wild beasts;
do not forget the lives of your afflicted people forever.
Have regard for your covenant,
because haunts of violence fill the dark places of the land.
Do not let the oppressed retreat in disgrace;
may the poor and needy praise your name.
Rise up, O God, and defend your cause;
remember how fools mock you all day long.
Do not ignore the clamor of your adversaries,
the uproar of your enemies, which rises continually.

한때 번창했던 도시가 사정이 변하면서 아주 쇠퇴해져 형편없이 낡은 작은 촌락으로 변하는 경우가 있습니다. 전에 지방의 어느 도시를 방문했는데 그 도시는 백년 전에는 상당히 번창했다는 것입니다. 그런데 그 도시의 노인들이 철도가 들어오는 것을 반대하는 바람에 그 도시는 아주 작아지고 대신 철도가 들어간 옆에 있는 마을이 아주 큰 도시로 변한 것을 본 적이 있습니다.

아마 요즘 영국에 있는 교회를 방문한 경험이 있는 분들은 한때 그렇게도 번창했던 영국 교회가 너무나도 형편없이 쇠퇴해서 어느 곳이나 할 것 없이 소수의 노인들만 모이고 있는 것을 보았을 것입니다. 그런데 더욱 가슴 아픈 것은 영국 교회의 그런 쇠퇴한 모습을 보고 가슴 아파하거나 기도하는 사람들조차 보기 어렵다는 것입니다.

누구든지 과거에 교회의 영광된 모습을 체험해 본 경험이 있는 것이 중요합니다. 왜냐하면 교회가 과거의 그 영광에 비하면 지금 현재의 쇠퇴된 모습이 정상이 아니라는 것을 알기 때문에 과거의 그 영광으로 돌아가고 싶어하는 마음이 일어나게 됩니다. 그래서 하나님께 부르짖으면서 기도하기를 다시 한번 교회에 성령의 불길을 일으켜주셔서 과거의 영광을 되찾게 해 달라고 기도하게 됩니다. 이것이 교회 부흥의 시작입니다.

이스라엘 백성들이 바벨론 포로에서 돌아왔을 때 학개 선지자의 격려로 유다 백성들은 예루살렘 성전을 재건했습니다. 과거 솔로몬 성전이 무너지기 전의 영광스럽던 모습을 보았던 노인들이 많이 생존해 있었습니다. 그들은 스룹바벨의 재건된 성전의 모습을 보고 통곡하기 시작했습니다. 왜냐하면 지금 성전의 모습은 과거 그 영광된 모습의 성전이 아니라는 것입니다. 물론 그들의 통곡은 성전의 외모만 보고 말하는 좋지 못한 것이었습니다. 그러나 진정으로 교회가 부흥하던 모습을 경험해 본 체험이 중요합니다. 그때에는 교인들이 모이기를 얼마나 힘썼는지 예배를 시작하려고 하면 구름떼와 같이 많은 사람들이 예배당으로 몰려드는 것입니다. 그리고 성도들이 얼마나 하나님의 은혜를 사모하며 몸부림을 치면서 기도했던지 목숨을 내어놓고 기도하던 그런 모습을 보았어야 하는 것입니다.

오늘 본문의 시는 유다 백성들이 바벨론에 포로로 잡혀간 지 제법 시간이 지난 후에 지은 시로 생각이 됩니다. 처음에는 나라가 망하고 성전이 무너지는 과정에서 그들이 정신을 차릴 겨를도 없이 바벨론에 포로로 잡혀 갔습니다. 그런데 어느 정도 시간이 지난 후에 과거 예루살렘의 영광과 바벨론에서 포로 생활하는 모습을 비교해보니까 너무나도 과거의 그 성전의 영광이 그립고 지금 이 포로된 모습은 결코 그들의 정상적인 모습이 아니라는 것을 깨닫게 되었습니다. 포로가 된 유다 백성들은 과거에 예루살렘이 진짜 부흥되었을 때의 모습이 뼈에 사무칠 정도로 사모가 되면서 하나님께 그 영광을 회복시켜 달라고 기도를 드리는 것입니다. 그들이 이런 기도를 드릴 수 있는 것은 예루살렘의 멸망이 모든 것의 끝이 아니고 자기들을 연단시키는 과정이라고 생각했기 때문입니다.

파괴된 하나님의 성전

우리는 보통 자기 집의 가족 중 한 사람이 죄를 지으면 할 수 있는 대로 쉬쉬하면서 넘어가려고 합니다. 물론 하나님께서도 자기 백성들이 죄를 지으면 처음에는 조용한 침묵 가운데서 기다리십니다. 성도들은 바로 하나님께서 침묵하시는 그 시간이 회개할 수 있는 절호의 찬스입니다. 만일 죄를 지은 성도들이 하나님이 침묵하시는 시간에 하나님 앞에 손이 발이 되도록 빌면서 기도하면 하나님께서는 마치 아무 일이 없었던 것처럼 우리의 허물을 덮어주시고 용서해 주십니다. 그런데 만일 죄를 지은 성도들이 하나님께서 침묵을 지키신다고 해서 죄를 감추고 그냥 넘어가려고 하면 하나님은 자신의 이름이 짓밟히는 한이 있어도 반드시 그 백성들의 죄를 응징하시는 것입니다.

유다 백성들은 자기들이 죄를 지어도 하나님께서 가만히 침묵을 지키시니까 아예 하나님을 무시하고 마음대로 죄를 지었습니다. 그 결과 하나님께서 이들의 죄를 철저하게 응징하셨습니다. 나라가 망하고 예루살렘 성전은 폐허가 되고 말았습니다.

예를 들어 어떤 기계나 시설에 분명한 사고의 위험이 있음에도 불구하고 사람들이 미련하게 고치지 않고 있을 때 결국 대형 사고가 터지게 되어 있습니다. 그래서 큰 사고가 터져서 건물은 다 날아가 버리고 많은 사람들이 죽고 폐허 위에 연기가 올라가고 있는 그때에 사람들은 어떻게 이 엄청난 문제를 수습할 수 있겠습니까? 더 타임 매거진 잡지는 2001년도 올해의 인물로 미국의 뉴욕 시장 '줄리아니'를 선정했습니다. 그것은 그가 비행기 테러로 무너져서 거대한 쓰레기 더미가 된 뉴욕의 국제무역센터 사고 수습을 아주 잘했기 때문이라고 합니다.

유다 백성들은 드디어 예루살렘의 뇌관을 잘못 건드리는 바람에 모든 것이 다 폭발로 날아가 버렸습니다. 그들의 문제는 이 사고를 어떻게 수습하느냐 하는 것입니다. 그것은 하나님께 부르짖으면서 기도하는 수밖에 없었습니다.

"하나님이여 주께서 어찌하여 우리를 영원히 버리시나이까? 어찌하여 주의 치시는 양을 향하여 진노의 연기를 발하시나이까? 옛적부터 얻으시고 구속하사 주의 기업의 지파로 삼으신 주의 회중을 기억하시며 주의 거하신 시온 산도 생각하소서"(74:1-2).

여기서 '어찌하여', '어찌하여' 라는 말이 반복해서 나옵니다. 이것은 하나님의 진노의 심판이 그들이 생각한 것보다 훨씬 더 강도가 강했던 것을 의미합니다. 하나님의 진노의 연기가 무엇입니까? 예루살렘이 바벨론의 공격으로 불타서 폐허가 된 것입니다. 그뿐만 아니라 하나님의 이름이 걸려있는 성전이 완전히 다 불타고 말았습니다. 물론 하나님께서 유다 자손들을 이렇게 망하게 하신 것은 그들이 하나님의 말씀대로 살지 않았기 때문입니다.

그럼에도 유다 백성들에게 놀라운 특권이 하나 있습니다. 그것은 그들이 하나님의 말씀을 저버리고 하나님을 떠나서 살면 어쩔 수 없이 버림을 당하게 되지만 만일 그들이 정신을 차리고 하나님의 은혜를 간구하게 되면 하나님께서 그들을 다시 구원하셔야 할 책임이 있는 것입니다. 왜냐하면 하나님과 이스라엘 백성들 사이에 그런 언약이 있기 때문입니다.

다시 말해서 이스라엘 백성들 스스로가 하나님의 말씀을 저버리고 하나님을 떠나 살면 하나님께는 아무런 의무가 없습니다. 그러나 그들이 만일 자기들의 특권을 기억하고 하나님께 은혜를 간구하면 그 언약은 효력을 발생하게 되는 것입니다.

그런데 유다 백성들은 자신들의 특권을 다 잊어버리고 아무 소망이 없는 전쟁 포로로 살아가고 있었습니다. 어느 날 그들에게 무슨 생각이 드는가 하면 우리에게는 하나님의 놀라운 약속이 있었다는 것입니다. 그리고 우리는 하나님의 소유된 기업이었다는 것입니다.

비유를 들면 어떤 사람이 아주 고액을 은행에 저금해 놓고 수년 동안 잊어버리고 있었습니다. 그가 잊고 있는 동안에 은행이 그 사람에게 돈을 찾아서 돌려줄 의무는 없습니다. 그냥 그 돈은 은행 계좌 안에서 있는 것입니다. 이 사람은 자기에게 그런 돈이 있는 줄도 모르고 굶으면서 아주 비참하게 살고 있었습니다. 그런데 어느 날 짐을 정리하다가 보니까 아주 오래 전에 자기 이름으로 된 통장이 있는 것을 발견했습니다. 그래서 은행에 연락을 해보니까 언제든지 그 돈을 찾을 수 있다는 것입니다. 일단 그 사람이 자기 돈을 요구하면 은행은 지불할 의무가 있는 것입니다.

지금 유다 백성들은 포로된 상태에서 옛날 자기들의 이름으로 된 통장을 발견한 것입니다. 그것이 무엇입니까? 옛날 선지자들이 외친 하나님의 말씀입니다. 그래서 그 말씀에 근거해서 하나님의 구원을 부르짖고 있기 때문에 하나님은 반드시 그들을 회복시켜주실 의무가 있는 것입니다. 예루살렘이 아무리 잿더미로 변하고 성전이 흔적도 없이 사라졌다 하더라도 일단 이스라엘 자손들이 언약을 붙들고 기도를 한 이상 하나님은 모두 다 회복시켜 주셔야 할 책임이 있습니다.

그래서 우리가 하나님의 말씀을 연구하는 것은 집에서 오래된 통장을 살펴보는 것과 같습니다. 그것도 사용하지 않은 오래된 고액 통장을 조사하고 있는 것입니다. 하나님의 말씀은 전부 유효입니다. 하나님께 부르짖으면서 기도하기만 하면 하나님께서 모든 것을 다 그 약속대로 회복시켜 주시게 되어 있습니다.

비참하게 짓밟힌 하나님의 이름

성도들이 바벨론에 포로가 되어 와서 가만히 생각해 보니까 가장 가슴 아픈 일이 무엇입니까? 자기들이야 말씀대로 살지 못해서 이렇게 망해야 한다고 하지만 하나님의 이름이 무슨 죄가 있습니까? 무엇 때문에 하나님의 성전이 원수들에 의하여 그렇게 비참하게 짓밟혀야 하는 것입니까? 그래서 유다 백성들은 최소한 하나님의 이름만은 회복이 되어야 한다고 생각을 합니다.

하나님의 백성들이 망하면 가장 원통한 것은 바로 이것입니다. 자기 자신이야 잘못했기 때문에 벌을 받아야 하지만 문제는 하나님의 이름이 원수들에 의하여 조롱을 받고 악한 자들의 발에 의하여 짓밟히는 것입니다. 그러면 하나님의 이름이 회복되려면 어떻게 해야 합니까? 어쩔 수 없이 징계를 받은 하나님의 백성들이 다시 회복되는 수밖에 없습니다.

그래서 성도들은 예루살렘이 망하면서 하나님의 이름이 더럽혀졌던 순간을 그대로 다시 재현을 합니다.

> "영구히 파멸된 곳으로 주의 발을 드십소서. 원수가 성소에서 모든 악을 행하였나이다. 주의 대적이 주의 회중에서 훤화하며 자기 기를 세워 표적을 삼았으니 저희는 마치 도끼를 들어 삼림을 베는 사람 같으니이다"(74:3-5).

예루살렘 성전은 하나님께는 가장 기억하기 싫은 곳이 되어버렸습니다. 왜냐하면 이방인들이 거기서 하나님의 이름을 욕되게 하며 하나님의 거룩하심을 짓밟았기 때문입니다. 그런데 왜 유다 백성들은 그 파멸된 곳에 다시 '발을 드시라' 고 말씀을 드립니까? 파괴된 예루살렘이 회복되어야 실추된 하나님의 명예도 회복이 될 수 있기 때문입니다. 성전이 그렇게 비참한 폐허로 되어 있다면 원수들은 영원히 하나님의 이름을 조롱할 것이 아닙니까?

예를 하나 들어보겠습니다. 전에 어떤 분이 많은 돈을 들여서 양계장을 새로 시작했습니다. 그런데 바로 그 해에 큰 홍수가 나서 닭들이 양계장 안에서 모두 다 물에 빠져 죽어버렸습니다. 그 양계장 주인에게는 그 침수된 양계장이야말로 가장 가기 싫은 곳이지요. 그러나 그가 그곳을 수습하지 않으면 그는 아무 것도 할 수가 없습니다. 거기에 있는 죽은 닭들을 땅에 다 파묻고 딴 일을 하든지 아니면 그 양계장을 다시 하든지 해야지 그것을 그대로 두고는 아무 다른 일을 할 수가 없습니다.

마찬가지로 유다 백성들이 느끼는 것은 지금 영구적으로 폐허가 되어 있는 예루살렘을 그대로 두고는 절대로 하나님의 이름은 회복될 수 없다는 것입니다. 그래서 자기들을 보내어서 그 쓰레기더미를 치우고 자기들 때문에 땅에 떨어진 하나님의 이름을 회복시킬 수 있는 기회를 달라는 것입니다.

이것은 마치 삼손의 기도와 비슷합니다. 삼손은 나실인의 언약을 깼기 때문에 하나님께 버림을 받아서 눈알이 뽑히고 놋줄에 감긴채로 노예가 되었습니다. 그런데 자기 자신이야 그럴 수 있다 하더라도 자기 때문에 짓밟힌 하나님의 이름을 생각하면 너무나도 가슴이 아프고 원통한 것입니다. 그래서 삼손은 기도를 합니다. '하나님, 저에게 한번만 기회를 주셔서 이 원수를 갚고 하나님의 이름을 회복할 수 있도록 해 주십시오.'

옛 속담에 '결자해지'라고 했습니다. 하나님의 이름을 떨어뜨린 자들이 하나님의 이름을 회복해야 하는 것입니다.

그들이 가슴 아팠던 것이 무엇입니까? 원수들이 하나님의 백성들 가운데서 고함을 지르더라는 것입니다. 훤화하는 것이란 고함소리입니다. 무슨 고함소리입니까? 하나님을 훼방하고 욕하는 고함소리였습니다. 이방인들이 하나님을 욕하고 훼방하는 소리를 이스라엘 백성들이 다 들었던 것입니다. 그리고 그들은 마치 산에서 나무를 자르듯이 도끼로 하나님의 성전을 부수었습니다. 더욱이 하나님의 거룩하심을 나타내는 물건들을 산산조각으로 만들어버렸습니다.

> "이제 저희가 도끼와 철퇴로 성소의 모든 조각품을 쳐서 부수고 주의 성소를 불사르며 주의 이름이 계신 곳을 더럽혀 땅에 엎었나이다"(74:6-7).

원래 이방인들은 하나님의 성전 안에 들어갈 수가 없었습니다. 그들이 감히 여호와의 성전 안에 들어가면 죽습니다. 그런데 그들은 신발을 신은 채로 성전에 들어가서 모든 기물을 다 부수고 조각품들을 산산조각을 내었습니다. 그런 사람들을 그냥 두면 악한 자들이 하나님을 영원히 이기는 것이 될 것입니다.

어떻게 하나님께서 그렇게도 무력하게 이방인들에게 굴복하십니까? 그것은 이스라엘의 불순종으로 이미 하나님께서 성전을 떠나셨기 때문입니다. 그리고 이스라엘 자손들이 지키지도 않은 하나님의 이름이 이방인들에게 철저하게 짓밟히게 내버려두신 것입니다.

그렇다면 하나님의 이름이 회복되려면 어떻게 해야 합니까? 이스라엘 자손들 안에서 먼저 회개하는 운동이 일어나야 합니다. 그리고 진심으로 하나님을 자신들의 하나님으로 모셔들여야 합니다. 그러면 하나님께서 자기 스스로 자신의 위엄과 명예를 회복하십니다.

> "저희의 마음에 이르기를 우리가 그것을 진멸하자 하고 이 땅에 있는 하나님의 모든 회당을 불살랐나이다"(74:8).

여기서 해석상 문제가 되는 것이 '회당'이라는 단어입니다. 유대인들에게 있어서 회당이라는 것은 바벨론 포로 이후에 전세계에 흩어지면서 율법을 가르치기 위하여 생긴 것인데 바벨론 군대가 쳐들어 왔을 때에도 회당이 과연 있었느냐 하는 것입니다. 아마 바벨론 포로 되기 전에는 마을이나 도시마다 하나님의 말씀을 배우는 곳이 있었던 것 같습니다. 그곳도 모두 다 불살랐다는 뜻입니다. 사실 유다는 바벨론의 공격으로 아무 것도 남은 것이 없었습니다. 집이나 회당이나 성까지 아무 것도 없었습니다. 그런 그들이 답답해 했던 것은 어떻게 하나님의 말씀의 능력이 이렇게도 무참하게 짓밟힐 수 있느냐 하는 것입니다. 바로 그것이 죄의 힘입니다. 죄는 무한한 하나님의 능력을 완전히 무력하게 만드는 가공할 힘을 가지고 있습니다.

지금 유다 백성들에게 남아 있는 것이 무엇이 있습니까?

> "우리의 표적이 보이지 아니하며 선지자도 다시 없으며 이런 일이 얼마나 오랠는지 우리 중에 아는 자도 없나이다. 하나님이여 대적이 언제까지 훼방을 하겠으며 원수가 주의 이름을 능욕하리이까?" (74:9-10).

그들에게는 '표적'이 없습니다. 여기서 표적은 하나님의 기적을 말합니다. 지금 그들에게는 기도의 능력이 없습니다. 그리고 능력있는 설교를 할 수 있는 선지자도 없습니다. 철저한 암흑뿐입니다. 하나님의 백성들에게 있어서 가장 중요한 것은 능력있는 하나님의 말씀입니다. 그리고 기도의 응답입니다. 이것이 바로 표적과 선지자입니다. 이 두 가지만 있으면 광야라든지 포로가 된 곳이든지 어느 곳에서든지 살아날 수가 있습니다. 그런데 지금 유다 백성들에게는 표적과 선지자가 없습니다.

그래서 하나님께서 다시 자기들을 위하여 움직이시라고 기도를 합니다.

> "주께서 어찌하여 주의 손 곧 오른손을 거두시나이까? 주의 품에서 빼사 저희를 멸하소서" (74:11).

하나님께서 손을 주머니에 넣으시고 도무지 빼려고 하시지 않습니다. 하나님께서 한 번만 손을 대시면 모든 것이 뒤집어질텐데 하나님은 손을 주머니에 넣으시고 가만히 계십니다. 그래서 이제는 제발 저희들에 대한 노여움을 거두시고 하나님의 능력을 나타내시라는 것입니다.

하나님의 위대한 구원

이스라엘 백성들에게는 놀라운 하나님의 구원에 대한 체험이 있습니다. 그것이 무엇입니까? 바로 출애굽의 체험입니다. 이 출애굽의 체험은 단순한 과거의 한 사건으로 끝나는 것이 아닙니다. 이스라엘 백성들이 언제든지 순수한 믿음으로 돌아오기만 하면 똑같은 방식은 아닐지라도 하나님의 구원의 능력은 나타나게 되어 있다는 약속인 것입니다. 이것은 오늘 우리들에게도 마찬가지입니다. 우리가 구원을 얻는다는 것은 애굽의 바로의 세력과 같은 속박에서 해방되는 것입니다. 그리고 우리는 홍해를 건너기 때문에 다시 추격을 받을 걱정이 없습니다.

"하나님은 예로부터 나의 왕이시라. 인간에 구원을 베푸셨나이다"(74:12).

여기서 하나님은 '왕'이신데 이스라엘 백성들은 '인간'에 불과합니다. 이것은 하나님과 인간의 연합입니다. 어떻게 이것이 가능하겠습니까? 그러나 하나님께서는 이스라엘 백성들이 인간이지만 하나님의 능력이 나타나게 하셨습니다. 그래서 우리 성도들을 '하나님의 전'이라고 합니다. 인간의 육체 안에 하나님의 신적인 능력이 나타나기 때문입니다.

"주께서 주의 능력으로 바다를 나누시고 물 가운데 용들의 머리를 깨뜨리셨으며 악어의 머리를 파쇄하시고 그것을 사막에 거하는 자에게 식물로 주셨으며"(74:13-14).

고대에 바다를 항해하는 자에게 가장 무서운 존재는 바다용이었습니다. 이 바다용을 사람이 이기지 못합니다. 아마도 바다가 크게 소용돌이치는 것을 보고 용이 배를 감는다고 생각한 것 같습니다. 육지에서는 엄청나게 큰 회리바람은 용이 하늘을 올라가는 것 같습니다. 그래서 옛날에는 바다용에게 인간 제물을 바쳤습니다. 그런데 성경에서 말하는 용은 애굽이었습니다. 하나님께서는 이 용을 바다로 이끌어내 죽이셨습니다. 그것도 그냥 곱게 죽이신 것이 아니라 열 가지 재앙으로 실컷 두들겨 패신 후에 홍해를 가르신 다음 거기에 쳐넣으셔서 몰살시키셨습니다. 하나님은 이 세상의 가장 강한 용보다 더 강하십니다. 용보다는 좀 못하지만 도저히 다룰 수 없는 짐승이 있습니다. 그것도 생긴 것은 용과 비슷한데 용과는 좀 다릅니다. 그 짐승은 악어입니다. 여기서 악어라는 것은 아말렉 군대를 지칭하는 것 같습니다.

하나님께서는 여호수아로 아말렉 군대를 쳐서 사막의 짐승들의 밥이 되게 하셨습니다. 이것은 하나님의 백성들을 대항할 세력이 이 세상에 없다는 것입니다. 우리가 철저하게 하나님의 손에 붙들리기만 하면 아무 것도 두려워할 필요가 없습니다. 사탄의 세력이 주의 백성들을 공격하기만 하면 자기들이 망하게 되어 있습니다.

그 대신 하나님께서는 자기 백성들을 위하여 엄청난 일을 행하셨습니다.

> "바위를 쪼개사 큰 물을 내시며 길이 흐르는 강들을 말리우셨나이다. 낮도 주의 것이요 밤도 주의 것이라. 주께서 빛과 해를 예비하셨으며 땅의 경계를 정하시며 여름과 겨울을 이루셨나이다"(74:15-17).

바위를 쪼개셨다는 것은 반석을 쳐서 물이 나게 하신 것입니다. 이스라엘 백성들은 어디를 가든지 물이 났습니다. 마치 물이 이스라엘 백성들을 따라 온 것과 같습니다. 사실 이렇게 해야 합니다. 우리는 모든 것들이 우리를 따라 오도록 만들어야지 우리가 잡으려고 따라가면 놓치게 되어 있습니다. 그리고 낮도 주의 것이고 밤도 주의 것이라는 것은 기브온 골짜기와 아얄론 골짜기에서 태양과 달을 멈추게 한 것입니다. 하나님께서는 이스라엘을 이기게 하기 위해서는 밤낮도 바꾸시는 분이시며 자연 법칙도 바꾸시는 분이십니다. 그러니까 이 세상에서 하나님의 손에 붙들려서 사용되는 것이 얼마나 신기하고 신나는 일입니까? 그런데 왜 이스라엘 백성들은 미련하게 우상에게 빠졌느냐는 것입니다.

'땅의 경계를 정하시며' 라는 것은 바다가 육지로 넘어오지 못하는 것입니다. 그리고 여름과 겨울을 이루는 것은 사계절이 규칙적으로 계속되는 것을 말합니다. 이것은 하나님께서 이 지구가 망하지 않도록 지켜주시기 때문입니다.

하나님의 구원을 요청함

지금 이스라엘 자손들은 다시 하나님께서 그들을 불쌍히 여기셔서 교회를 다시 부흥시켜 주시기를 바랍니다. 이것은 하나님의 백성으로서 당연한 요구입니다. 그리고 이런 기도가 있어야 교회가 부흥될 수가 있습니다. 그래서 우리가 하나님께 드릴 수 있는 가장 강력한 기도는 불쌍히 여겨달라는 것입니다.

처음에는 주의 이름이 능욕당하는 것을 기억해 달라고 합니다.

"여호와여 이것을 기억하소서. 원수가 주를 비방하며 우매한 백성이 주의 이름을 능욕하였나이다"(74:18).

원수들이 주를 비방하는데 그것은 결국 이스라엘 자손들을 욕하는 것입니다. 왜냐하면 이스라엘 백성들과 하나님은 뗄 수가 없기 때문입니다. 그래서 하나님의 이름이 욕을 먹지 않으려면 하나님의 백성들이 빨리 정신을 차려야 하고 다시 부흥되는 수밖에 없습니다.

그리고 두 번째는 연약한 자들을 지켜달라고 기도합니다.

"주의 멧비둘기의 생명을 들짐승에게 주지 마시고 주의 가난한 자의 목숨을 영영히 잊지 마소서"(74:19).

얼마나 이스라엘 백성들의 마음이 겸손해졌습니까? 옛날에는 자기 자신을 '공작새'에 비유했을 것입니다. 그러나 지금은 멧비둘기에 불과합니다. 너무나도 보잘 것 없는 생명을 버리지 말아달라는 것입니다. 마치 꺼져가는 심지와 같고 상한 갈대와 같은 자신들이지만 하나님을 의지하오니 버리지 말아달라는 것입니다.

그리고 강력하게 하나님의 언약을 붙들고 기도합니다.

"언약을 돌아보소서. 대저 땅 흑암한 곳에 강포한 처소가 가득하였나이다"(74:20).

이스라엘 백성들이 하나님의 언약을 다시 찾은 것은 보물 지도를 되찾은 것과 같습니다. 이것은 확실한 응답이 있습니다. 여기서 '흑암한 땅'이라고 하는 것은 포로된 곳이며 예배가 없는 곳입니다. 이곳에는 오로지 강포 즉 폭력만 가득하다는 것입니다. 그러나 하나님께서는 가난하고 궁핍한 자의 기도는 반드시 들으십니다. 그리고 원수들이 지르는 소리를 들어달라고 간구합니다. 우리가 기억할 것은 기도가 부흥의 시작이라는 것입니다. 그리고 언약을 붙들면 하나님은 반드시 다시금 성령을 부으셔서 부흥을 일으키십니다. 그래서 하나님의 말씀보다 더 위대한 것은 없고 기도보다 더 능력있는 것은 없습니다.

75.

75:1-10

하나님의 이름이 가까움

하나님이여 우리가 주께 감사하고 감사함은
주의 이름이 가까움이라 사람들이 주의 기사를 전파하나이다
주의 말씀이 내가 정한 기약을 당하면 정의로 판단하리니
땅의 기둥은 내가 세웠거니와
땅과 그 모든 거민이 소멸되리라 하시도다(셀라)
내가 오만한 자더러 오만히 행치 말라 하며
행악자더러 뿔을 들지 말라 하였노니
너희 뿔을 높이 들지 말며 교만한 목으로 말하지 말지어다
대저 높이는 일이 동에서나 서에서 말미암지 아니하며
남에서도 말미암지 아니하고
오직 재판장이신 하나님이 이를 낮추시고 저를 높이시느니라
여호와의 손에 잔이 있어 술 거품이 일어나는도다
속에 섞은 것이 가득한 그 잔을 하나님이 쏟아 내시나니
실로 그 찌끼까지도 땅의 모든 악인이 기울여 마시리로다
나는 야곱의 하나님을 영원히 선포하며 찬양하며
또 악인의 뿔을 다 베고 의인의 뿔은 높이 들리로다

We give thanks to you, O God,
we give thanks, for your Name is near;
men tell of your wonderful deeds.
You say, "I choose the appointed time;
it is I who judge uprightly.
When the earth and all its people quake,
it is I who hold its pillars firm. Selah
To the arrogant I say, 'Boast no more,'
and to the wicked, 'Do not lift up your horns.
Do not lift your horns against heaven;
do not speak with outstretched neck.'"
No one from the east or the west or from the desert can exalt a man.
But it is God who judges: He brings one down, he exalts another.
In the hand of the LORD is a cup full of foaming wine mixed with spices;
he pours it out, and all the wicked of the earth drink it down to its very dregs.
As for me, I will declare this forever;
I will sing praise to the God of Jacob.
I will cut off the horns of all the wicked,
but the horns of the righteous will be lifted up.

오랫동안 적의 치하에 있던 사람들에게 해방의 시간이 임박했다는 소식은 대단히 중요한 소식입니다. 왜냐하면 악한 자들은 자신들의 시간이 얼마 남지 않았다는 것을 깨닫고 더욱더 발악을 하면서 날뛸 것이며 그동안 인내하고 있던 의인들은 이 고비만 잘 넘기면 새로운 세상을 볼 수 있기 때문입니다. 그런데 많은 경우에는 숨어 있던 사람들이 이 몇 달의 고비를 넘기지 못하고 악한 자들의 마수에 걸려들어 죽는 일이 많이 있습니다.

예를 들면 오랫동안 독일의 치하에 있던 프랑스 사람들에게 연합군의 노르망디 상륙작전이 임박했다는 것과 같은 소식입니다. 물론 이런 소식은 극비에 속하는 것이지만 그럼에도 불구하고 비밀리에 지하에 숨어 있는 사람들에게는 알려지게 되어 있습니다. 그때 가장 중요한 것이 무엇일까요? 함부로 경거망동을 하지 않는 것입니다. 그리고 무엇보다 중요한 것이 끝까지 잘 인내해서 생명을 지키는 것입니다.

오늘 본문의 배경은 알 수가 없습니다. 그런데 시의 내용을 보면 하나님의 백성들이 악한 자들의 지배를 오랫동안 받아 오다가 드디어 구원의 때가 임박했을 때 이스라엘 자손들로 하여금 악한 자들을 두려워하지 말고 끝까지 인내하라는 뜻으로 지어진 시로 생각이 됩니다.

지어진 가장 유력한 시기를 두 가지로 들 수 있는데 하나는 예루살렘이 앗수르 군대에 포위되어서 절망적인 상황에 있다가 하나님의 도우심으로 앗수르 군대 십팔만 오천 명이 죽고 예루살렘이 구원을 받은 때입니다. 만일 이때가 아니라면 유다가 바벨론에 의해서 멸망하고 오랫동안 바벨론에 포로되어 있다가 바벨론의 멸망이 임박했을 때 하나님께서 주의 백성들로 하여금 경거망동하지 말고 끝까지 소망을 가지라는 뜻에서 주신 말씀으로 생각됩니다. 그러나 정확한 배경은 알 수가 없습니다.

우리 성도들이 오랫동안 사업에 실패했거나 병상에 오래 누워 있으면 어떻게 됩니까? 모든 일에 의욕을 잃고 모든 것을 부정적인 시각으로 보게 됩니다. 그런 것을 영적인 패배주의라고 합니다.

'나는 아무 것도 재대로 해낼 수 있는 것이 없어. 아마도 나는 죽을 때까지 이런 식으로 무기력하게 있다가 인생을 마칠거야' 라는 식으로 자포자기하는 것입니다.

그러나 이런 것은 바른 자세가 아닙니다. 하나님의 백성들은 고난의 시절에 마치 곰이 겨울잠을 자듯이 꼼짝하지 않고 엎드려 하나님의 때를 기다릴 수밖에 없습니다. 그렇게 하다가 하나님께서 새로운 기회를 주시면 다시 힘을 내어서 새로운 사명을 감당을 해야 합니다.

하나님의 구원이 가까움

아마도 이 시를 쓴 성도는 아주 오랫동안 침체되어 있었던 것 같습니다. 그러다가 우연한 기회에 하나님께서 자신을 향한 계획을 가지고 계시며 이스라엘 백성들을 어려움에서 건져내시려는 계획을 가지고 계신 것을 알게 되었습니다. 그래서 이 성도는 기뻐하면서 하나님께 감사를 드립니다.

"하나님이여 우리가 주께 감사하고 감사함은 주의 이름이 가까움이라. 사람들이 주의 기사를 전파하나이다"(75:1).

여기서 '감사하고 감사한다' 는 것은 하나님께 대하여 너무너무 기쁘고 감사한 것을 말합니다. 왜냐하면 지금까지 아무 소망도 없이 하나님으로부터 버림받은 줄을 알고 있었는데 하나님의 새로운 계획이 있다는 소식을 듣게 되었기 때문입니다.

여기에 보면 '주의 이름이 가까움이라' 고 말을 하고 있습니다. '주의 이름이 가깝다' 는 말은 하나님의 구원이 가깝다는 말과 같은 뜻입니다. 왜냐하면 하나님의 이름이 '만군의 하나님 여호와' 이며 또 '구원자' 이기 때문입니다. 그동안 하나님의 이름은 이스라엘 백성들 가운데 잊혀진 바 되었습니다. 그리고 그동안 아무도 하나님에 대하여 말하는 사람들이 없었습니다.

그런데 어느 한 순간 이스라엘 백성들 안에 하나님에 대한 말이 많이 돌게 되었습니다. 이스라엘 백성들이 말끝마다 '만군의 하나님 여호와여' 를 말하기 시작합니다. 이것이 바로 하나님의 놀라운 구원이 그들에게 그렇게 멀지 않은 것을 나타내는 증거입니다.

이스라엘 백성들이 하나님으로부터 버림받는 주된 이유는 그들의 관심이 하나님으로부터 멀어졌기 때문입니다. 이스라엘 백성들이 하나님에 대하여 무관심하다는 것은 이미 그들의 마음은 세상에 많이 빼앗긴 것을 말합니다.

그런데 그들이 다시 하나님의 이름에 대하여 관심을 가지게 되는 이유가 무엇입니까? 그동안 그들이 열심히 세상적으로 잘 살아보려고 노력을 했지만 좋은 것이 아무 것도 없더라는 것입니다. 이스라엘 백성들은 무엇인가 좋은 것이 있을 줄 알고 세상을 따라갔는데 아무 것도 없으니까 이럴 바에야 다시 하나님이나 제대로 믿자는 마음이 그들 안에서 일어나게 된 것입니다.

사람들은 처음부터 아주 좋은 것을 받으면 믿지 않습니다. 그래서 자꾸 다른 것을 찾습니다. 그러다가 아무리 돌아보아도 처음 받은 것처럼 좋은 것이 없을 때 그때 비로소 다시 돌아와서 처음에 받았던 것을 찾는 것입니다. 하나님께서는 이스라엘 백성들이 늦게나마 하나님의 은혜의 소중함을 깨닫고 돌아오는 것도 환영하십니다.

그러면 고통 중에 있는 이스라엘 백성들이 하나님의 구원이 가깝다는 것을 어떻게 알 수 있을까요? 그것은 하나님에 대하여 말하는 사람이 나타나게 됩니다. 하나님께서는 자기 백성들을 구원하실 때 철저하게 준비된 사람을 통하여 하십니다. 그러니까 하나님께서 이스라엘 백성들을 건져내실 때에는 그들을 구원하시기 훨씬 전에 믿음의 한 사람을 먼저 준비시켜 놓습니다.

그리고 그 사람을 철저하게 연단하셔서 하나님의 손에 붙들리게 하십니다. 마치 모세의 손에 붙잡힌 지팡이처럼 철저하게 하나님의 손에 붙들리게 하셔서 그 한 사람을 통하여 하나님의 구원을 이루시는 것입니다.

그래서 어려움에 빠진 이스라엘 백성들이 사는 방법은 바로 이것입니다. 즉 그것은 하나님이 준비하신 사람을 찾는 것입니다. 그 사람에게는 두 가지가 있는데, 하나는 하나님의 이름이 있고, 두 번째는 하나님의 능력이 있습니다.

그 믿음의 사람이 나타난 것이 이미 하나님의 구원이 가깝다는 증거입니다. 이스라엘 백성들이 애굽에서 노예 생활을 하고 있을 때 하나님께서는 무려 사십 년에 걸쳐서 모세라는 한 사람을 준비하셨습니다. 그러니까 모세가 준비될 때까지 이스라엘 백성들은 사십 년을 더 기다려야만 했습니다.

때가 되었을 때 하나님께서는 모세에게 나타나셔서 그를 애굽에 보낸다고 말씀하셨습니다. 그때 모세가 대답한 것이 무엇입니까? 그것은 불가능하다는 것입니다. 왜냐하면 모세는 그동안 낮아지고 또 낮아지는 경험을 통하여 자기가 할 수 있는 것이 아무 것도 없다는 것을 철저히 깨달았기 때문입니다. 모세는 하나님께서 자기에 대하여 이런 엄청난 계획을 가지고 계신 줄 상상하지도 못했습니다. 모세는 그저 장인의 양이나 치다가 죽을 생각이었습니다. 그러나 하나님께서는 모세를 부르셔서 자기 백성들을 건져내는 새로운 임무를 주셨습니다.

이스라엘 백성들이 미디안 백성들의 학대를 받고 있을 때 하나님께서는 므낫세 지파의 한 사람 기드온을 찾아갔습니다. 기드온은 그때에 포도즙 틀에서 몰래 밀을 타작하고 있었습니다. 그는 하나님의 출애굽의 기적을 믿은 사람이었습니다. 그러나 하나님의 기적을 믿은 그에게 나타난 결과는 철저한 무능력이요, 무기력이었습니다. 그래서 그는 자포자기하고 먹을 양식이나 챙기려고 몰래 밀을 타작하고 있었습니다. 그때 하나님께서는 기드온에게 '큰 용사여 하나님이 너와 함께 하시도다' 라고 인사를 했습니다.

미디안 사람들이 두려워서 몰래 밀을 타작하는 사람이 어떻게 큰 용사일 수 있습니까? 하나님께서 기드온의 믿음을 크게 보신 것입니다. 기드온은 하나님의 말씀을 붙들었기 때문에 아무 것도 할 수가 없는 사람이었습니다. 그는 어떤 의미에서 인생 밑바닥까지 내려온 사람입니다. 다른 사람들은 모두 우상을 섬김으로 이 세상에 타협을 하고 이 세상에 적응을 했지만 기드온은 하나님의 능력을 믿었기 때문에 이 세상에서 실패한 사람이었습니다. 하나님은 그런 사람들의 믿음을 귀하게 보십니다.

그래서 이 세상에 구원의 기쁜 소식을 가지고 올 수 있는 사람이 어떤 사람입니까? 우선 하나님의 손에 붙잡히기 위하여 철저하게 낮아지는 경험을 한 사람입니다. 다른 사람들은 우상과 타협하지만 그 사람은 끝까지 우상과 타협하지 않고 귀한 믿음을 지킨 사람입니다. 하나님께서는 그런 사람들을 붙잡으셔서 일으켜 세우십니다.

하나님께서 그들을 철저하게 낮추시는 이유가 무엇입니까? 그들이 할 수 있는 것은 아무 것도 없고 온전히 백 퍼센트 하나님의 능력을 의지하라는 뜻입니다. 하나님께서 준비된 사람을 이 세상에 보내셨을 때 사람들은 그를 통하여 다시 위대한 하나님의 이름을 듣게 되며, 하나님께서 그들과 가깝게 계시며 하나님의 구원이 머지 않아 나타나게 될 것을 믿게 되는 것입니다.

본문에 보면 '사람들이 주의 기사를 전파하나이다' 라고 했습니다. 이것은 사람들의 입에서 자꾸 하나님의 이름이 오르내리기 시작하는 것을 말합니다. 이것이 중요합니다.

요즘 우리들의 입에서 주로 오르내리는 화제가 무엇입니까? 어떤 사람은 먹고 마시는 것일 수도 있고, 어떤 사람은 돈버는 것이 화제일 수도 있고, 어떤 사람은 텔레비전 드라마일 수도 있습니다. 그런데 세상으로 떠났던 하나님의 백성들의 마음이 하나님께로 돌아올 때 나타나는 현상은 자꾸 성경을 가지고 이야기를 하고, 설교에서 들은 것을 가지고 말을 하며, 은혜받고 기도 응답받은 것을 가지고 이야기를 더 많이 하는 것입니다. 이것이 바로 성도들의 마음이 하나님께로 돌아오는 증거입니다.

하나님의 정한 때

하나님께서는 어떤 일을 행하실 때 정하신 때가 있습니다.

예를 들면 요즘은 타이머를 작동시켜서 하는 일이 많습니다. 방에 온도를 조절할 때에도 타이머가 되어 있으면 시간이 되었을 때 저절로 보일러가 점화되면서 불이 들어오게 됩니다. 그리고 텔레비전에도 타이머가 지정되어 있으면 시간이 되자마자 텔레비전에 전원이 들어오면서 화면이 켜지게 되는 것입니다. 그런데 하나님의 일에도 타이머가 있는 것 같습니다.

"주의 말씀이 내가 정한 기약을 당하면 정의로 판단하리니 땅의 기둥은 내가 세웠거니와 땅과 그 모든 거민은 소멸되리라 하시도다"(75:2-3).

하나님께서는 자기 백성들의 죄를 두 가지로 취급하십니다.

하나는 그들이 하나님이 징계하시기 전에 자수하는 것입니다. 이때 중요한 것이 하나님께서 침묵하시는 시간입니다. 우리가 죄를 지었어도 하나님께서 조용히 침묵하고 계실 때에는 우리가 회개할 시간입니다. 만일 그렇게 하면 하나님은 우리의 모든 허물을 다 용서하시고 마치 없었던 일처럼 해결해 주십니다.

그런데 우리가 양심을 속이고 끝까지 죄를 버리지 않을 때 하나님께서는 온 세상을 떠들썩하게 하시면서 자기 백성들을 감옥에 집어넣으십니다. 이때는 그들이 은밀하게 지은 죄가 지붕 위에서 전파되게 됩니다. 그리고 하나님께서는 자기 백성들을 철저하게 이방인의 손에 넘기셔서 짓밟히게 하십니다. 그때 이스라엘 사람들이 미디안 족속들에게 짓밟히기도 하고 예루살렘이 망해서 바벨론에 포로되어 가기도 합니다. 그런데 놀라운 것은 하나님께서는 주의 백성들을 무한대로 억압 가운데 버리지 아니하신다는 것입니다.

하나님께서 정하신 기한이 있습니다. 그때는 이스라엘 백성들에게서 죄값이 다 지불되었을 때입니다. 마치 죄수가 교도소에 갇혀 있는 것과 같습니다. 죄수가 감옥에 갇힐 때에는 도저히 자기 힘으로는 그 감옥에서 빠져 나올 수 없습니다. 그러나 그가 지은 죄의 형기를 마치면 어떻게 됩니까? 그 무거운 감옥 문이 열리면서 감옥 밖으로 나가게 되는데 그때는 더 감옥 안에 있으려고 해도 더 있을 수가 없게 됩니다. 그것이 하나님의 정한 기약입니다. 그런데 하나님은 자기 백성들을 감옥에서 끌어내실 때 그냥 몰래 끌어내시지 않습니다. 그들을 가두고 있던 감옥을 폭파시킨 후 당당하게 그들을 거기서 끄집어

내십니다. 그래서 기드온은 미디안 족속들 십수 만 명을 거의 전멸시켰으며 하나님께서는 바벨론을 고레스의 손에 망하게 하신 후 유다 백성들을 거기서 끌어내셨습니다.

오늘 본문에서 하나님께서 하시는 말씀이 무엇입니까?

'땅의 기둥은 내가 세웠거니와 땅과 그 거민은 소멸시키겠다' 고 하십니다. 다시 말해서 땅의 기둥만 남겨놓고 모든 것을 전부 다 없애버리겠다고 하십니다.

요즘 집을 내부수리하는 기술이 아주 발달되어 있습니다. 그런데 집의 인테리어 공사를 하는 것을 보면 정말 기둥만 남겨놓고 모든 것을 다 뜯어버린 후에 완전히 새로운 것으로 바꾸어서 공사를 합니다. 그러면 완전히 새 집으로 변하는 것입니다.

하나님의 백성들이 철저하게 이방인들에게 짓밟히면서 깨달은 것이 무엇입니까? 그것은 자기들에게 주어진 특권이 너무나도 큰 것이었다는 것입니다.

그리고 자기들에게 주어진 하나님의 말씀은 너무나도 위대한 것이었다는 것입니다. 그래서 한 번 연단을 받고 난 후에 철저하게 하나님께 헌신하게 되면 이 세상은 완전히 뒤집어지게 됩니다. 왜냐하면 하나님의 능력은 조금도 부족함이 없습니다. 단지 우리들이 너무나도 믿음이 없어서 하나님의 능력이 나타나지 않았던 것 뿐입니다. 하나님께서는 우리가 사생결단하고 하나님을 의지하기를 원하십니다. 그러면 한 시대를 완전히 바꾸게 되는 것입니다.

악인에 대한 하나님의 경고

하나님께서는 미리 악인들에게 교만하지 말라고 경고하십니다.

"내가 오만한 자더러 오만히 행치 말라 하며 행악자더러 뿔을 들지 말라 하였노니 너희 뿔을 높이 들지 말며 교만한 목으로 말하지 말지어다"(75:4-5).

그러면 하나님께서 도대체 언제 악인들에게 이렇게 오만하지 말라는 경고를 하셨다는 말입니까? 그리고 행악하는 자들에게 뿔을 들지 말라고 경고를 하셨습니까? 그것은 의인들이 고난당하는 것을 통하여 간접적으로 경고하신 것입니다.

의인들이 무엇때문에 악인들에게 짓밟힙니까? 아직도 하나님의 백성들 안에 씻겨져야 하는 교만과 죄악이 있기 때문입니다. 그러나 악인의 눈으로 볼 때 자기들이 정죄하고 심판하는 이스라엘 백성들의 모습이 어떻습니까? 죄 때문에 어려움을 당하는 성도들이 그들을 심판하는 자기들보다는 훨씬 깨끗하고 순결한 것입니다.

물론 믿다가 타락한 사람들 중에서 믿지 않는 사람들보다 훨씬 더 악하고 비정한 사람들이 없는 것은 아닙니다. 그러나 하나님의 손에서 징계를 당하고 있는 성도들은 하나님이 보시기에 악하다고 하는 것이 행악자들의 눈에는 악한 것이 아닙니다. 그래서 그들이 정상적으로 양심이 있다면 이스라엘 백성들을 더이상 괴롭힐 수가 없고 오히려 그들의 기도를 받아야 합니다.

예를 들어서 귀족이 망해서 가난한 거지가 되었다고 합시다. 처음에는 다른 거지들의 눈에 너무나도 형편없는 거지일 것입니다. 귀족이 거지가 되었으니 제대로 구걸을 하겠습니까? 남의 물건을 훔치기나 하겠습니까? 그러니까 거지들 축에도 제대로 들지 못하는 거지가 되는 것입니다. 그러나 부인할 수 없는 사실은 그가 아무리 타락해서 거지가 되었다 하더라도 그들보다는 아는 것이 많고 품위가 있다는 사실입니다. 그래서 거지들은 결국 그 귀족 거지의 도움을 받아야 하는 것입니다.

마찬가지로 하나님의 백성들이 아무리 신앙이 침체되었고 하나님의 징계로 인생 밑바닥에서 이방인들의 압제를 받고 있다 하더라도 그들의 말 한 마디 한 마디에 그래도 경건이 배여 있고 부인할 수 없는 존귀함이 들어 있습니다. 이것을 통해서 하나님께서 하시는 말씀이 무엇입니까?

'내가 내 백성들을 이 정도로 훈련해서 내 나라에 합당한 자로 만든다.'

이것이 하나님의 훈련 과정입니다. 만일 하나님께서 경건한 자들을 이 정도로 훈련을 시킨다면 나중에 오만한 자나 행악하는 자들은 하나님 앞에서 얼마나 무서운 심판을 받게 되겠습니까? 그래서 오만한 자들은 고난당하는 성도들을 통해서 전도를 받으라는 것입니다.

룻기에 보면 엘리멜렉이라는 사람이 신앙을 버리고 모압으로 가서 살았습니다. 그런데 엘리멜렉의 며느리인 룻이 보기에는 이들이 아무리 신앙을 버렸고 영적으로 침체되었다 하더라도 그들을 통하여 나타나는 하나님의 백성의 존귀함은 모압 사람들과는 근본적으로 다른 것이었습니다. 그래서 룻은 그 존귀함을 가지기 위하여 모압을 버리고 하나님의 백성에게로 옵니다.

바로 이것이 하나님의 경고를 받아들인 것입니다.

물론 고난 중에 있는 하나님의 백성들은 너무나도 자신감을 잃었기 때문에 겉으로 보기에 보잘 것이 없습니다. 그러나 조금 지나보면 그들에게는 참으로 존귀함이 몸에 배여 있습니다. 그들에게는 따뜻함이 있고 겸손이 있고 부드러움이 있습니다. 하나님께서는 고난받는 의인들을 통하여 악인들에게 경고를 하십니다. '결코 너희 뿔을 높이 들지 말라.' 왜냐하면 하나님은 그들을 한 순간에 엎어버릴 수 있기 때문입니다.

참으로 사람을 높이시는 분

사람들은 누구나 다 높아지기를 바랍니다. 그러나 사람을 높이는 일은 사람에게 달린 것이 아니고 하나님의 판단에 달린 것입니다.

> "대저 높이는 일이 동에서나 서에서 말미암지 않고 남에서도 말미암지 않고 오직 재판장이신 하나님이 이를 낮추시고 저를 높이시느니라" (75:6-7).

악한 자들은 스스로를 높이는 것을 아주 좋아합니다. 그러나 그것은 높아진 것이 아닙니다. 그것은 자기 혼자 자기를 높이는 것이지 하나님이 인정해주시지 않습니다. 본문에서 높이는 일은 동에서나 서에서나 남에서 말미암지 않는다고 말씀하고 있습니다. 이것은 사람의 힘이 아니라는 것입니다.

우리는 여기서 두 가지 높아지는 길이 있다는 것을 알게 됩니다.

하나는 인간 사회가 높아지는 길을 인정하는 것입니다. 이것은 사회적인 사닥다리를 다른 사람들보다 더 빨리 올라가는 것입니다.

옛날에는 이것이 거의 출생으로 결정이 되어버렸습니다. 양반으로 태어난 자는 양반이 되는 것이고 상놈으로 태어난 자는 죽을 때까지 상놈으로 사는 것입니다. 그러나 요즘에는 신분 상승의 길이 열렸습니다. 그것은 학벌이라는 길이 있는 것입니다. 그래서 우리는 죽어라고 공부를 했습니다. 왜냐하면 이것만이 유일하게 신분 상승할 수 있는 길이었기 때문입니다. 그런데 이것은 세상이 인정해주는 높아지는 길입니다. 그러나 하나님께서는 이것을 인정해주시지 않습니다. 왜냐하면 이것은 이미 하나님께서 이 세상이 유지되도록 하기 위해서 미리 장사 밑천으로 주신 것이기 때문입니다. 그러니까 이 사회가 망하지 않으려면 어떤 사람들은 학식이 있어야 하고 어떤 사람들은 권력이 있어야 하는 것입니다. 결국 이것은 현상 유지를 위해서 하나님께서 맡겨주신 것이지 학식이 많거나 돈이 많다고 해서 하나님이 인정하시는 것은 아닙니다.

또 다른 존귀함이 있습니다. 그것은 하나님 앞에서 믿음의 연단을 받아서 모든 교만과 거짓이 몸에서 빠져나가고 하나님 앞에서 정결한 양심을 가진 자들입니다. 하나님께서는 이런 사람들을 인정하십니다. 그래서 그들의 기도에 응답해 주시고 하나님의 은혜와 사랑이 이 사람들에게 공급이 되어서 세상을 변화시키게 하십니다.

그러니까 하나님 앞에서 존귀한 사람은 얼마나 이 세상에서 높아지느냐 하는 것이 아니고 얼마나 하나님과 가까우며 얼마나 하나님의 은혜를 받느냐 하는 것입니다. 왜냐하면 하나님은 이 사람들을 통하여 일하시고 이 사람들을 통하여 은혜를 주시기 때문입니다.

그러면 우리는 이 세상에서는 어떻게 됩니까? 물론 마귀는 할 수 있는대로 이 세상에 있는 모든 것을 다 차지해서 하나님의 백성들이 아무 것도 차지하지 못하게 하려고 합니다. 우리들이 믿음의 연단을 받는 동안에 모든 것을 다 빼앗아 갑니다. 그러나 하나님께서는 우리의 자리를 확보를 해 놓으십니다. 그래서 다시 이 세상에 복귀해서 직장 생활도 하게 하시고, 결혼 생활도 하게 하시고, 다시 공부를 해서 박사가 되게 하기도 하시는 것입니다.

그래서 우리의 모든 인사 결정은 이 세상에서 되지 않습니다. 우리의 앉고 일어서는 모든 것이 하나님 앞에서 결정되어지기 때문에 우리가 아무리 동서남북을 뛰어 다녀봐도 아무 소용이 없습니다. 그래서 기도하는 자리에 나오는 것이 제대로 자리를 찾아 나온 것입니다.

우리의 모든 어려움은 하나님의 손에 달려 있습니다. 하나님께서 한번 '오케이' 하시면 모든 것은 해결되게 되어 있습니다. 그때까지 우리는 줄기차게 기도로 하나님께 우리의 요구를 말씀드리는 것입니다.

"여호와의 손에 잔이 있어 술 거품이 일어나는도다. 속에 섞은 것이 가득한 그 잔을 하나님이 쏟아 내시나니 실로 그 찌끼까지도 세상의 모든 악인이 기울여 마시리로다"(75:8).

하나님의 손에 심판의 잔이 있습니다. 거기에 거품이 일어나는 것은 막 그 잔에 포도주를 부었으며 그동안 병은 오랫동안 마개로 막아놓았다는 뜻입니다. 악한 자들이 평안했던 것은 그동안 하나님께서 마개로 막아놓고 참고 계셨기 때문입니다. 그러나 이제는 너무 오래 참으셨기 때문에 더 이상 심판은 지체될 수 없으며 악인들은 그 속에 섞은 것과 찌꺼기까지 다 마셔야 합니다. 안에 섞은 것은 취하도록 더 독한 술을 넣은 것인데 요즘으로 말하면 '폭탄주'가 되는 것입니다. 그 독한 술을 한 방울도 남김이 없이 다 마셔야 하는 것이 하나님의 심판입니다.

악한 자들이 하나님의 심판을 받을 때에는 아무 소망이 없습니다. 그냥 몰락하고 난 후에는 자기를 망하게 한 자를 죽을 때까지 저주하다가 죽는 것입니다. 그러니까 철저하게 분노의 잔을 마시는 것입니다.

"나는 야곱의 하나님을 영원히 선포하며 찬양하며 또 악인의 뿔을 다 베고 의인의 뿔은 높이 들리로다"(75:9-10).

하나님은 악인의 뿔을 베어서 아무 힘도 쓰지 못하게 하시고 의인에게 뿔을 달아주셔서 이 세상에서 주어진 역할을 감당하게 하십니다. 그래서 미래를 염려하지 말고 우리에 대한 하나님의 길이 따로 있다는 것을 믿고 철저하게 하나님을 따르는 성도들이 되시기 바랍니다.

76.

예루살렘을 지키시는 하나님

하나님이 유다에 알린바 되셨으며
그 이름은 이스라엘에 크시도다
그 장막이 또한 살렘에 있음이여
그 처소는 시온에 있도다
거기서 저가 화살과 방패와 칼과
전쟁을 깨치시도다 (셀라)
주는 영화로우시며
약탈한 산에서 존귀하시도다
마음이 강한 자는 탈취를 당하여 자기 잠을 자고
장사는 자기 손을 놀리지 못하도다
야곱의 하나님이여 주께서 꾸짖으시매
병거와 말이 다 깊은 잠이 들었나이다
주 곧 주는 경외할 자시니 주께서 한번 노하실 때에
누가 주의 목전에 서리이까
주께서 하늘에서 판결을 선포하시매
땅이 두려워 잠잠하였나니
곧 하나님이 땅의 모든 온유한 자를
구원하시려고 판단하러 일어나신 때에로다(셀라)
진실로 사람의 노는 장차 주를 찬송하게 될 것이요
그 남은 노는 주께서 금하시리이다
너희는 여호와 너희 하나님께 서원하고 갚으라
사방에 있는 모든 자도 마땅히 경외할 이에게 예물을 드릴지로다
저가 방백들의 심령을 꺾으시리니
저는 세상의 왕들에게 두려움이시로다

In Judah God is known; his name is great in Israel.
His tent is in Salem, his dwelling place in Zion.
There he broke the flashing arrows,
the shields and the swords,
the weapons of war. Selah
You are resplendent with light,
more majestic than mountains rich with game.
Valiant men lie plundered, they sleep their last sleep;
not one of the warriors can lift his hands.
At your rebuke, O God of Jacob, both horse and chariot lie still.
You alone are to be feared.
Who can stand before you when you are angry?
From heaven you pronounced judgment,
and the land feared and was quiet--
when you, O God, rose up to judge,
to save all the afflicted of the land. Selah
Surely your wrath against men brings you praise,
and the survivors of your wrath are restrained.
Make vows to the LORD your God and fulfill them;
let all the neighboring lands bring gifts to the One to be feared.
He breaks the spirit of rulers;
he is feared by the kings of the earth.

하나님 나라의 모순은 하나님은 크고 강하신데 그 백성들이나 하나님의 나라는 너무나도 보잘 것이 없는 것입니다. 그래서 다른 나라들은 자주 하나님이 얼마나 강하신가 하는 것을 잊어버리고 자주 예루살렘을 공격했으며, 특히 이스라엘 백성들 자신도 하나님을 믿지 못할 때가 많았습니다.

예를 들어서 아주 큰 권력을 가진 사람이 아주 작고 초라한 집에서 바보같은 아들 하나와 같이 살고 있다면 사람들은 그 사람이 큰 권력을 가지고 있다는 것을 믿지 않을 것입니다. 아마 그 아들도 아버지의 능력을 믿지 않을 것입니다. 그래서 사람들은 할 수 있는 대로 권력이 있는 사람은 집을 크게 짓습니다. 그리고 많은 하인들이나 부하들을 데리고 삽니다. 그래야 다른 사람들이 그를 업신여기지 않고 두려워하게 되기 때문입니다.

그런데 하나님은 그렇게 하지 않으십니다. 하나님은 온 천하를 만드셨고 온 우주를 다스리고 계신 분이신 데도 그의 나라는 아주 작고 보잘 것 없는 유대나라였으며 그의 집도 아주 작은 성전이었습니다. 더욱이 그의 백성들은 그렇게 잘난 것도 없고 힘도 없는 이스라엘 자손들이었습니다. 그래서 이스라엘 자손들이 보잘 것이 없다는 것을 나타낼 때에는 꼭 '야곱' 이라고 불렀습니다. 그래서 오늘 본문에서 '야곱의 하나님' 이라는 말이 나옵니다.

사람들은 유다와 예루살렘의 초라한 모습을 보고 하나님을 업신여겼습니다. 더욱이 이스라엘 백성들 자신이 하나님의 능력을 별로 믿지 않았고 의지하지도 않았습니다. 그런데 드디어 이스라엘 자손들이 하나님의 큰 능력을 알 수 있는 사건이 터졌습니다. 그것은 예루살렘을 공격하기 위하여 에워쌌던 앗수르 군대 십팔만 오천 명이 하룻밤 사이에 모두 죽임을 당한 것입니다. 이 때 가장 놀란 사람들은 이스라엘 백성들 자신들이었습니다. 그들은 하나님께서 이 정도로 능력이 크신 분이신지 몰랐습니다. 그래서 그들은 다시 한번 하나님의 능력을 깨닫고 하나님을 두려워하게 되었습니다.

오늘 본문의 시는 앗수르 군대 십팔만 오천 명이 예루살렘을 치러 왔다가 죽임을 당했을 때 지은 시로 생각이 됩니다. 이스라엘 백성들은 아무 것도 한 것 없이 엄청난 승리를 체험하게 되었습니다. 특히 중요한 것은 앗수르 군대가 사마리아를 완전히 멸망시켰는데 끝내 예루살렘의 장벽을 넘을 수 없었던 것입니다. 그 이유가 어디에 있습니까? 그때까지만 해도 예루살렘은 진정한 하나님의 성전이었기 때문입니다. 그곳에는 하나님의 말씀이 있고 회개의 눈물이 있었습니다. 하나님의 살아있는 성전은 이 세상의 그 어떠한 세력도 범할 수가 없다는 것을 하나님께서 보여주신 것입니다.

하나님을 새로 발견함

어느 나라든지 왕궁이나 대통령 관저에는 많은 군대가 있지 않습니다. 단지 그곳을 지키는데 꼭 필요한 최소한의 군대만 주둔해 있을 뿐입니다. 그리고 대규모 부대는 나라의 외각지대에 많이 배치되어 있습니다.

마찬가지로 하나님께서는 예루살렘에 많은 군대가 있어야 한다고 생각하지 않으셨습니다. 왜냐하면 이 세상 모든 나라나 군대가 하나님의 명령이 있어야만 움직일 수가 있기 때문입니다.

그래서 예루살렘은 군사력으로 지켜지는 나라가 아니었습니다. 그곳은 하나님의 말씀으로 지키는 곳이었습니다. 즉 예루살렘 사람들이 하나님의 말씀을 붙들기만 하면 이 세상 어느 나라도 공격할 수가 없었습니다. 왜냐하면 하나님의 능력이 함께 하기 때문입니다.

그런데 이 사실을 이스라엘 백성들 자신이 참으로 믿기가 어려웠습니다.

"하나님이 유다에 알린 바 되었으며 그 이름은 이스라엘에 크시도다"(76:1).

원래 이스라엘 백성들은 하나님의 큰 능력을 믿었어야 하는데 그렇지 못했습니다. 그래서 그들은 약한 군사력 때문에 늘 불안해 했습니다. 그러다가 이번에 하나님의 큰 능력이 실제적으로 크게 나타난 후에 하나님이 다시 유다 백성들에게 알려지게 된 것입니다.

우리 자신을 예로 들어서 생각해 봅시다. 만약 어떤 분이 어느 곳에 새로 교회를 시작했는데 자기 건물도 없이 다른 사람의 방 한 칸을 빌려서 교회를 시작했는 데다가 교회에 나오는 사람들도 모두 힘이 없고 가난한 몇 명만 나오는데 주위에 힘이 아주 센 부자나 깡패가 매일 부순다고 와서 행패를 부리면 거기서 얼마를 버틸 수 있겠습니까? 그리고 그 분이 하나님이 능력이 크시다는 것을 얼마나 믿을 수 있겠습니까? 아마 하나님의 능력을 의지하기보다는 가까운 관공서의 아는 사람들이나 아니면 다른 힘있는 사람의 도움을 받고 싶을 것입니다. 이스라엘 자손들이 영원히 극복하기 어려운 모순이 바로 이 점이었습니다.

하나님께서는 이스라엘 백성들에게 하나님이 능력이 많으시기 때문에 그 능력을 믿고 너희 스스로 무장하거나 강해지려고 하지 말라는 것입니다. 그런데 막상 자신에게 힘이 없으니까 어떻습니까? 모든 것이 너무 불안하고 또 실제로 다른 나라 사람들도 이스라엘 백성들을 우습게 생각하고 공격을 해 왔습니다.

그러니까 하나님의 백성들이 제대로 하나님의 백성 노릇을 하려면 거의 무모할 정도로 하나님의 말씀의 능력을 믿어야 합니다. 그렇지 않고 상식적인 수준에서 믿으려고 하면 절대로 하나님을 믿을 수가 없는 것입니다.

그런데 히스기야 왕 때에는 이스라엘 백성들이 어느 정도 믿음이 있었습니다. 그래서 예루살렘 성전에 바른 말씀이 있었고 회개의 기도도 있었습니다.

그랬더니 하나님께서는 예루살렘을 공격한 앗수르 군대 십팔만 오천 명을 죽이시면서 예루살렘을 구해주셨습니다.

이것을 체험한 이스라엘 백성들은 하나님의 이야기를 하지 않을 수가 없었습니다. 그들은 모이기만 하면 하나님의 이야기를 했고 하나님이 행하신 것은 온 유다 안에 소문으로 퍼지게 되었고 하나님의 이름은 이스라엘 안에서 아주 높임을 받게 되었습니다. 하나님의 백성들의 가장 큰 복은 새로운 능력의 하나님을 발견하게 된 것입니다. 우리는 하나님을 새로이 발견하면 할수록 더욱 더 믿음이 커지게 되어 있습니다.

하나님의 이름이 있는 곳

특히 이번의 큰 승리로 이스라엘 백성들이 깨달은 것이 무엇입니까?

"그 장막이 또한 살렘에 있음이여 그 처소는 시온에 있도다"(76:2).

하나님의 처소가 어디입니까? 바로 예루살렘이며, 성전이 있는 곳이었습니다. 그런데 이스라엘 백성들은 머리로는 그 사실을 잘 알지만 막상 어려운 일을 당하면 하나님께서 자신들과 함께 계신다는 사실을 너무나도 자주 잊어버리곤 했습니다. 그래서 자기들의 힘으로 그 어려움을 막아내려고 이리 뛰고 저리 뛰는 형편이었습니다. 그러니까 이스라엘 백성들 자신이 스스로가 모를 때가 많았다는 것입니다. 사실 이것은 대단히 중요한 것입니다.

대개 하나님의 백성들이 죄에 빠지는 것은 자신들의 정체성을 잊어버리고 자기가 얼마나 존귀한 자인가를 생각지 못하기 때문입니다. 그래서 우리는 늘 하나님의 말씀에 자기 자신을 비추어 봄으로 내가 누구이며 내가 무엇 때문에 존재하는 사람인가 하는 것을 늘 확인을 해야 합니다.

히스기야 때 유다 백성들은 끝까지 하나님께 대한 믿음을 지켰습니다. 그 결과 그들은 스스로가 얼마나 대단한 사람들인가를 알게 된 것입니다. 그들은 하나님의 장막 안에 살고 있는 자들이었으며, 하나님을 가장 가까이에서 모시고 있는 자들이었습니다.

예루살렘에 외부 군대가 쳐들어 올 때는 다음 세 경우라고 생각하면 좋습니다.

그 첫 번째는 하나님의 종들이 하나님을 반역했을 때입니다. 예를 들어서 궁중의 내시들이 반란을 일으켰을 때 힘없는 왕이 외부의 군대를 불러들이는 것과 같습니다. 그럴 때는 도성은 전쟁으로 불타고 많이 파괴될 것입니다. 왜냐하면 원수들이 왕궁 안에 있기 때문입니다.

두 번째는 하나님의 백성들이 믿는다고 하지만 믿음이 약하여 여러 가지로 부족한 점이 있을 때 믿음을 연단하기 위하여 어려움을 주실 때가 있습니다. 이것은 우리 인간으로서는 어쩔 수가 없습니다. 왜냐하면 우리가 아무리 하나님을 잘 믿는다고 하지만 약간의 실수나 허물이 없을 수 없습니다. 그럴 때 하나님께서 우리를 훈련시키기 위하여 어려움을 주실 때 그 어려움은 감당을 해야 합니다. 그것을 피하려고 하기 때문에 세상의 방식에 빠지는 것입니다.

그리고 세 번째는 외국 군대가 정신이 나가는 바람에 하나님의 명령을 거부하고 공격하는 것입니다. 이럴 때에는 그 군대가 멸망하게 되어 있습니다.

이스라엘 백성들이 당하는 어려움은 대부분 두 번째 경우에 속했습니다. 즉 하나님께서 그들에게 정신을 차리게 하려고 외국 군대를 불러서 어려움을 주시는 것입니다. 그럴 때 그들이 울고 불면서 회개하면 하나님께서는 적들을 물리쳐주셨습니다. 이것은 어쩔 수가 없습니다. 우리가 아무리 철저하게 하나님을 믿고 바로 살려고 노력한다 하더라도 부족하고 허물이 있는 것을 어떻게 하겠습니까? 그런 것 때문에 어려움을 당하고 시련이 찾아올 때 이것은 어쩔 수 없는 것이고 기쁜 마음으로 감당해야 합니다.

그런데 유다 백성들은 이런 일을 자꾸 겪기 싫으니까 하나님만 의지하지 않고 외국의 우상을 끌어들이고 외국과 군사 동맹을 맺었습니다. 이것은 바로 궁중의 최측근들이 왕을 이용하는 것이며, 내시들이 왕을 허수아비로 만들어놓고 나라의 모든 것을 다 쥐고 흔드는 것과 같습니다. 나중에 예루살렘이 바벨론에 망한 것은 바로 이런 인간적인 방법 때문에 망한 것입니다. 그러나 이번에 앗수르가 공격을 한 것은 하나님께서 명령하신 것이 아닙니다. 오히려 하나님께서는 앗수르에 대하여 여러 차례 예루살렘을 건드리지 말라고 경고를 하셨습니다. 그럼에도 불구하고 앗수르 군대가 교만하여 예루살렘을 공격했을 때 자기 자신들이 멸망하고 말았던 것입니다.

하나님이 예루살렘을 지키심

예루살렘이 비록 부족한 점이 많다 하더라도 하나님께 대한 믿음을 지킬 때 하나님께서는 예루살렘을 지켜주셨습니다.

> "거기서 저가 화살과 방패와 칼과 전쟁을 깨치시도다(셀라). 주는 영화로우시며 약탈한 산에서 존귀하시도다" (76:3-4).

하나님께서는 주의 백성들이 믿음을 지킬 때 그 성안으로 화살과 칼이 넘어오지 못하도록 지켜주십니다. 왜냐하면 그곳은 하나님의 성전이 있는 곳이기 때문입니다.

예를 들어서 전쟁이 아무리 치열하다 하더라도 서로 공격해서는 안 되는 곳이 있습니다. 그것은 바로 병원입니다. 그리고 앰뷸런스일 것입니다. 왜냐하면 그곳은 환자들이 치료받는 곳이기 때문에, 공격해서는 안 되는 것입니다. 마찬가지로 하나님의 성전은 이 세상에서 유일하게 사람들이 하나님 앞에서 죄 용서받고 영혼이 치료받는 병원입니다. 하나님께서는 그 영혼의 병원이 공격당하지 않도록 모든 화살과 칼을 깨시고 방패를 부수시는 것입니다.

'주는 영화로우시며 약탈한 산에서 존귀하시도다' 는 말은 하나님께서는 능히 자기 백성들을 지켜주신다는 뜻입니다. 하나님께서는 성전을 지켜주시지 못하시면 영화로울 수 없을 것입니다.

그리고 '약탈한 산' 이라는 것은 악한 자들이 약탈하려고 계획을 세웠는데 결국 자기들이 망함으로 자기들이 약탈당하게 된 산을 말합니다. 결국은 시온산을 말합니다.

악한 자들이 말하기를 '이번에는 시온산을 한번 벗겨 먹어보자. 하나님의 백성들을 약탈하는 재미가 얼마나 좋은지 한 번 보자' 고 했는데 결국은 자기 자신들이 거기서 다 몰살을 당함으로 약탈을 당하게 된 것입니다. 그러니까 하나님의 백성들은 약탈당하게 되었다가 반대로 활 하나 쏘지 않고 약탈하게 되었으니까 얼마나 하나님이 존귀하신 분이십니까?

오늘 본문에는 하나님께서 어떻게 이 미친 앗수르 군대를 멸망시켰는지 설명이 나옵니다.

> "마음이 강한 자는 탈취를 당하여 자기 잠을 자고 장사는 자기 손을 놀리지 못하도다. 야곱의 하나님이여 주께서 꾸짖으시매 병거와 말이 다 깊이 잠이 들었나이다" (76:5-6).

하나님의 백성들이 가장 상대하기 어려운 사람들이 바로 이런 앗수르 군대와 같은 미친 사람들입니다. 하나님의 백성들은 일단 무력을 사용하지 않기 때문에 대화가 가능한 사람들을 상대할 수 있습니다. 그러나 대화가 통하지 않고 무지막지하게 폭력으로 미쳐서 날 뛰는 자들은 우리 힘으로는 감당할 수가 없습니다.

여기서 '마음이 강하다' 고 하는 것은 다른 사람 어느 누구의 말도 듣지 않고 자기 교만한 생각에 미쳐 날뛰는 자들을 말합니다.

하나님께서는 이런 교만한 자들을 칼로 굴복시키지 않습니다. 왜냐하면 이런 교만한 자들에게 칼을 쓰기에는 칼이 너무나도 아깝기 때문입니다.

그래서 하나님께서는 애굽의 바로를 굴복시키기 위해서도 군대를 사용하시지 않으셨습니다. 그 대신 개구리나 이나 파리 등을 보내심으로 그들이 결국 이런 미물보다 못한 자들이라는 것을 보여주셨습니다. 왜냐하면 개구리나 이나 파리는 하나님의 말씀에 순종해서 공격하는데 악한 사들은 도대체 누구의 명령을 들어야 할 줄도 모르고 단지 자기 기분에 미쳐 날뛰는 자들이기 때문에 이런 수치를 당해야 하는 것입니다.

하나님께서 앗수르 군대를 굴복시키기 위하여 사용하신 군대는 '잠' 이었습니다. 여기서 앗수르 군사들은 잠을 자느라고 손을 놀리지 못했다고 기록하고 있습니다.

이 잠이 무슨 잠입니까? 바로 죽음의 잠이요, 멸망의 잠이었습니다. 한번 잠들고 나면 다시는 깰 수 없는 잠이었습니다. 어떤 사람들은 앗수르 군대를 공격한 것은 페스트였다고 말을 합니다. 요세푸스 같은 사람은 쥐가 앗수르 군대에 병을 퍼뜨렸다고 기록을 하고 있습니다.

6절에 '야곱의 하나님' 이라는 말씀이 나옵니다. 하나님은 너무나도 크시고 영화로우시지만 그의 백성들은 보잘 것 없는 야곱이라는 뜻입니다. 그러나 하나님께서는 야곱의 하나님이 되어주시는 것을 조금도 부끄러워하지 않으십니다. 오히려 하나님께서는 이런 약한 자들의 하나님이 되기를 기뻐하시고 자랑스러워하십니다.

하나님께서는 앗수르 군대를 향하여 꾸짖으시니까 말과 병거가 다 같이 잠이 들어버렸습니다. 물론 그 잠은 죽음의 잠이었습니다.

요즘 같으면 아무리 최신 탱크를 몰고 왔다 하더라도 하나님께서 한 번 책망하시면 전자 교란같은 상태가 일어나서 그 모든 전자 장비들이 모두 고장이 나서 아무 쓸모없이 되고 말 것입니다. 그러니까 하나님 앞에서는 최신 전자 장비나 탱크나 미사일 공격이 아무 소용이 없는 것입니다.

하나님을 찬양함

사람들은 하나님께서 예루살렘을 지키시는 것을 보고 하나님을 두려워하게 됩니다. 왜냐하면 이번의 이 승리는 인간적인 힘으로는 도저히 거둘 수가 없는 것이며 하나님께서 지키신 것이 너무나도 분명하기 때문입니다.

"주 곧 주는 경외하실 자시니 주께서 한 번 노하실 때에 누가 주의 목전에 서리이까?" (76:7)

많은 사람들은 하나님의 백성들의 초라한 모습을 보고 하나님까지도 업신여겼습니다. 그러나 앗수르가 다른 모든 나라들은 다 멸망을 시켰는데 오직 예루살렘의 벽을 넘지 못하고 자기들이 거기서 전멸한 것을 볼 때 하나님을 두려워하게 되는 것입니다.

사도 바울은 '우리가 약할 때 오히려 더 강하다' 고 말을 했습니다. 왜냐하면 약하기 때문에 그만큼 더 하나님을 절대적으로 의지하게 되기 때문입니다.

그래서 지혜로운 자는 일부러 더 강해지려고 하지 않습니다. 왜냐하면 모든 것을 다 가지게 되면 혹시라도 마음이 교만하게 되어 하나님을 의지하지 않고 자기 힘을 의지하는 교만에 빠질까 두렵기 때문입니다.

하나님께서 예루살렘을 일부러 약하게 하신 이유가 무엇입니까? 무엇 때문에 그들로 하여금 말과 병거를 의지하지 못하게 하셨습니까? 그것은 스스로 강해지지 말고 오직 필사적으로 하나님만 의지하라는 것입니다.

우리가 하나님이 참으로 강하시다는 것을 믿는다면 스스로 강해질 필요가 없습니다. 우리가 하나님이 강하시다는 것을 믿는 방법은 다른 방법이 없습니다. 자꾸 하나님 말씀을 연구하는 수밖에 없습니다.

하나님의 말씀을 연구하면 어떻습니까? 자꾸 하나님을 알아가게 되는데 하나님은 너무나도 놀랍습니다. 하나님의 말씀 앞에서 드러나지 않는 것이 아무 것도 없습니다. 그러니까 더욱더 하나님을 신뢰하게 되고 웬만한 어려움이 와도 하나님을 붙잡게 되는 것입니다.

> "주께서 하늘에서 판결을 선포하시매 땅이 두려워서 잠잠하였나니 곧 하나님이 땅의 모든 온유한 자를 구원하시려고 판단하러 일어나신 때에로다" (76:8-9).

하나님께서 하늘에서 판단하시면 땅은 두려워서 잠잠할 수밖에 없습니다.

왜냐하면 성도의 신상에 관계되는 것은 모두 하나님 앞에서 결정되기 때문입니다. 하나님께서는 우리의 머리털까지 다 세신 바 되었기 때문에 하나님의 허락없이 우리에게 악한 일이 일어날 수가 없습니다. 그리고 하나님께서 우리에게 어려움을 주실 때에는 반드시 감당할 수 있게 하시며 피할 길을 주신다고 했습니다. 히스기야 때 예루살렘 사람들에게 피할 길은 앗수르 군대가 멸망하는 것이었습니다. 그런데 하나님께서는 똑같은 방법을 쓰시는 법은 거의 없는 것 같습니다.

하나님의 판결이 무엇입니까? 앗수르 군대가 예루살렘을 공격할 이유가 없다는 것입니다. 왜냐하면 하나님께서 앗수르 군대를 부르신 것도 아니고 또 하나님께서 허락하신 것도 아닙니다. 단지 앗수르 왕 산헤립이 스스로 미쳐서 군사를 이끌고 예루살렘으로 쳐들어 온 것입니다. 그러나 하나님의 눈으로 보시기에 아직 예루살렘은 교회의 기능이 살아 있었습니다. 비록 온전히 건강한 교회는 아닐지라도 하나님의 말씀이 선포되고 있으면 그 안에 눈물의 회개가 있었습니다. 그런 교회는 절대로 건드릴 수가 없습니다. 그런 교회를 건드리는 자는 성령 훼방 죄에 해당하기 때문에 영원히 사함을 받을 수가 없습니다. 그러니까 공격을 하더라도 사마리아같은 곳을 공격을 해야지 살아있는 교회를 공격한 것은 앗수르의 교만이요, 자기 도취였습니다.

여기서 '온유한 자'를 구원하신다고 했는데 이들은 하나님을 믿고 스스로 무장하지 않는 자들입니다. 온유한 자들은 하나님의 말씀의 능력만 믿고 스스로 강해지려고 하지 않는 사람들입니다. 인간의 눈으로 볼 때 이런 사람들은 바보같고 아무 것도 할 수 없을 것 같지만 하나님은 이들을 사랑하시고 지켜주십니다.

히스기야 때 예루살렘 사람들 중에는 예루살렘은 군사적인 도시가 아니고 제사장의 도시이기 때문에 세상 나라같이 무장할 필요가 없다는 사람들이 있었습니다. 그 사람들이 온유한 사람들인데 앗수르 군대가 공격했을 때 이 사람들은 얼마나 다른 사람들의 공격을 받았는지 모릅니다. 그러나 하나님께서는 이들을 책임져 주심으로 이들이 옳다는 것을 증명해 주셨습니다.

여기서 하나님께서는 이상한 말씀을 하십니다.

"진실로 사람의 노는 장차 주를 찬송하게 될 것이요 그 남은 노는 주께서 금하시리이다"(76:10).

여기서 사람의 노는 끝까지 하나님을 믿지 못해서 사람들이 화를 내었던 것입니다. 아마도 예루살렘 사람들 중에서 앗수르 군대에 의하여 포위되는 것을 보고 화를 내지 않았던 사람들은 없었을 것입니다. 그리고 하나님께서 자기들을 지켜주시지 않는 것에 대한 분노일 것입니다.

이런 분노는 오직 믿는 자들에게만 생기는 것입니다. 하나님의 약속만 믿고 아무 대비도 하지 않았는데 갑자기 뒤통수를 맞는 일이 생긴 것입니다.

아마 이번에 이런 분노를 내신 분들이 있을 것입니다. 하나님만 믿고 집을 사지 않았는데 갑자기 아파트 전세가 수천만원이 오르면서 절망을 하신 분들이 있을 것입니다. 그런데 하나님께서는 그런 노를 찬송하게 하십니다. 즉 하나님께서 선하게 인도하셔서 결국 해결되게 하신다는 것입니다.

그러나 남은 노는 주께서 금하신다고 하셨습니다. 즉 그 이상의 분노를 해서는 안 된다는 것입니다. 우리도 인간이기 때문에 어느 정도는 염려를 하게 되어있고 걱정하게 되어 있습니다. 그러나 그 이상 분노하는 것은 믿음이 없는 것이기 때문에 하나님께서 책망을 하십니다. 너무 많이 염려하면 믿음이 자리지 않습니다. 그래서 우리는 우리 자신의 염려는 어느 수준 안에서 컨트롤을 해야 합니다.

이제 성도들과 다른 사람들의 달라지는 태도에 대하여 말씀을 하십니다.

"너희는 여호와 너희 하나님께 서원하고 갚으라. 사방에 있는 모든 자도 마땅히 경외할 이에게 예물을 드릴지어다. 저가 방백들의 심령을 꺾으시리니 저는 세상의 왕들에게 두려움이시로다"(76:11-12).

하나님께서는 주의 백성들이 이렇게 너무나도 큰 복을 그냥 넘어가는 것을 원치 않으십니다. 왜냐하면 이것은 너무나도 큰 복이고 영원히 찬송드릴 내용이기 때문입니다. 우리 사람들도 좋은 일이 있으면 그냥 넘어가지 않고 파티를 열어서 가까운 사람들을 초청해서 음식을 나눔으로 기억하려고 합니다. 마찬가지로 하나님께서 우리에게 은혜를 주셨을 때 우리는 그 은혜를 잊지 않고 기억을 해야 합니다. 그래서 하나님께서는 성도들에게 서원을 갚으라고 말씀을 하십니다. 즉 하나님이 주신 복을 잊지 않도록 특별한 헌신을 하라는 것입니다. 그럴 때 세상의 왕들과 방백들은 하나님의 백성들을 더 두려워하게 될 것입니다.

77:1-20

바다 속에 난 길

77.

내가 내 음성으로 하나님께 부르짖으리니
하나님께 내 음성으로 부르짖으면 내게 귀를 기울이시리로다
나의 환난날에 내가 주를 찾았으며
밤에는 내 손을 들고 거두지 아니하였으며
내 영혼이 위로 받기를 거절하였도다
내가 하나님을 생각하고 불안하여 근심하니
내 심령이 상하도다(셀라)
주께서 나로 눈을 붙이지 못하게 하시니
내가 괴로워 말할 수 없나이다
내가 옛날 곧 이전 해를 생각하였사오며
밤에 한 나의 노래를 기억하여 마음에 묵상하며 심령이 궁구하기를
주께서 영원히 버리실까, 다시는 은혜를 베풀지 아니하실까,
그 인자하심이 길이 다하였는가, 그 허락을 영구히 폐하셨는가,
하나님이 은혜 베푸심을 잊으셨는가,
노하심으로 그 긍휼을 막으셨는가 하였나이다(셀라)
또 내가 말하기를 이는 나의 연약함이라 지존자의 오른손의 해
곧 여호와의 옛적 기사를 기억하여 그 행하신 일을 진술하리이다
또 주의 모든 일을 묵상하며 주의 행사를 깊이 생각하리이다
하나님이여 주의 도는 극히 거룩하시오니
하나님과 같이 큰 신이 누구오니이까
주는 기사를 행하신 하나님이시라
민족들 중에 주의 능력을 알리시고
주의 팔로 주의 백성 곧
야곱과 요셉의 자손을 구속하셨나이다 (셀라)
하나님이여 물들이 주를 보았나이다
물들이 주를 보고 두려워하며 깊음도 진동하였고
구름이 물을 쏟고 궁창이 소리를 발하며
주의 살도 날아 나갔나이다
회리바람 중에 주의 우뢰의 소리가 있으며
번개가 세계를 비취며 땅이 흔들리고 움직였나이다
주의 길이 바다에 있었고 주의 첩경이 큰 물에 있었으나
주의 종적을 알 수 없었나이다
주의 백성을 무리양 같이 모세와 아론의 손으로 인도하셨나이다

I cried out to God for help; I cried out to God to hear me.
When I was in distress, I sought the Lord;
at night I stretched out untiring hands and my soul refused to be comforted.
I remembered you, O God, and I groaned;
I mused, and my spirit grew faint. Selah
You kept my eyes from closing; I was too troubled to speak.
I thought about the former days, the years of long ago;
I remembered my songs in the night.
My heart mused and my spirit inquired:
"Will the Lord reject forever? Will he never show his favor again?
Has his unfailing love vanished forever?
Has his promise failed for all time?
Has God forgotten to be merciful?
Has he in anger withheld his compassion?" Selah
Then I thought, "To this I will appeal:
the years of the right hand of the Most High."
I will remember the deeds of the LORD;
yes, I will remember your miracles of long ago.
I will meditate on all your works and consider all your mighty deeds.
Your ways, O God, are holy. What god is so great as our God?
You are the God who performs miracles;
you display your power among the peoples.
With your mighty arm you redeemed your people,
the descendants of Jacob and Joseph. Selah
The waters saw you, O God, the waters saw you and writhed;
the very depths were convulsed.
The clouds poured down water, the skies resounded with thunder;
your arrows flashed back and forth.
Your thunder was heard in the whirlwind,
your lightning lit up the world; the earth trembled and quaked.
Your path led through the sea, y
our way through the mighty waters,
though your footprints were not seen.
You led your people like a flock by the hand of Moses and Aaron.

어떤 사람이 집에 응급 환자가 생겨서 병원에 앰뷸런스를 보내 달라고 부탁을 했는데도 차가 도착하지 않을 때 마음이 너무나도 조급할 것입니다. 그렇다고 해서 무작정 기다릴 수도 없고 또 환자를 업고 병원으로 뛸 수도 없을 것입니다. 가장 좋은 방법은 일단 연락이 정확하게 전달이 되었다면 올 줄 믿고 좀 더 차분하게 기다리는 것입니다.

마찬가지로 우리에게 다급한 어떤 어려운 일이 생겼는데 하나님께 도움을 구해도 연락이 없을 때 어떻게 해야 합니까? 오로지 하나님만 바라보고 무조건 끝까지 기다려야 합니까? 아니면 더 늦기 전에 다른 인간적인 방법을 택해야 하는 것일까요?

오늘 본문의 배경은 구체적으로 알 수가 없습니다. 그러나 시편을 쓴 사람은 과거 이스라엘 백성들이 출애굽한 후에 홍해를 건너기 직전의 상황으로 위로를 받고 있습니다. 즉 이스라엘 백성들이 앞으로 가야 하는데 앞에는 홍해 바다가 가로놓여 있고 뒤에서는 애굽 군대가 병거를 앞세우고 추격해오고 있습니다. 그때 이스라엘 백성들의 마음이 얼마나 다급했겠습니까? 그러나 모세는 이스라엘 백성들에게 추격해오는 애굽 군대를 두려워하지 말라고 하면서 하나님께서 행하실 큰 구원을 구경하기만 하라고 했습니다. 그리고 모세가 지팡이로 홍해를 가리키니까 바다가 갈라지면서 이스라엘 백성들은 바다 속으로 난 길을 걸어서 건너고 애굽 군대는 홍해에 빠져서 모두 몰살했습니다. 오늘 본문 후반부에 바로 그런 이야기가 나옵니다. 그러니까 오늘 본문의 배경은 이스라엘 백성들이 그와 유사한 절박한 상황에 처해 있었던 것을 알 수 있습니다. 앞에는 홍해이고 뒤에는 애굽 군대가 쳐들어오는 것과 같은 절박한 상황이었던 것입니다. 그와 가장 비슷했던 때가 바로 앗수르 군대가 예루살렘을 에워싸고 공격을 했던 때입니다. 오늘 본문에는 앗수르에 대한 말씀이 단 한 구절도 나오지 않지만 그 모든 상황이 그때와 너무나도 비슷합니다. 그리고 유다 백성들은 앗수르 군대의 몰살로 구원을 얻은 것이 바로의 군대가 홍해에서 몰살을 했던 것과 비슷합니다.

오늘 본문에서 중요한 것은 하나님의 백성들의 길은 따로 준비되어 있다는 것입니다. 그 길은 바로 바다 속에 난 고속도로입니다. 믿음이 없는 사람들은 절대로 그 길로 갈 수가 없습니다. 그 길을 흉내내다가는 바로의 군대처럼 모두 물에 빠져 죽을 수밖에 없습니다.

오늘 우리가 이 세상을 살아 가다보면 너무나도 길이 보이지 않을 때가 있습니다. 예를 들어서 사업에 실패를 했는데 돈으로 도와줄 사람은 아무도 없고 그렇다고 여러 군데 이력서를 내어도 써주는 사람이 없습니다. 가족은 줄줄이 달려 있고 먹고 살 길은 막연한데 자꾸 집세는 올려달라고 하는 것입니다. 이럴 때 어떻게 해야 합니까? 무조건 하나님만 기다리고 있어야 합니까? 아니면 더 늦기 전에 다른 방법을 찾아보아야 합니까?

오늘 이 시를 쓴 성도는 하나님의 응답이 없어서 나무 큰 절망과 좌절에 빠졌습니다. 그리고 마음속에 기도를 포기하고 싶은 마음도 생겼던 것입니다. 그런데 이 절망 중에 몇 가지를 생각했습니다. 그것은 과거에 하나님께서 은혜를 주신 것을 생각했습니다. 하나님께서 지금까지 나에게 은혜를 주신 것이 이렇게 비참하게 망하게 하기 위해서냐 하는 것이었습니다. 그 대답은 '노' 였습니다. 그 다음에 그는 내가 믿는 이 믿음이 이렇게 보잘 것이 없는 것이냐 하는 것을 생각해 보았습니다. 그 대답도 '노' 였습니다. 우리가 믿는 이 도는 엄청나게 위대한 것입니다. 그러면 과거에 하나님께서 이스라엘 백성들을 구원하시기 위하여 사용하였던 그 능력은 지금도 유효하냐 하는 것이었습니다. 그 대답은 '예스' 였습니다. 하나님의 능력은 지금도 조금도 줄어들지 않았다는 것입니다. 그렇다면 하나님께서는 반드시 나를 이 위기에서 건지실 것이라고 믿게 되는 것입니다.

부르짖으며 기도함

하나님께서 아기들에게 주신 가장 큰 무기가 있습니다. 그것은 바로 아기들의 울음입니다. 아기들이 큰 소리로 울면 어른들도 꼼짝하지 못하고 아기들의 요구를 들어주어야 합니다. 그런데 하나님께서 우리 믿는 자들에게 주신 큰 무기가 있습니다. 그것은 바로 부르짖는 기도의 소리입니다.

> "내가 내 음성으로 하나님께 부르짖으리니 하나님께 내 음성으로 부르짖으면 내게 귀를 기울이시도다"(77:1).

여기서 '내 음성으로 하나님께 부르짖으리니' 라고 말씀하고 있습니다. 여기서 중요한 것은 내 음성으로 '소리를 낸다' 는 것입니다. 그 전에 이 사람은 어떻게 기도를 했습니까? 아마도 이 사람은 그 동안 소리를 내지 않고 마음속으로 생각을 한 것입니다. 그런데 생각하면서 기도하는 것도 좋기는 하지만 여러 가지 어려운 일이 있어 기도할 때 마음속으로 기도하는 것보다는 그냥 엎드려 있을 때가 더 많을 것입니다. 왜냐하면 마음속에 여러 가지 생각이 떠오르면서 도무지 갈피를 잡을 수가 없기 때문입니다. 그래서 기도하기 위해서 하나님 앞에 나와 있지만 실제로는 그냥 엎드려서 끙끙 앓으면서 걱정하고 있고 염려하고 있는 것입니다. 그러나 이것만해도 지금 덜 다급한 것입니다. 만일 지금 분초를 다투는 어려운 일이 생기면 어떻게 됩니까? 그때는 이것저것 따질 것 없이 무조건 '하나님, 살려주세요' 라는 기도밖에 안나오는 것입니다. 우리 하나님의 백성들이 어렵고 다급한 경우를 당한다 하더라도 하나님이 우리에게 주신 강력한 무기가 있습니다. 그것은 하나님 앞에서 부르짖으면서 기도를 하는 것입니다.

여기서 '부르짖는다'는 것은 '지금 내가 스스로 해결할 수 없는 어려움에 빠졌으며 하나님만이 도우실 수 있습니다'라는 것을 하나님께 다급하게 알리는 것입니다. 그동안 부르짖지 않았던 이유가 어디에 있습니까? 아직까지도 자기 머리나 자기 꾀를 믿었기 때문입니다. 아직도 내 힘으로 이 정도의 어려움은 충분히 해결할 수 있다고 생각했기 때문에 부르짖으면서 기도하지 않았던 것입니다. 그러나 도저히 내 힘으로 감당할 수 없을 정도로 일이 심각하게 되었을 때 그때에는 하나님께 부르짖는 수밖에 없는 것입니다. 우리가 하나님을 향하여 단순히 소리만 지르는 것이 아니라 진심으로 하나님의 도우심을 구하면서 부르짖을 때 하나님은 우리에게 찾아오십니다. 그런데 우리는 하나님이 찾아오시는 방법을 유심히 지켜보아야 합니다. 왜냐하면 하나님은 우리가 바라는 식으로 오시지 않기 때문입니다. 그리고 단 한번도 같은 방식으로 찾아오시지 않습니다. 그러니까 우리는 하나님께 부르짖고 난 후 도대체 이번에는 어떤 방식으로 우리를 구원하실지 유심하게 지켜보면서 기다려야 합니다.

즉 우리가 하나님께 부르짖으면서 도움을 구하는 것은 마치 구원의 뿔나팔을 부는 것과 같습니다. 그러면 하나님은 반드시 우리를 돕기는 도우실 것입니다. 그런데 어디서 누구를 통해서 우리를 도우실지는 우리는 알 수가 없습니다. 이 시간이 바로 우리가 하나님을 기다리는 시간이며, 우리의 믿음이 테스트되는 시간입니다. 기도는 했는데 하나님으로부터는 아무 소식이 없을 때 우리를 궁금해서 견딜 수가 없는 것입니다.

도대체 하나님께서 나의 부르짖는 소리를 듣기는 들으셨는지, 그리고 과연 나를 도우실 계획이 있으시기는 한지, 만약 내가 하나님을 더 기다려야 한다면 도대체 얼마나 더 기다려야 하는지, 그리고 만일 하나님께서 나를 돕지 않으신다면 나는 어떻게 해야 하는지.

우리는 하나님께서 어떻게 나를 도우실지 기다리면서 유심히 살펴보아야 합니다. 왜냐하면 하나님은 반드시 내가 원하는 방식으로 도우시는 것은 아니기 때문입니다.

일관되게 하나님을 의지함

우리는 하나님을 기다리면서 마음속에 별의 별 생각이 다 드는 것입니다.

> "환난의 날에 내가 주를 찾았으며 밤에는 내 손을 들고 거두지 아니하였으며 내 영혼이 위로 받기를 거절하였도다"(77:2).

이 성도는 아마도 국가적으로 큰 어려움을 당한 것 같습니다. 아니면 개인적인 죽음의 병일 수도 있습니다. 이 사람은 아마도 히스기야 왕일 가능성도 배제할 수가 없습니다. 놀라운 것은 히스기야는 참으로 말씀대로 유다를 이끌어가기 위하여 많은 우상을 타파하고 개혁을 한 왕이었습니다. 그럼에도 그에게 앗수르의 군대의 공격과 같은 큰 시련이 일어났습니다. 그리고 그는 죽을 병에 걸리기도 했습니다. 그때 히스기야는 판단하기를 이것은 사람이 해결할 문제가 아니라고 생각했습니다.

히스기야는 이번의 앗수르 군대의 공격도 유다 백성에게 해결하라고 주신 시험은 아니라는 것을 판단했습니다. 이것은 하나님만이 도울 수 있는 시험입니다. 그래서 히스기야는 처음부터 일관되게 하나님만 의지했습니다. 그는 환난 날에 하나님을 찾았습니다. 이것은 어려움이 생겼을 때 하나님께 기도하기 시작했다는 것입니다. 그는 밤에는 손을 내리지 않고 하나님 앞에서 밤을 새우면서 기도를 했습니다. 그리고 다른 사람들이 히스기야를 걱정하면서 '이 정도 기도했으니까 하나님께서 들으셨을 것입니다' 하면서 기도를 중단시켜려고 했을 것입니다. 그러나 히스기야는 위로받기를 거절하고 자기 마음에 분명한 응답이 있을 때까지 기도하기를 중지하지 않았던 것입니다.

왜냐하면 내가 사람 앞에는 왕일지 몰라도 지금 이런 어려움을 당했을 때에는 왕이 아니고 하나님의 지극히 낮은 종이며 이럴 때 이스라엘의 왕이 해야 할 일은 기도로 하나님께 매달리는 것이라고 생각했던 것입니다.

우리가 아무리 사회적으로 지위가 높다 하여도 사람들에게 높은 것이지 하나님 앞에 높은 것은 아닙니다. 하나님 앞에서는 단지 하나의 티끌에 불과한 것입니다. 그래서 자신을 지극히 낮추고 하나님께 부르짖는 기도를 드리는 것을 하나님은 대단히 기뻐하십니다. 이 성도는 아무리 상황이 급박하고 하나님의 응답이 늦어도 다른 방법을 택하지 않고 오로지 하나님만 기다렸습니다.

이런 어려운 고비가 생기면 다른 사람들의 참견이 아주 많아지는 법입니다. '이렇게 하면 좋다더라. 어떤 사람은 이렇게 해서 효과를 크게 봤다더라. 이 병원의 의사가 용하다더라. 저 기도원에서 병 고침을 받은 사람들이 있다더라' 하는 식으로 이런 저런 말이 너무나도 많습니다.

예를 들어서 어떤 교인 한 분이 불치의 병에 걸렸다고 해 보십시오. 이 말 저 말 하는 사람들이 너무나도 많아서 정신을 차릴 수가 없을 것입니다. 그때 해야 할 것이 무엇입니까? 다른 사람들의 말을 듣지 않고 오직 하나님 앞에 가서 결판을 내는 것입니다. 이 성도는 사람의 말에 귀를 기울이지 않고 밤마다 하나님 앞에 엎드려서 확신이 들 때까지 움직이지 않았습니다. 그리고 하나님과 일대일로 부르짖고 간구하는 시간을 가졌습니다.

그런데 하나님만 바라보면서 기도하는데 마음이 어떠하였습니까?

"내가 하나님을 생각하고 불안하여 근심하니 내 심령이 상하도다. 주께서 나로 눈을 붙이지 못하게 하시니 내가 괴로워서 말할 수 없나이다"(77:3-4).

이 성도가 어려움 가운데 하나님만 바라보고 기도하는데 마음이 평안하지가 않습니다. 오히려 너무나도 불안하여 근심이 되고 마음이 상하기까지 했습니다. 그 이유가 무엇입니까? 이 어려움 때문에 마음이 많이 상하고 분노가 일어나는 것입니다. 처음에는 자기 자신의 무능에 대한 분노입니다.

나는 도대체 이 정도밖에 되지 않는 사람이냐 하는 자신의 무기력감에 대한 분노입니다. 그리고 하나님을 두려워하지 않는 악한 자에 대한 굴욕감 때문에 더 견디기 어려울 것입니다. 그리고 그는 이제 여기서 한 발 더 뒤로 물러서면 천길 낭떠러지에 떨어지는 것인데 정말 그렇게 멸망하면 어떻게 하나 하는 걱정도 있습니다. 기도하면 두려움이 없어져야 하는데 두려움은 그대로 남아 있습니다. 오히려 너무나도 걱정이 되고 마음이 상해서 잠을 잘 수가 없습니다. 이것이 우리 믿는 자들의 모습입니다. 우리에게 가장 큰 적은 망하는 것 이전의 불안입니다. 우리는 이 불안 때문에 일차적으로 먼저 죽는 것입니다. 그런데 만일 우리가 이 불안을 이기면 어려움도 이길 수 있습니다.

과거에 주신 은혜를 생각함

우리가 막상 큰 어려움을 당하면 마치 사면이 다 뻥 뚫린 가운데서 온 사방에서 적들로부터 쫓기는 느낌이 들것입니다. 어느 한쪽이라도 바람을 피할만한 곳이 있어야 숨을 돌릴 수 있겠는데 사면에서 정신없이 공격을 해오니까 어디 마땅히 피할 곳이 없습니다. 그런데 그가 자그마하게 움푹파인 땅을 발견한 것입니다. 그곳에 납작 엎드리면 아주 잠깐은 적의 화살을 피할 수가 있습니다. 그 움푹한 곳이 무엇입니까? 하나님께서 과거에 나에게 은혜를 주신 체험입니다.

> "내가 옛날 곧 이전 해를 생각하였사오며 밤에 한 나의 노래를 기억하여 마음에 묵상하며 심령이 궁구하기를"(77:5-6).

이 성도는 마음에 옛날 하나님으로부터 은혜를 받았던 때를 생각하게 되었습니다. 그때도 지금과 같지는 않을지 몰라도 너무나도 춥고 슬프고 어려운 때였습니다. 그런데 하나님께서 말할 수 없는 은혜와 감동으로 찾아오셨던 때가 있습니다. 너무나도 어린 신앙이지만 하나님께 간절히 기도했을 때 하나님께서 기도를 들어주셨던 체험이 있습니다. 그리고 그때 너무나도 그 하나님의 은혜에 감사해서 부른 노래가 있었습니다. 그 노래를 지금도 생생하게 기억할 수 있는 것입니다.

그러면 지금 이 성도가 이렇게 다급한 상황에서 한가하게 옛날의 은혜를 받았던 때를 생각할 시간이 어디에 있습니까? 그리고 옛날에 은혜를 받았던 때를 생각하면 무슨 소용이 있습니까? 그러나 이것은 중요한 것입니다.

일단 이 성도는 어차피 이 환난을 하나님의 도우심으로 이길 것이라는 것을 믿습니다. 그러니까 다른데 도움을 받으려고 서두를 필요가 없습니다. 그 대신 하나님의 도우심이 올 때까지 잘 견디는 것보다 더 중요한 것이 없습니다. 그렇게 기다릴 수 있는 것이 과거에 주신 은혜를 생각하는 것입니다. 물론 이것으로 모든 것을 다 이길 수는 없지만 한 순간의 위기는 피할 수가 있습니다.

우리가 일단 과거의 은혜 받았던 기억을 되살릴 때 옛날의 감동과 눈물이 되살아납니다. 마음속에 감격의 눈물이 흐른다는 것은 지금 맹렬하게 타오르고 있는 불안의 불길을 일단 잡은 것입니다. 이것이 대 전환점이 될 수 있습니다. 우리는 흐르는 그 눈물로 마귀의 공격을 물리치고 하나님을 단단하게 붙잡을 수가 있습니다. 왜냐하면 그 하나님은 그때나 지금이나 동일하신 하나님이시기 때문입니다.

그때에 부른 노래는 마치 하나님과 나만의 밀어와 같습니다. 하나님은 그때 내가 부른 노래를 기억하십니다. 그러니까 그때 감격해서 불렀던 그 노래는 지금도 하나님의 문을 열 수 있는 열쇠가 되는 것입니다.

그리고 난 후 이 성도는 철저하게 자신에 대한 하나님의 뜻을 생각합니다.

> "주께서 영원히 버리실까? 다시는 은혜를 베풀지 아니하실까? 그 인자하심이 길이 다하였는가? 그 허락을 영구히 폐하셨는가? 하나님이 은혜 베푸심을 잊으셨는가? 노하심으로 그 긍휼을 막으셨는가 하였나이다"(77:7-9).

이 성도가 하나님에 대하여 생각한 것은 하나님께서 과거에 그렇게 은혜를 주시고 이렇게 훈련시켜 온 것이 지금 이 순간에 이렇게 비참하게 죽게 하기 위해서이겠느냐 하는 것입니다. 나에 대한 하나님의 뜻이 하나님의 영광을 위하여 아무 것도 하지 못하고 이런 식으로 허무하게 망하도록 하기 위해서 하나님께서 이 많은 연단을 이기게 하시고 이 순간까지 인도하셨느냐는 것입니다. 그것은 아무래도 아닐 것 같았습니다. 지금 이 어려움이 아무리 크다 하여도 이것은 여러 연단 중의 하나이지 하나님께서 나를 망하게 하시려고 이렇게 준비시킨 것은 아니라는 것이 이 성도의 논리였습니다.

하나님께서 우리가 부르짖음에도 불구하고 바로 응답하시지 않는 이유는 우리로 하여금 무조건 환난이라고 해서 무서워 도망치기만 하지 말고 한번 정면으로 대면해 보라는 것입니다.

물론 앗수르 군대의 공격이라면 도무지 상대할 대상이 되지 못하지요. 그러나 '앗수르!' 라는 말만 듣고 기가 질려서 도망을 치는 것과 한번 쳐다보고 상황을 훑어본 후에 나의 힘이 이만큼 부족하구나 라고 생각하는 것은 엄청난 차이가 있습니다.

하나님께서는 어려움이 닥쳤을 때 우리가 그 어려움을 나름대로 소화하기를 원하십니다. 그냥 무조건 피하기만 한 사람은 아무것도 생각한 것이 없기 때문에 다음에 어려움이 오면 똑같이 두려워하고 당황해 합니다. 그러나 어려움을 나름대로 소화를 한 사람은 이제는 그 어려움의 성격을 파악하고 있기 때문에 앞으로 비슷한 모든 환난은 다 이길 수 있는 것입니다.

그래서 하나님이 우리를 어려움 가운데 방치하시고 도우시지 않으니까 우리는 엄청나게 생각을 할 수밖에 없습니다. 그러면서 지혜가 자라는 것입니다. 이것은 마치 박사 과정을 마치고 박사 논문을 쓰는 것과 같습니다. 박사 논문을 쓰려면 온갖 머리 속에 있는 것 없는 것을 다 짜내어야 합니다. 그러니까 박사는 논문 한 편을 쓰면서 그동안에 공부했던 모든 것을 다 정리하는 것입니다.

그래서 이런 어려움을 믿음으로 잘 소화해서 감당한 사람은 하나님의 박사 학위를 받은 사람인데 그 학위의 명칭은 '환난의 박사' 인·

것입니다.

믿음의 도의 위대성

우리가 이 세상을 살아가는 것은 어떤 정해진 길을 걸어가는 것입니다. 그 길은 유일하신 하나님을 믿는 길이며, 위대한 하나님의 백성들의 길입니다.

그런데 지금 하나님의 백성의 길을 걸어가고 있는 우리들에게 큰 장애가 생겨서 더 이상 걸어갈 수 없게 되었습니다. 그때 생각하게 되는 것이 과연 우리가 하나님을 믿는 도가 아무리 좁고 험한 길이라고 하지만 이렇게 약한 길인가 하는 것입니다. 그것은 절대로 그렇지 않습니다. 우리가 걷는 이 믿음의 길은 이 세상에서 가장 위대한 길입니다. 어느 도덕 군자도 흉내낼 수 없는 위대한 길이요, 하나님께서 끝까지 책임지시겠다고 약속하신 길입니다.

> "또 내가 말하기를 이는 나의 연약함이라. 지존자의 오른손의 해 곧 여호와의 옛적 기사를 기억하여 그 행하신 일을 진술하리라. 또 주의 모든 일을 묵상하며 주의 행사를 깊이 생각하리이다"(77:10-12).

물론 우리가 우리 자신의 힘으로는 도저히 이 믿음의 길을 감당할 수 없습니다. 이것은 마치 이스라엘 백성들 자신만의 힘으로 광야 사십 년을 걸어가는 것과 같습니다. 우리가 이 세상에서 믿음을 지키고 승리한다는 것은 우리의 힘만으로는 불가능합니다.

그런데 여기에 보면 '지존자의 오른손의 해'가 있습니다. 즉 지존자에게는 오른손의 해가 있고 왼손의 해가 있다는 것입니다. 왼손의 해는 어려움을 주실 때이고 환난과 궁핍을 주실 때입니다. 거기에 비하여 오른손의 해는 이기게 하시고 복주실 때입니다. 그래서 이것을 '하나님의 양손의 법칙' 이라고 합니다. 하나님께서는 우리를 오른손으로 복주셔서 높이실 때도 있고, 또 왼손으로 우리의 복을 거두어 가셔서 우리를 낮추실 때도 있습니다.

이 성도는 지금이 하나님의 '왼손의 때' 라는 것을 인정합니다. 그러나 이것이 우리를 하나님의 손에서 빼앗아 낼 수는 없습니다.

우리가 주님의 말씀을 붙들고 살아가지만 어려움은 올 수 있습니다. 이것은 우리가 인간인 이상 어쩔 수 없습니다. 그러나 우리가 하나님의 손에서 튕겨져 나와서 완전히 버림받을 수는 없는 것입니다.

> "하나님이여 주의 도는 극히 거룩하시오니 하나님과 같이 큰 신이 누구오니이까? 주는 기사를 행하신 하나님이시라. 민족들 중에 주의 능력을 알리시고 주의 팔로 주의 백성 곧 야곱과 요셉의 자손을 구속하셨나이다" (77:13-15).

우리가 걷는 이 믿음의 도는 너무나도 거룩한 길입니다. 그래서 악한 자는 감히 이 길을 흉내낼 수도 없습니다. 예를 들어서 군대에서 장교 훈련을 시키는 과정으로 생각하면 좋습니다. 처음에 장교 훈련을 시킬 때에는 거의 죽일 것처럼 강훈련을 시킵니다. 그러나 이 훈련은 명예로운 길이며 훈련이 강하면 강할수록 더욱더 자부심을 가지게 되는 것입니다. 나중에 그 모든 훈련을 다 마치고 임관식을 할 때 얼마나 자부심을 느끼게 되는지 모릅니다.

우리 하나님의 백성들이 사는 길은 최고의 엘리트의 길입니다. 우리는 이 길에서 모든 거짓과 탐욕을 다 버리고 천사와 같은 모습으로 변하게 될 것입니다. 악한 자들은 단지 우리를 도와줄 뿐입니다.

이 세상에서 예수 믿는 것보다 더 멋진 길은 없습니다. 그런데 우리가 어떻게 작은 어려움에 굴복하여 하나님을 떠나겠습니까? 우리는 죽을 때까지 주님의 명령에 따라 움직이는 자들이 되어야 합니다. 주님이 있으라고 하시면 무슨 욕을 얻어먹어도 있어야 합니다. 그러나 주님이 가라고 하시면 어떤 사람이 붙잡고 늘어져도 가야 합니다.

가장 놀라운 것이 무엇입니까? 하나님의 백성들의 길은 인간이 상상할 수 없는 곳에 따로 있더라는 것입니다. 이것은 어느 누구도 예측할 수 없는 하나님의 지혜입니다. 그리고 하나님의 도우심의 손길은 다른 곳에 있습니다.

> "하나님이여 물들이 주를 보았나이다. 물들이 주를 보고 두려워하며 깊음도 진동하였고 구름이 물을 쏟고 궁창이 소리를 발하며 주의 살도 날아 나갔나이다. 회리바람 중에 주의 우뢰의 소리가 있으며 번개가 세계를비취며 땅이 흔들리고 움직였나이다"(77:16-18).

하나님께서는 주의 백성들을 칼과 창으로 돕지 아니하시고 비나 번개나 회리바람으로 도우십니다. 이것이 바로 하나님의 의외성입니다. 하나님께서는 우리가 짜놓은 계획대로 움직이시지 않습니다. 우리는 상상하지도 못한 방법들이 하나님께는 수백 개 수천 개가 준비되어 있습니다. 그러니까 어려움을 인하여 하나님을 더 기대하게 되는 것입니다. 이번에는 하나님께서 어떤 방법으로 우리를 구원하실 것인가 하는 것입니다.

그리고 하나님의 백성들의 길은 따로 있습니다.

> "주의 길이 바다에 있었고 주의 첩경이 큰 물에 있었으나 주의 종적을 알 수 없었나이다"(77:19).

인간의 눈으로는 아무리 보아도 길이 없는 것 같습니다. 앞에는 홍해가 놓여 있고 뒤에는 애굽 군대가 최신예 병거를 가지고 추격해 옵니다. 정상적으로 한다면 이스라엘 백성들은 바다에 빠져 죽는 수밖에 없습니다. 그런데 바다가 갈라지면서 거기에 숨어있던 하나님의 백성들의 길이 나타났습니다.

우리는 그런 길을 가는 사람들입니다. 그러니까 세상 사람들이 출세하는 길과는 완전히 다르고 우리는 악인들이 잘되는 것을 조금도 부러워해서는 안 됩니다. 그리고 이 바다 속에 있는 고속도로는 믿음 없는 사람은 절대로 따라 갈 수가 없습니다. 오직 믿는 사람들만 갈 수가 있는 길입니다. 그래서 우리는 하나님께서 기뻐하시는 길이라는 믿음이 생기면 끝까지 걸어가시기 바랍니다. 그러면 바다가 갈라지는 능력을 체험하게 될 것입니다.

이스라엘의 실패한 역사

78-1.

내 백성이여,
내 교훈을 들으며 내 입의 말에 귀를 기울일지어다
내가 입을 열고 비유를 베풀어서 옛 비밀한 말을 발표하리니
이는 우리가 들은 바요 아는 바요 우리 열조가 우리에게 전한 바라
우리가 이를 그 자손에게 숨기지 아니하고
여호와의 영예와 그 능력과 기이한 사적을 후대에 전하리로다
여호와께서 증거를 야곱에게 세우시며 법도를 이스라엘에게 정하시고
우리 열조에게 명하사 저희 자손에게 알게 하라 하셨으니
이는 저희로 후대 곧 후생 자손에게 이를 알게 하고
그들은 일어나 그 자손에게 일러서
저희로 그 소망을 하나님께 두며 하나님의 행사를 잊지 아니하고
오직 그 계명을 지켜서 그 열조 곧 완고하고 패역하여
그 마음이 정직하지 못하며
그 심령은 하나님께 충성치 아니한 세대와 같지 않게 하려 하심이로다
에브라임 자손은 병기를 갖추며 활을 가졌으나 전쟁의 날에 물러갔도다
저희가 하나님의 언약을 지키지 아니하고 그 율법 준행하기를 거절하며
여호와의 행하신 것과 저희에게 보이신 기사를 잊었도다
옛적에 하나님이 애굽 땅 소안 들에서
기이한 일을 저희 열조의 목전에서 행하셨으되
저가 바다를 갈라 물을 무더기 같이 서게 하시고
저희로 지나게 하셨으며
낮에는 구름으로, 온 밤에는 화광으로 인도하셨으며
광야에서 반석을 쪼개시고 깊은 수원에서 나는 것 같이
저희에게 물을 흡족히 마시우셨으며
또 반석에서 시내를 내사 물이 강 같이 흐르게 하셨으나
저희는 계속하여 하나님께 범죄하여 황야에서 지존자를 배반하였도다
저희가 저희 탐욕대로 식물을 구하여 그 심중에 하나님을 시험하였으며
그 뿐 아니라 하나님을 대적하여 말하기를
하나님이 광야에서 능히 식탁을 준비하시랴
저가 반석을 쳐서 물을 내시매 시내가 넘쳤거니와 또 능히 떡을 주시며
그 백성을 위하여 고기를 예비하시랴 하였도다
그러므로 여호와께서 듣고 노하심이여 야곱을 향하여
노가 맹렬하며 이스라엘을 향하여 노가 올랐으니
이는 하나님을 믿지 아니하며 그 구원을 의지하지 아니한 연고로다

O my people, hear my teaching; listen to the words of my mouth.
I will open my mouth in parables, I will utter hidden things, things from of old--
what we have heard and known, what our fathers have told us.
We will not hide them from their children;
we will tell the next generation the praiseworthy deeds of the LORD,
his power, and the wonders he has done.
He decreed statutes for Jacob and established the law in Israel,
which he commanded our forefathers to teach their children,
so the next generation would know them, even the children yet to be born,
and they in turn would tell their children.
Then they would put their trust in God
and would not forget his deeds but would keep his commands.
They would not be like their forefathers--a stubborn and rebellious generation,
whose hearts were not loyal to God, whose spirits were not faithful to him.
The men of Ephraim, though armed with bows,
turned back on the day of battle;
they did not keep God's covenant and refused to live by his law.
They forgot what he had done, the wonders he had shown them.
He did miracles in the sight of their fathers in the land of Egypt,
in the region of Zoan.
He divided the sea and led them through;
he made the water stand firm like a wall.
He guided them with the cloud by day and with light from the fire all night.
He split the rocks in the desert and gave them water as abundant as the seas;
he brought streams out of a rocky crag and made water flow down like rivers.
But they continued to sin against him,
rebelling in the desert against the Most High.
They willfully put God to the test by demanding the food they craved.
They spoke against God, saying, "Can God spread a table in the desert?
When he struck the rock, water gushed out,
and streams flowed abundantly.
But can he also give us food? Can he supply meat for his people?"
When the LORD heard them, he was very angry;
his fire broke out against Jacob, and his wrath rose against Israel,
for they did not believe in God or trust in his deliverance.

우리의 과거 신앙 생활을 돌이켜 보면 너무나도 부끄러웠던 순간들이 많이 기억납니다. 그런데도 너무나도 감사한 것은 하나님께서 우리의 그 수많은 허물들이 드러나지 않도록 감추어주시고 오히려 더 큰 은혜로 복을 내려주셨던 것입니다. 그래서 우리는 실패하였지만 하나님은 늘 승리하셨고, 우리는 하나님을 배반했지만 하나님은 우리에 대하여 신실하셨던 것입니다.

이스라엘 백성들이 걸어온 길은 놀랍게도 하나님에 대한 배반의 역사였습니다. 하나님께서 이스라엘 백성들을 그렇게 사랑하셔서 큰 기적과 능력을 행하여 주셨지만 이스라엘 백성들은 그 큰 복을 금방 잊어버리고 하나님을 원망하고 불평했던 것입니다. 그런데 하나님은 끝까지 이스라엘 백성들을 버리지 아니하시고 그들을 사랑하시며 인도하셨습니다. 그러니까 하나님께서 이스라엘 백성들을 구원하시기 위하여 얼마나 많이 속이 상하셨겠으며, 얼마나 많이 참으셔야 했겠습니까?

우리는 구약 성경에서 이스라엘 백성들의 역사를 읽으면서 '이스라엘 백성들은 너무나도 악하다. 도대체 이렇게 악한 백성들이 어디 있단 말인가?' 하면서 한탄을 할지 모르는데 실제로는 그 이스라엘 백성들의 모습이 우리 자신들의 모습인 것입니다. 그래서 우리는 신앙적으로 많이 성숙한 후에도 조금도 내 자신이 잘해서 이렇게 되었다고는 꿈에도 생각하지 마시기 바랍니다. 오직 하나님께서 말할 수 없는 자비와 인자하심으로 우리들을 오래 참으셨기 때문에 우리가 오늘처럼 이렇게 된 것입니다.

하나님이 이스라엘에 주신 증거

시편 78편은 아삽의 마스길로 되어 있습니다. '마스길'이라는 말은 '교훈시'라는 뜻입니다. 그런데 아삽이 말하는 교훈은 자신의 인생 경험이나 묵상에서 교훈을 주는 것은 아니고 이스라엘의 실패한 역사에서 교훈을 얻자는 것입니다. 사실 같은 이스라엘 백성으로서 자신이나 조상들의 지나간 치부를 들추어내는 것은 너무나도 부끄러운 일이 아닐 수 없습니다. 그러나 대대로 내려오는 나쁜 성향을 끊기 위해서는 부득이하게 조상들의 죄를 들추어내는 수밖에 없습니다.

예를 들어서 아버지가 알콜중독에 빠졌을 때 자식들은 성장한 후에도 정서적인 미숙함을 경험하게 되어 있습니다. 그것을 상담학자들은 '아코아스'(AcoAs, adult children of alcoholics)라고 해서 특별한 명칭을 붙여서 사용합니다. 즉 신체적으로는 어른이 되었지만 정서적으로는 아직까지 유치한 '어른 아이'라는 뜻입니다. 이럴 때 치료할 수 있는 방법은 아버지가 알콜 중독자였으며 그 나쁜 영향이 내 속에 들어와 있다는 것을 시인하는 것입니다. 지금 아삽이 하려는 것은 바로 이것입니다.

"내 백성이여 내 교훈을 들으며 내 입의 말에 귀를 기울일지어다. 내가 입을 열고 비유를 베풀어서 옛 비밀한 일을 발표하리니 이는 우리가 들은 바요 아는 바요 우리 열조가 우리에게 전한 바라"(78:1-3).

여기서 아삽은 자기가 하는 교훈이 비유라고 말하고 있습니다. 그런데 실제로 보면 비유는 아니고 과거 이스라엘 백성들이 하나님을 반역했던 역사를 말하고 있습니다. 그런데 이것을 비유라고 말하는 이유는 단순히 과거만 말하는 것이 아니라 이것을 통해 지금 이스라엘 백성들의 상태를 점검해 보자는 것입니다. 왜냐하면 조상들 때의 문제점들이 지금 그들에게도 그대로 나타나고 있기 때문입니다.

한때 '가계의 저주를 끊으라'고 하는 주제가 신학적으로 이슈가 된 적이 있습니다. 즉 믿는 사람 집안에 저주가 흐를 수 있다는 것입니다. 그러나 가계 안에 흐르는 것은 미신적인 저주가 아니고 분노의 기질이 흐르는 것입니다. 부모가 분노로 자식을 키웠을 때에는 그 분노가 그대로 자식들의 마음속에 상처로 넘어가게 됩니다. 그래서 분노의 상처를 가지고 성장한 자녀들이 나중에 결혼 생활에서 실패할 가능성이 많습니다. 즉 그들이 가출을 하든지 자살을 하든지 아니면 도박이나 술로 패가망신할 가능성이 있는 것입니다. 그것을 끊으려면 부모의 영향력을 철저하게 잘라내야 하며 부모의 동정적인 사랑을 거부하고 철저하게 자기 힘으로 일어서야 합니다. 특히 예수 그리스도의 십자가 앞에 나아가서 부모의 모든 죄까지 다 고백하고 성령의 도우심을 철저하게 의지해야 합니다. 그렇지 않으면 그들은 자기 부모를 원망하고 미워하면서 그대로 닮아가게 되는 것입니다. 이런 문제는 여성들에게도 심각합니다. 부모님이 사랑으로 딸을 키우지 않고 분노로 키웠을 때 결혼한 후에도 우울증으로 고통을 받게 되고 또 자기 남편에게도 너무 절대적인 사랑을 요구하게 되는 것입니다.

물론 여기서 아삽이 말하는 것은 이런 분노라든지 알콜 중독을 말하는 것은 아닙니다. 단지 이스라엘 백성들이 하나님에 대한 반역적인 기질에 대해서 말하자는 것입니다.

"여호와께서 증거를 야곱에게 세우시며 법도를 이스라엘에게 정하시고 우리 열조에게 명하사 저희 자손에게 알게 하라 하셨으니 이는 저희로 후대 곧 후생 자손에게 이를 알게 하고 그들은 일어나 그 자손에게 일러서 저희로 그 소망을 하나님께 두며 하나님의 행사를 잊지 아니하고 오직 그 계명을 지켜서"(78:5-7).

여기에 보면 하나님께서 이스라엘 백성들에게 주신 것 두 가지가 나옵니다. 두 가지가 이스라엘 백성들에게는 사활을 결정하는 중요한 문제입니다.

그 첫 번째가 '증거'라는 것입니다. '여호와께서 증거를 야곱에게 세우시며', 그리고 두 번째가 '법도'입니다. '법도를 이스라엘에게 정하시고.'

여기서 '증거'라는 말은 '언약'이라는 말로도 번역을 할 수 있습니다. 즉 하나님께서 이스라엘 백성들과 세우신 언약은 누구든지 아브라함의 자손은 하나님의 백성으로 삼으신다는 것입니다. 마치 우리나라 사람의 자녀로 태어나기만 하면 대한민국 시민권이 생기는 것처럼 누구든지 아브라함의 자손으로 태어나기만 하면 자동적으로 하나님 나라의 백성이 될 수 있습니다. 이것은 노력도 아니고 돈으로 사는 것도 아니고 하나님의 은혜로 자동적으로 되어지는 것입니다.

그런데 하나님께서는 이스라엘 백성들에게 '법도'를 주셨습니다. 즉 이스라엘 백성들이 하나님의 백성의 자격을 잃지 않으려면 하나님의 계명을 지켜야 하는 것입니다. 만약 그들이 이스라엘 자손이라고 하면서 하나님의 계명을 지키지 아니하면 그들은 이스라엘 백성들의 자격을 상실하게 되어 있습니다. 즉 '우상을 섬기지 말라. 안식을 지키라. 살인하지 말라. 간음하지 말라' 등의 계명을 어기면 그들은 그 즉시 하나님의 백성의 자격을 박탈당하게 되는 것입니다. 그러니까 이스라엘 백성들이 하나님의 백성이 되는 것은 거저 은혜로 되는 것이지만 하나님의 백성의 자격을 유지하기 위해서는 반드시 하나님의 계명을 지켜야 하는 것입니다.

여기서 이스라엘 백성들의 과제가 생깁니다. 그것이 무엇인가 하면 한 명 한 명 태어나는 이스라엘 백성들을 하나님의 말씀으로 변화시켜야 하는 문제가 생기는 것입니다. 만약 이스라엘 자손으로 태어났다고 해서 변화시키지 않고 그냥 두면 그 사람은 반드시 하나님의 계명을 깨뜨리게 되어 있습니다. 왜냐하면 하나님의 계명은 변화된 사람이 아니면 지킬 수가 없기 때문입니다. 그래서 6절 말씀이 나오는 것입니다.

"이는 저희로 후대 곧 후생 자손에게 이를 알게 하고 그들은 일어나 그 자손에게 일러서"(78:6).

이스라엘 백성들에게 가장 중요한 것은 새로 태어나는 세대에 계속 하나님의 말씀을 가르쳐서 그들이 변화된 사람들이 되게 하는 것입니다. 만약 그들이 이것을 게을리한다면 결국 모두 믿음이 없는 사람들이 되어서 이스라엘은 망하게 되는 것입니다.

이것을 좀 쉽게 설명하면 우리에게 아이가 새로 태어나면 반드시 예방주사를 맞혀야 합니다. 만약 아이가 태어났는데 예방주사를 맞히지 않고 그냥 내버려두면 결국 홍역이나 볼거리, 천연두같은 병에 걸려서 아이가 죽게 되는 것과 같습니다.

그래서 이스라엘 자손들에게는 이 세상에서 먹고사는 것보다 더 중요한 것이 한 사람 한 사람을 말씀으로 잘 가르쳐서 변화시키는 것입니다. 그것을 조금이라고 소홀히 하면 이스라엘은 결국 변화되지 않은 이스라엘 자손들의 반역으로 망하게 되고 맙니다.

오늘 우리나라 교회의 문제가 바로 여기에 있습니다. 그동안 누구든지 교회에 나오면 믿음이 있는 것으로 생각했습니다. 그래서 복음을 전할 대상은 교회밖에 있고, 전도는 교회밖에 있는 사람들에게만 필요하다고 생각했습니다. 그래서 이미 교회에 다니고 있는 사람들에게는 거의 복음을 전할 필요가 있다고 생각하지 않은 것입니다. 그래서 실컷 설교 시간에 이야기하는 것이 복받는 이야기나 하고 기본적인 도덕 강연에 불과한 설교들을 계속 해온 것입니다. 그 결과는 무엇입니까? 교회 안에 복음의 능력이 없으며, 교회 안에 있는 사람들 중에 신앙이 없는 사람들이 많아지게 된 것입니다. 결국 이것이 우리나라 교회 부흥의 걸림돌이 되고 있는 것입니다. 머리로는 진리를 알지만 아직 한 번도 자신이 하나님 앞에 죄인인 것을 모르는 사람들이 교회의 중직이 되어 있으니까 그들이 복음 선포를 달가워 할 리가 없습니다.

우리나라 교회가 부흥하는 방법은 교회 안에서 복음을 열심히 선포하고 가르치는 것입니다. 그러면 이미 구원받은 사람들은 힘을 얻게 되고 아직 거듭나지 못한 사람은 결국 회개하고 예수님을 인격적으로 주님으로 영접하게 되어 있습니다.

교회가 복음을 증거하지 못한 대표적인 예가 어디에 있습니까? 교회 안에 젊은이들이 많지 못한 것입니다. 왜 젊은이들이 교회 안에 많지 못합니까? 그들에게는 교회보다는 세상이 훨씬 재미있는 것입니다. 그러니까 거듭나지도 않은 젊은이들이 무엇 때문에 교회에서 쓸데없이 시간을 낭비하겠습니까? 거듭나지 않은 사람들은 하나님의 말씀을 들어야 할 필요를 느끼지 못합니다. 그리고 교회 안에 젊은이들이 없으니까 젊은이들이 결혼 대상을 구하기가 너무나도 어려워서 믿음의 결혼을 하기가 어렵습니다.

그래서 교회의 사명은 다른 데 없습니다. 자꾸 복음을 선포하고 가르치면 믿는 사람들이 계속 생겨나게 되어 있고 여기에서 교회의 부흥은 일어나게 되는 것입니다.

현실에 적응하는 문제

이스라엘 백성들이 가나안 땅에 들어갔을 때 문제가 좀 복잡해지게 되었습니다. 즉 이스라엘 백성들이 광야에 있는 동안에는 하나님이 주시는 만나를 먹으면서 모세의 율법을 듣기만 했으면 충분했습니다. 그러나 이제 이스라엘 백성들은 농사를 지어야만 했습니다. 그런데 그들은 농사를 지을 줄 몰랐습니다. 왜냐하면 이스라엘 자손들은 대대로 목축업자들이었기 때문입니다. 도시에 살던 사람들이 귀농한다고 해서 농사를 지을 수가 있는 것이 아닙니다. 농사는 지어본 사람들이 지을 수 있는데 농사의 전문가들은 모두 가나안 사람들이었습니다. 그러나 하나님께서는 가나안 사람들을 다 죽이든지 몰아내고 이스라엘 백성 스스로 농사를 지으라고 했습니다. 그러니까 이스라엘 백성들은 한꺼번에 몇 가지 일을 했어야 하는데, 우선 가나안 족속을 몰아내어서 자기들이 살 수 있는 땅을 확보하고 그러면서 생전 해본 적도 없는 농사를 지어야만 했습니다.

한번 생각해 보시기 바랍니다. 컴퓨터를 아주 잘하는 사람이 있는데 그 사람은 별로 좋은 사람이 아닙니다. 그 사람은 컴퓨터로 나쁜 짓을 많이 하는 사람이라고 합시다. 그런데 컴퓨터에는 도사입니다. 그 사람에게 나쁜 기술도 배우면서 컴퓨터를 빨리 배우는 것이 좋겠습니까, 아니면 그 사람을 쫓아내고 혼자서 끙끙거리면서 컴퓨터와 씨름을 하는 것이 좋습니까?

당연히 배우는 것이 더 낫지요. 그런데 배우면 그 사람들을 쫓아낼 수가 없는 것입니다.

이때 에브라임 족속이 가장 먼저 가나안 족속들을 몰아내지 않고 그들과 타협을 했습니다.

"에브라임 자손은 병기를 갖추며 활을 가졌으나 전쟁의 날에 물러갔도다. 저희가 하나님의 언약을 지키지 아니하고 그 율법 준행하기를 거절하며 여호와의 행하신 것과 저희에게 보이신 기사를 잊었도다"(78:9-11).

에브라임 사람들은 이스라엘을 대표하는 사람들이었습니다. 그들은 병기를 가졌고 활을 가졌습니다. 그들은 마음만 먹었으면 얼마든지 가나안 족속들을 쫓아낼 수 있었는데도 그들은 굳이 가나안 족속들을 몰아내지 않았습니다. 그 대신 그들은 가나안 사람들의 협력을 받아서 쉽게 가나안 땅에 정착을 했습니다. 그래서 그들은 전쟁의 날이 물러가면서 굳이 가나안 족속들과 싸우지 않았습니다. 그러나 너무나도 빨리 가나안 족속들에게 동화되어 갔습니다. 여기서 에브라임 지파 사람들이 주의하지 않은 것이 무엇입니까?

하나님께서는 그들이 이 가나안 땅에 잘 적응하는 것보다 신앙의 순결을 지키는 것을 더 원하신 것입니다. 물론 당장 가나안 족속을 다 몰아내면 힘이 많이 들 것입니다. 가나안 족속들을 몰아내는 것은 철거민들을 몰아내는 것보다 더 지독한 것입니다. 에브라임 족속들은 웬만큼 독한 마음을 먹지 않으면 가나안 족속들을 몰아낼 수가 없습니다. 그런데 처음 오자마자 잘 모를 때 미친 척하고 몰아내야지 서로 친해지고 난 뒤에는 몰아낼 수가 없습니다.

가나안 족속들은 모두 농사의 전문가들이었습니다. 이들은 이스라엘 백성들이 농사를 짓는데 아주 중요한 도움을 줄 수 있는 유경험자들이었습니다. 이런 사람들을 몰아내면 이 사람들의 수준을 따라가는데 수십 년은 더 걸릴 것입니다. 그래서 에브라임 족속들은 애써 힘들게 가나안 족속들을 몰아내지 않고 협력하는 길을 택했습니다. 그 결과 나타난 것이 무엇일까요? 그들은 가나안의 농사를 배우면서 그들의 바알 종교를 자연스럽게 받아들이게 된 것입니다.

여기서 하나님께서는 우리들에게 아주 지독한 것을 요구하십니다. 즉 이 세상에 적응하는 것을 좀 늦게 하라는 것입니다. 즉 안정된 생활이 늦어지고 또 새로운 정보나 기술을 익히는 것이 늦어지는 한이 있어도 신앙의 순결을 더 지키라는 것입니다. 그러니까 이 세상에 잘 적응하지 못하는 한이 있더라도 신앙만큼은 철저하게 성경적인 신앙을 가지라는 것입니다.

기적보다 더 중요한 것

이스라엘 백성들에게는 기적보다 더 중요한 것이 있었습니다. 그것은 하나님을 알아가는 것입니다. 왜냐하면 기적이라고 하는 것은 하나님의 능력의 그림자에 불과하기 때문입니다. 그래서 하나님의 백성들은 기적 자체를 사랑하면 안 됩니다. 왜냐하면 그것은 그 사람의 인격보다 그 사람의 재주에 더 관심을 가지는 것밖에 되지 않기 때문입니다. 그런데 이스라엘 백성들은 하나님이 주시는 기적을 좋아했지 하나님을 좋아하지는 않았습니다.

"옛적에 하나님이 애굽 땅 소안 들에서 기이한 일을 저희 열조의 목전에 행하셨으되 저가 바다를 갈라 물을 무더기 같이 서게 하시고 저희로 지나게 하셨으며"(78:12-13).

여기서 '소안 들'은 애굽에 대한 별명입니다. 그래서 하나님께서 소안 들에서 행하신 기이한 일들은 열 가지 재앙을 말합니다. 이 열 가지 재앙이야말로 하나님께서 이 세상 모든 것의 주인이심을 나타내는 것입니다. 어떻게 지팡이가 뱀이 될 수 있으며, 개구리가 하나님의 명령에 따라 육지로 올라올 수 있습니까? 그리고 하늘의 파리 떼나 메뚜기 떼, 이의 공격 등은 하나님께서 온 세상의 주인이시며 마음껏 부리는 분인 것을 보여줍니다. 그리고 하나님은 하늘에서 우박이 쏟아지게 하셨고, 심지어는 태양을 캄캄하게 하셨으며, 정확하게 애굽의 장자들만 죽게 하셨습니다. 이것을 보면 하나님은 우리가 살고 있는 이 세상의 주인이신 것이 분명합니다. 그렇다면 이런 기록이 중요한 것이 아니라 전적으로 하나님께 복종하고 하나님을 알아가는 것이 더 중요할 것입니다. 그뿐만 아니라 하나님은 자연 법칙을 깨뜨려 가시면서 이스라엘 백성들을 구원하셨습니다. 그것은 물을 무더기같이 서게 하신 것입니다. 하나님께서 이런 능력을 행하셨을 때 이스라엘 백성들은 기적 자체보다도 이런 능력을 행하시는 분에 대하여 깊이 생각을 해야 합니다. 그리고 그 하나님을 신뢰해야 옳은 것입니다.

사람들이 운동 선수들을 좋아하는 이유가 무엇입니까? 그의 인격 때문이 아닙니다. 사실 그의 인격과는 아무 상관이 없습니다. 사람들은 오직 그의 기록만 좋아합니다. 박찬호 같은 선수는 미국 메이저리그에서 몇 승을 올리느냐 하는 데 사람들은 관심을 가집니다. 그런데 만일 그의 기록이 저조하면 당장 사람들은 그에게 욕을 하면서 등을 돌릴 것입니다. 물론 하나님께서 행하신 것이 스포츠의 기록이라면 그럴 수도 있다고 하겠지만 이것은 인간의 능력을 초월하는 것입니다. 그렇다면 중요한 것은 기록이 아니고 이런 기적을 통하여 하나님의 사랑을 깊이 깨닫고 이제부터는 하나님을 사귀며 하나님을 가까이 하고 하나님과 동행하는 법을 배웠어야 합니다. 그런데 이스라엘 백성들은 하나님의 기적만 좋아했습니다. 그래서 기적이 나타나지 않으면 하나님을 잊어버렸습니다. 그렇게 된 것을 '기적 중독증' 이라고 하는 것입니다. 하나님의 은혜는 큰 것이나 작은 것이나 모두 다

소중한 것입니다. 그래서 아주 작은 은혜를 놓치지 말아야 합니다. 그런데 큰 은혜가 아니면 은혜가 아니라고 생각하는 사람은 이미 은혜 중독증에 걸린 것이며 그것은 하나님을 진정으로 사랑하는 것이 아닙니다.

"낮에는 구름으로, 온 밤에는 화광으로 인도하셨으며 광야에서 반석을 쪼개시고 깊은 수원에서 나는 것 같이 저희에게 물을 흡족히 마시웠으며 또 반석에서 시내를 내사 물이 강 같이 흐르게 하셨으나 저희는 계속하여 하나님께 범죄하여 황야에서 지존자를 배반하였도다"(78:14-17).

'낮에는 구름으로 밤에는 화광으로'

얼마나 놀라운 복입니까? 반석을 쪼개어서 시냇물이 흐르게 하셨습니다. 그런데 이스라엘 백성들은 전혀 만족해 하거나 감탄하지도 않았습니다. 그 이유가 무엇입니까? 그들에게 중요한 것은 하나님의 이런 능력과 사랑이 아니었기 때문입니다. 그들이 원한 것은 오직 편안한 생활이었습니다. 이 지긋지긋한 광야 생활이 끝나고 어서 빨리 가나안 땅이든 애굽 땅이든 편안하고 안정된 생활을 원했던 것입니다. 그들은 하나님의 이런 능력이나 기적 같은 것에는 관심도 없었습니다.

사실 우리가 하나님을 제대로 알려고 한다면 편안한 가나안의 삶이나 애굽의 삶보다는 광야가 훨씬 더 낫습니다. 다시 말해서 편안하고 안정된 삶보다는 불안정하지만 말씀과 함께 하는 삶이 훨씬 더 살아계신 하나님을 체험하기가 좋습니다. 그러니까 하나님께 관심이 많은 사람들은 일부러 가나안 땅에 있다가도 광야로 가야 할 판입니다. 그러나 하나님께 관심이 없는 사람들은 하나님께서 광야에서 어떤 능력을 행하셔도 기쁘지 않은 것입니다.

별을 관측하는 사람들은 일부러 사막으로 가서 밤에 별들을 관측합니다.

북극이나 남극 하늘에는 '오로라' 라는 광채가 있습니다. 과학자들은 그것을 관찰하기 위하여 일부러 그 추운 북극으로 갑니다. 그러나 무조건 따뜻한 집에서 수프나 먹으면서 차나 마시는 것을 좋아하는 사람들은 그런 것을 관측하러 사막에 가거나 북극까지 가는 사람들을 미쳤다고 말할 것입니다.

오늘 우리가 더 좋아하는 것은 무엇입니까? 편안한 삶이라면 모든 것이 귀찮을 것입니다. 기도할 필요도 없고 성경을 연구하거나 힘들게 모험적인 삶을 살아야 할 이유도 없습니다. 그러나 우리가 하나님께 관심을 가진다면 모험적인 삶 자체가 너무나도 스릴이 넘치고 짜릿한 경험이 될 것입니다. 그리고 나의 그런 체험들을 다른 사람들이 알아주지 않는다고 조금도 실망할 필요가 없습니다. 왜냐하면 이 모든 것들은 하나님이 내 개인에게 주신 복이요 보물이기 때문입니다.

먹고사는 것보다 더 중요한 것

저는 너무나도 이스라엘 백성들이 이해가 잘 됩니다. 하나님께서 이스라엘 백성들을 인도하신 광야는 양식도 없는 빈 들판이었습니다. 그런데 거기에 한두 사람이 간 것도 아니고 수십만 명의 사람들이 사막 안으로 들어갔습니다. 사람들은 모두 배가 고픈데 어떻게 먹을 것을 걱정하지 않을 수가 있습니까? 그런 그들은 먹는 것을 가지고 하나님을 대적을 했던 것입니다.

"저희가 그 탐욕대로 식물을 구하여 그 심중에 하나님을 시험하였으며 그뿐 아니라 하나님을 대적하여 말하기를 하나님이 광야에서 능히 식탁을 준비하시랴 저가 반석을 쳐서 물을 내시매 시내가 넘쳤거니와 또 능히 떡을 주시며 그 백성을 위하여 고기를 예비하시랴 하였도다"(78:18-20).

이스라엘 백성들이 광야에서 배는 고픈데 먹을 것이 없을 때 먹을 것을 가지고 걱정하는 자체는 불신앙이라고 말할 수 없습니다. 아니, 이스라엘 백성들도 모두 다 사람인데 어떻게 먹는 것으로 걱정하지 않을 수가 있겠습니까? 사람은 누구든지 먹을 것이 떨어지면 무엇을 먹을까 걱정하고 염려하게 되어 있습니다. 하나님께 나아와서 '하나님, 지금 우리는 먹어야 하는데 먹을 것이 아무 것도 없습니다. 어떻게 해야 합니까?' 라고 묻는 것은 불신앙이 아닙니다. 그리고 인간이기 때문에 굶어죽는 것을 염려할 수도 있습니다.

아이들이 막 배고파하면 간신히 달래서 재운 후에 '정말 하나님께서 우리를 잊어버리셔서 우리가 혹시 굶어 죽는 것은 아닐까?' 라는 염려를 할 수도 있습니다. 그러나 이스라엘 백성들이 한 것은 그런 정도가 아닙니다. 그들은 아예 하나님이 하실 수 없다고 생각해서 하나님을 조롱하고 훼방하는 것입니다. '어떻게 하나님께서 이 광야에서 우리에게 식탁을 준비하시겠느냐? 그리고 혹시 반석을 쳐서 물을 내신 적은 있지만 설마 우리들에게 고기를 주실 수는 있겠느냐?' 불가능하다는 말입니다.

그들은 하나님의 엄청난 기적과 능력을 보고서도 하나님을 믿지 못했습니다. 그 이유가 어디에 있습니까? 그들은 하나님보다 자기들이 사는 것을 더 중요하게 생각했기 때문입니다. 인간들은 어차피 한 번은 죽어야 할 목숨들이고 이 세상에 사는 동안 가장 큰 복이 하나님을 한번 제대로 믿는 것입니다. 이 세상에 사는 그 수많은 사람들 중에서 하나님을 제대로 아는 사람이 몇이나 있습니까? 그러니까 굶어 죽는 한이 있어도 하나님을 바로 아는 것이 최고의 복이라고 생각했으면 그들이 하나님을 대적하지는 않았을 것입니다. 특히 하나님께서는 우리들이 말하는 소리를 다 듣고 계십니다. 하나님께서는 이스라엘 백성들이 하는 말을 다 들으셨습니다.

> "그러므로 여호와께서 듣고 노하심이여 야곱을 향하여 노가 맹렬하며 이스라엘을 향하여 노가 올랐으니 이는 하나님을 믿지 아니하며 그 구원을 의지하지 아니한 연고로다"(78:21-22).

하나님의 능력을 보았으면 하나님께 관심을 두어야 하는데 그들은 여전히 자기 문제를 벗어나지 못했습니다. 우리는 먹고사는 것보다 하나님을 더 좋아해야 이 세상에서도 살 수가 있습니다. 하나님을 알아가고 하나님을 더 체험하는 것이 우리의 목표가 될 때 하나님의 온전한 복을 받을 수가 있는 것입니다.

78-2.

78:23-42

광야에서 하나님을 시험함

그러나 저가 오히려 위의 궁창을 명하시며
하늘 문을 여시고 저희에게 만나를 비같이 내려 먹이시며
하늘 양식으로 주셨나니
사람이 권세 있는 자의 떡을 먹음이여
하나님이 식물을 충족히 주셨도다
저가 동풍으로 하늘에서 일게 하시며 그 권능으로 남풍을 인도하시고
저희에게 고기를 티끌 같이 내리시니 곧 바다 모래 같은 나는 새라
그 진 중에 떨어지게 하사 그 거처에 둘리셨도다
저희가 먹고 배불렀나니 하나님이 저희 소욕대로 주셨도다
저희가 그 욕심에서 떠나지 아니하고
저희 식물이 아직 그 입에 있을 때에
하나님이 저희를 대하여 노를 발하사
저희 중 살진 자를 죽이시며 이스라엘의 청년을 쳐 엎드러뜨리셨도다
그럴찌라도 저희가 오히려 범죄하여 그의 기사를 믿지 아니하였으므로
하나님이 저희 날을 헛되이 보내게 하시며
저희 해를 두렵게 지내게 하셨도다
하나님이 저희를 죽이실 때에
저희가 그에게 구하며 돌이켜 하나님을 간절히 찾았고
하나님이 저희의 반석이시요
지존하신 하나님이 저희 구속자이심을 기억하였도다
그러나 저희가 입으로 그에게 아첨하며
자기 혀로 그에게 거짓을 말하였으니
이는 하나님께 향하는 저희 마음이 정함이 없으며
그의 언약에 성실치 아니하였음이로다
오직 하나님은 자비하심으로 죄악을 사하사 멸하지 아니하시고
그 진노를 여러번 돌이키시며 그 분을 다 발하지 아니하셨으니
저희는 육체뿐이라 가고 다시 오지 못하는 바람임을 기억하셨음이로다
저희가 광야에서 그를 반항하며 사막에서 그를 슬프시게 함이 몇번인고
저희가 돌이켜 하나님을 재삼 시험하며
이스라엘의 거룩한 자를 격동하였도다
저희가 그의 권능을 기억지 아니하며
대적에게서 구속하신 날도 생각지 아니하였도다

Yet he gave a command to the skies above and opened the doors of the heavens;
he rained down manna for the people to eat,
he gave them the grain of heaven.
Men ate the bread of angels;
he sent them all the food they could eat.
He let loose the east wind from the heavens
and led forth the south wind by his power.
He rained meat down on them like dust,
flying birds like sand on the seashore.
He made them come down inside their camp, all around their tents.
They ate till they had more than enough,
for he had given them what they craved.
But before they turned from the food they craved,
even while it was still in their mouths,
God's anger rose against them;
he put to death the sturdiest among them,
cutting down the young men of Israel.
In spite of all this, they kept on sinning;
in spite of his wonders, they did not believe.
So he ended their days in futility and their years in terror.
Whenever God slew them, they would seek him;
they eagerly turned to him again.
They remembered that God was their Rock,
that God Most High was their Redeemer.
But then they would flatter him with their mouths,
lying to him with their tongues;
their hearts were not loyal to him, they were not faithful to his covenant.
Yet he was merciful; he forgave their iniquities and did not destroy them.
Time after time he restrained his anger and did not stir up his full wrath.
He remembered that they were but flesh,
a passing breeze that does not return.
How often they rebelled against him
in the desert and grieved him in the wasteland!
Again and again they put God to the test;
they vexed the Holy One of Israel.
They did not remember his power--
the day he redeemed them from the oppressor,

부부가 서로 사랑하면 아무리 집이 작고 가난해도 얼마든지 행복하게 살 수 있습니다. 옛날에는 결혼해서 새살림을 나게 되면 요즘 같은 가스레인지나 오븐같은 것은 상상할 수도 없고 주로 석유 곤로에 밥을 해 먹었습니다.

그래도 서로 사랑하는 사람끼리 결혼해서 같이 산다는 것 자체가 너무나도 좋기 때문에 다른 것은 아무 문제가 되지 않습니다. 그런데 서로 좋아하지 않는 사람들끼리 결혼해서 같이 살면 아무리 좋은 아파트에 좋은 물건들을 잔뜩 사들여 놓아도 그들 사이에 근본적인 불신이 있기 때문에 결코 가정이 행복하지가 않은 것입니다.

하나님께서 이스라엘 백성들을 애굽에서 이끌어내신 후 광야로 데리고 오신 것은 하나님께는 일종의 신혼 여행이었습니다. 즉 아무도 다른 사람들의 방해를 받지 않고 우리들끼리 많은 시간을 함께 갖자는 것이었습니다. 그런데 이스라엘 백성들은 하나님과 함께 하는 이 시간에 대하여 전혀 준비가 되어 있지 않았습니다. 다시 말해서 그들은 신앙이 무엇인지 모르고 그냥 모세의 말만 듣고 따라나온 셈이었습니다.

신앙이라는 것은 단순한 새로운 경험이나 체험을 말하지 않습니다. 신앙은 쉽게 말하면 하나님과 결혼하는 것입니다. 그러니까 한번 하나님을 믿은 후에는 모든 것을 하나님으로부터 공급을 받아야 하며 하나님만으로 만족해야 합니다. 그런데 이해할 수 없는 것은 이스라엘 백성들이 그토록 오랫동안 애굽에서 노예 생활을 하면서도 이 신앙에 대하여 준비가 되지 않았다는 것입니다. 원래 사람들은 평안한 가운데 있으면 신앙에 별로 관심을 가지지 않습니다. 그래서 하나님께서는 그들의 마음을 미리 준비시켜 주십니다. 즉 육체적인 질병이나 경제적인 어려움들을 통하여 하나님은 그들의 마음을 가난하게 하신 후 하나님의 말씀을 듣게 하시는 것입니다. 그렇게 되는 것이 하나님을 만나는 것입니다. 그때 듣는 말씀은 강력한 하나님의 말씀이요, 능력의 말씀입니다. 그 말씀을 듣고 전폭적으로 하나님께 내 자신을 맡기는 것이 신앙입니다. 그때에는 광야가 아니라 들판이나 산악도 천국으로 변합니다. 왜냐하면 성령의 강한 임재가 있기 때문입니다. 그런데 이스라엘 백성들은 하나님께서 무려 열 가지 재앙으로 애굽의 바로를 굴복시키시고 홍해를 가르셔서 그들을 구원해 내시는 것을 체험했습니다. 사실 이것보다 더 강력한 성령의 능력은 없었습니다. 그런데도 이스라엘 백성들은 하나님으로 만족을 하지 못하고 광야 생활 내내 불평하면서 하나님을 대적했습니다. 이것을 도대체 어떻게 설명을 해야 할지 알 수가 없습니다. 아예 하나님께서 이스라엘 백성들을 전혀 변화될 가능성이 없는 자들을 선택하셨든지 아니면 이스라엘 백성들 자신이 마음이 돌처럼 굳어 있어서 다른 것은 아무 것도 생각하지 못하고 자기 이익만 챙기는 못된 이기주의자들이든지 둘 중의 하나일 것입니다.

두 가지 태도

하나님은 가끔 우리들을 상식적으로 이해가 되지 않는 길로 인도하실 때가 있습니다. 예를 들어서 '가라' 고 하시는데 길이 없다든지 아니면 '이곳에서 살라' 고 하시는데 도저히 살 수가 없을 때에 우리는 하나님에 대하여 어떻게 생각하겠습니까?

여기서 두 종류의 사람으로 나누어집니다. 어떤 사람들은 하나님을 의심합니다. '하나님은 참 이상한 분이시다. 우리에게 살라고 하시면서 살 길은 전혀 주시지 않는다. 우리는 하나님께 속았다' 라고 생각하는 사람들이 있는 것입니다. 이런 사람들은 상황이 어려워지면 하나님을 원망하고 욕할 것입니다. 왜냐하면 근본적으로 마음속에 하나님에 대한 신앙이 없기 때문입니다.

그런데 하나님에 대하여 신앙을 가진 사람은 오히려 좋아합니다. 왜냐하면 하나님께서 우리에게 모순된 지시를 하실 때에는 반드시 하나님의 기적이 준비되어 있기 때문입니다. '가라' 고 하시는데 길이 없을 때에는 하나님께서 반드시 기적의 길을 만들어 주십니다.

이스라엘 백성들이 애굽에서 나왔는데 앞에 홍해가 가로놓여서 길이 없으니까 하나님이 어떻게 하셨습니까? 하나님은 홍해를 가르셔서 이스라엘 백성들을 인도하셨습니다. 이번에도 마찬가지입니다. 하나님께서 이스라엘 백성들을 광야로 데리고 오셨는데 먹을 것이 없습니다. 그러면 사람들의 눈에는 보이지 않지만 구름 속에 하나님의 양식이 감추어져 있는 것입니다. 그것은 이 세상 어느 곳에도 없는 만나라는 하나님의 양식입니다.

그래서 하나님을 믿는 사람들은 하나님께서 인도하시는데 아무 대책도 없고 길도 없을 때 오히려 하나님을 더 기대합니다. 물론 마음속에 전혀 두려움이 없는 것은 아닙니다. 또 우리는 인간이기 때문에 무엇이 잘못되면 우리는 죽을 것 같은 걱정도 있습니다. 그러나 그 두려움을 이길 수 있는 것이 무엇인가 하면 하나님은 절대로 우리를 속이지 않으신다는 것입니다. 하나님께서 '가라' 고 하시면 반드시 준비된 길이 있습니다.

그래서 우리는 하나님을 믿기 때문에 생전 한번도 가보지도 않은 길을 가면서도 두려워하지 않는 것입니다. 오히려 하나님의 말씀에 순종했는데 아무 대책이 없을 때 여기에는 분명히 기적이 준비되어 있습니다.

그래서 결국은 길이 있느냐 없느냐, 양식이 있느냐 없느냐가 중요한 것이 아니라 하나님을 신뢰하느냐 신뢰하지 않느냐 하는 것이 중요한 것입니다. 하나님께서 이스라엘 백성들을 광야로 데리고 오신 것은 그들의 믿음에 대한 중요한 시험이었습니다. 그런데 이스라엘 백성들은 어려움이 생길 때마다 하나님을 원망하고 하나님을 불평했습니다.

어떻게 해서 이렇게 되었을까요? 아예 하나님께서 전혀 가능성이 없는 자들을 일부러 택하신 것일까요? 아니면 이스라엘 백성들 스스로 믿음이 생기지 않도록 마음을 틀어막아서 그런 것일까요? 이것은 둘 다 해당이 되는데 사실 이스라엘 백성들의 경우는 그 정도가 좀 심했습니다.

하나님께서 열 가지 재앙으로 이스라엘 백성들을 건지시고 바다를 가르셔서 그들을 인도하셨다면 나머지 먹는 것이나 마시는 것이나 입는 것 등은 모두 하나님께 맡길 수 있을 정도의 신앙을 기대하셨습니다. 그러나 이스라엘 백성들의 신앙은 그 수준을 훨씬 미치지 못하는 완전 초보자들의 수준이었습니다.

오늘도 하나님께서 우리에게 요구하시는 것이 하나님께서 사랑하는 독생자의 십자가로 우리를 구원하셨으면 나머지 모든 것들은 다 하나님께 맡길 것을 요구하시는 것입니다. 우리의 신앙이 적어도 그 정도는 되어야 합니다. 그러나 우리는 십자가만으로 모든 것이 다 해결이 됩니까? 집세가 오르면 마음이 불안해지고, 직장에서 밀려나면 살 길이 막막해지는 것입니다. 왜냐하면 이것이 우리 인생들의 수준인 것입니다.

우리가 스스로 질문해보게 되는 것은 우리가 하나님을 바로 믿은 이 하나만으로 만족할 수 있느냐 하는 것입니다. 예수님은 진주 장사 비유에서 진주 장사가 세상에서 최고로 멋진 진주를 하나 발견했을 때 자기 재산을 다 팔아서 그 진주를 샀다고 했습니다. 사실 우리가 하나님을 안다는 것은 우리에게 있는 것을 다 팔아서 산다고 해도 조금도 아까울 것이 없는 복입니다.

우리가 하나님 한 분만 제대로 만났다면 다른 모든 먹는 것이나 입는 것이나 출세하는 것 등은 하나님께 맡길 수가 있어야 합니다.

평범할 수 없는 성도의 삶

우리가 이 세상에서 살면서 가장 문제가 되는 것이 일단 먹는 문제입니다. 사실 우리가 먹지 않아도 살 수만 있다면 인생의 문제는 훨씬 간단해질 것입니다.

이스라엘 백성들에게 광야에서 가장 먼저 대두되었던 것은 물 문제였습니다. 사람은 일단 물을 마시지 않으면 당장 죽을 수밖에 없습니다.

이스라엘 백성들은 더운 날 며칠을 걸어가도 물을 구하지 못했습니다. 그때 그들을 기다리고 있는 것은 '마라'라고 하는 마실 수 없는 물이었습니다. 그래도 그들은 너무 목이 마르니까 그 쓴 물을 마시고 복통이 나서 죽게 되었습니다. 그때 하나님께서는 그 물을 바꿔 주셔서 마실 수 있는 물이 되게 하셨습니다. 사막에 물이 있다고 해서 그냥 마시면 죽을 수 있습니다. 왜냐하면 마실 수 없는 독이 있는 물도 많이 있기 때문입니다.

이때 이스라엘 백성들이 빨리 깨달았어야 하는 것이 무엇입니까? 이미 그들이 하나님을 믿게 되었을 때 더이상 평범할 수가 없다는 것입니다. 하나님께서 이스라엘 백성들을 상식적인 길로 인도하셨더라면 그들은 시험에 빠질 이유가 없었습니다. 하나님께서 이스라엘 백성들을 데리고 가는 곳곳마다 우물이 있고 또 양식을 장만할 수 있는 동네 옆을 행진해 갔더라면 그들이 시험에 빠질 이유가 없었습니다.

그런데 하나님께서는 이스라엘 백성들을 상식적으로는 도저히 이해할 수 없는 길로 인도를 하셨습니다. 물도 없고 양식도 구할 수 없는 길로 데리고 가시니까 그들이 시험에 빠질 수밖에 없었습니다. 그러니까 하나님의 백성들은 신앙을 가진 후에 빨리 깨달아야 하는 것이 '나는 더 이상 평범한 삶을 살 수 없다' 는 것입니다. 하나님을 만난 그 순간부터 우리의 인생은 도저히 예측할 수 없으며 상식적으로는 이해할 수 없는 삶을 살게 된다는 것을 믿어야 합니다. 그런데 하나님을 믿은 후에도 자꾸 상식적인 수준에서 살려고 하니까 시험에 들게 되는 것입니다.

예를 들어서 처녀가 결혼을 하고 난 후에는 처녀 때처럼 살 수 없습니다. 친구들을 만난답시고 밤늦게 들어오고, 또 여자 친구들과 함께 어울려서 한 보름 정도 기차 여행을 떠났다가 돌아온다면 아마 남편과의 관계는 심각한 위기에 봉착하게 될 것입니다.

그러니까 우리 그리스도인들이 예수를 믿고 난 후에 이 두 가지는 반드시 각오를 해야 신앙 생활을 제대로 할 수 있는 것입니다.

그 첫째는 나는 더 이상 평범한 삶을 살 수 없다는 것입니다. 예수 믿기 전의 평범하고 아기자기했던 삶은 완전히 날아가버린 것입니다.

그리고 두 번째는 나의 삶은 더 이상 예측할 수 없다는 것입니다. 우리의 삶은 자신이 세워놓은 계획대로 되는 것이 아무 것도 없습니다. 나의 의지와는 전혀 상관없이 생각하지도 못했던 계기에 의하여 인생의 방향이 틀어지게 됩니다. 그러니까 우리가 미리 열심히 계획을 세워 놓아봐야 아무 소용이 없습니다. 우리는 그냥 믿음으로 따라가는 수밖에 없습니다.

만나와 메추라기의 실증

하나님께서 이스라엘 백성들을 전혀 새로운 방식으로 이끄신다는 것은 양식을 공급하시는 방법으로 나타났습니다. 하나님께서는 이스라엘 백성들을 위하여 이 세계 어느 곳에도 없는 '만나' 라는 양식을 준비해 놓으셨습니다.

> "그러나 저가 오히려 위의 궁창을 명하시며 하늘 문을 여시고 저희에게 만나를 비같이 내려 먹이시며 하늘 양식으로 주셨나니 사람이 권세 있는 자의 떡을 먹음이여 하나님이 식물을 충족히 주셨도다" (78:23-25).

하나님께서 이스라엘 백성들에게 만나를 양식으로 주신 것은 몇 가지 특별한 의미가 있습니다.

첫째로 만나는 이스라엘 백성들에게 새로운 삶의 방식이 있음을 보여주는 양식입니다. 우리가 이 세상을 사는 방식은 일단 이마에 땀을 흘려야 먹을 것을 구할 수 있는 것이 원리입니다. 농사를 짓든지 장사를 하든지 사람들이 이 세상에서 굶어죽지 않으려면 열심히 일을 해서 이마에 땀을 흘려야 합니다. 그래서 이 땀을 흘리는 방식이 이 세상을 사는 원리이기 때문에 사람들은 누구든지 땀을 흘릴 때 안심이 됩니다. 즉 자기 스스로 '나는 오늘도 일을 했으니 아직 살 권리가 있구나' 라고 생각한다든지 아니면 '나는 오늘 드디어 밥값을 했다' 라고 생각을 하는 것입니다. 그런데 일도 하지 않고 밥을 먹으려고 하면 괜히 양식을 축내는 것 같고 살 자격이 없는 사람이 사는 것 같은 생각이 들어서 다른 사람의 눈치가 보이는 것입니다.

그런데 하나님의 백성은 그렇지가 않습니다. 오직 하나님의 백성이라는 그 이유 하나만으로도 충분히 이 세상에 살 권리가 있습니다.

그 사람들은 일하지 않아도 살 권리가 있습니다. 왜냐하면 그들은 이 세상에 복이 오게 하는 사람들이기 때문입니다. 물론 성경은 예수믿는 사람들은 일도 하지 말고 빈둥빈둥 놀아도 된다는 뜻이 아닙니다. 하나님께서 성도들에게 세상 사람들처럼 할 일을 주시지 않고 다른 방식으로 살게 하시더라도 너무 놀라거나 기죽지 말라는 것입니다. 즉 하나님께서는 필요하시다면 성도로 하여금 엘리야를 살리실 때처럼 일하지 않고 까마귀를 통하여 먹을 것을 주실 수도 있습니다. 그런 경우에 우리는 너무 기죽을 필요가 없습니다. 왜냐하면 하나님의 백성들은 이 세상을 사는 원리가 다른 사람들과는 다르며 하나님께서 그들의 삶을 책임져주시기 때문입니다.

또 다른 하나는 만나는 이 세상에 없는 양식입니다. 그래서 '만나'라는 말의 뜻이 '이것이 무엇이냐?' 라는 말에서 나온 것입니다.

그런데 도대체 이 만나는 어디서 온 것입니까? 오늘 성경에 보면 하늘에서 내렸다고 말씀하고 있습니다. 즉 하늘의 양식이 이들에게 내린 것입니다. 이것은 물론 천국에 있는 성도들의 양식이 만나라는 뜻은 아닙니다. 하나님께서 이스라엘 백성들에게 상징적으로 보여주시려고 하는 것입니다. 즉 이 세상이 전부가 아니고 다른 세상이 또 있다는 것입니다.

옛날에 저희들이 어렸을 때 바나나는 아주 귀한 과일이었습니다. 바나나가 귀했던 이유는 우리나라에서 나지 않는 열매였기 때문입니다. 즉 우리는 바나나를 보면서 우리와는 다른 나라가 있다는 것을 알게 되는 것입니다.

이스라엘 백성들이 가나안 땅을 정탐했을 때 그들이 가나안 땅의 증거로 가지고 온 것이 무엇입니까? 가나안 땅의 포도 열매였습니다. 그 포도가 얼마나 큰지 한 송이를 두 사람이 작대기에 끼워서 가지고 왔습니다. 이것 한 가지만 보면 가나안 땅이 어떤 곳인지 충분히 짐작할 수 있지 않습니까?

만나는 이 세상 외에 하나님의 나라가 있는데 거기서 하나님의 은혜가 그들을 찾아오고 있다는 것을 보여주는 것입니다. 모든 복은 하나님으로부터 옵니다. 그러니까 이스라엘 백성들은 천국 양식을 먹기 때문에 늘 천국을 사모하고 꼭 천국에 가야 한다는 뜻입니다.

예를 들어서 어떤 사람이 스테이크 양식을 아주 좋아한다고 합시다. 그러면 그 양식을 즐기면서 무슨 생각을 하겠습니까? 언젠가는 이 양식의 본토 나라에 가서 오리지날 스테이크를 한 번 먹어보겠다고 생각할 것입니다.

나중에 예수님께서 오셨을 때 유대인들은 예수님께 하늘로써 오는 표적을 요구했습니다. 그때 그들은 은근히 예수님이 모세처럼 만나를 내려줄 것을 기대를 했습니다. 그때 예수님께서 유대인들에게 말씀하시기를 만나가 크냐 그 만나를 만드신 주인이 크냐고 물어보셨습니다. 즉 그 나라의 주인이 왔으면 음식은 더 이상 필요가 없다는 것입니다. 왜냐하면 주인이 초청하면 누구든지 그 나라에 갈 수 있기 때문입니다.

우리는 이 세상에 살지만 여기가 우리의 영원한 나라가 아닙니다. 우리는 여기에 잠시 살 뿐이며 때가 되면 진짜 우리가 가야 할 저 하늘로 가야 하는 것입니다. 아마 여러분들 중에서 아파트를 분양을 받았는데 입주 날짜가 맞지 않아서 잠시 딴 집에 임시로 살다가 다시 이사를 해야 할 때가 있습니다. 그때 이사하는 집은 진짜 잠깐 살기 위하여 가는 것이고 그 사람의 원래 집은 새로 분양받은 멋진 집이 따로 있는 것입니다. 그것과 마찬가지로 우리는 지금 이 세상에 입주 날짜가 잘 맞지 않아서 잠시 사는 것과 같습니다. 그리고 우리가 가야 할 원래 집은 따로 있는 것입니다. 그것을 우리는 잠시도 잊어서는 안됩니다.

그런데 하나님께서는 이스라엘 백성들에게 양식만 주신 것이 아닙니다. 그들이 원하는 고기도 충분히 주셨습니다.

"저가 동풍으로 하늘에서 일게 하시며 그 권능으로 남풍을 인도하시고 저희에게 고기를 티끌 같이 내리시니 곧 바다 모래 같은 나는 새라. 그 진 중에 떨어지게 하사 그 거처에 둘리셨도다" (78:26-28).

이스라엘 백성들이 원했던 것은 양식만이 아니고 고기였습니다. 그들은 어린아이들처럼 '고기가 먹고 싶다'고 투정을 부렸습니다. 물론 그들이 가지고 있는 소나 양을 잡아먹으면 되겠지만 그 소나 양은 또 하나님께 제물로 바쳐야 할 것이기 때문에 잡아 먹을 수도 없었습니다. 그런데 하나님의 지혜는 정말 놀라웠습니다. 전혀 육식을 할 수 없는 그런 형편인데 바람을 강하게 불게 하셔서 메추라기를 산더미같이 몰고 오셨습니다. 그래서 이스라엘 백성들이 잘 날지도 못하는 메추라기를 잡아서 구워 먹을 때 하나님은 이스라엘 백성들에게 진노하기 시작하셨습니다.

"저희가 그 욕심에서 떠나지 아니하고 저희 식물이 아직 그 입에 있을 때에 하나님이 저희를 대하여 노를 발하사 저희 중 살진 자를 죽이시며 이스라엘의 청년을 쳐 엎드러뜨리셨도다" (78:30-31).

하나님께서 이스라엘 백성들에게 양식을 주시면서 또 노하시는 이유가 무엇입니까? 이스라엘 백성들이 하나님을 믿지 못하고 하나님을 의심하고 대적했기 때문입니다.

하나님께서는 이스라엘 백성들이 하는 소리를 다 듣고 계십니다. 그래서 일단 그들이 원하는 것은 주셨지만 하나님께서 이것을 기뻐하시지는 않으셨습니다.

그래서 기도 응답이 반드시 다 좋은 것은 아닙니다. 하나님께서 기뻐하시지 않는 응답은 이루어지지 않는 것이 좋습니다. 마치 아이들이 너무나도 고집을 부리기 때문에 마지못해서 부모가 승낙을 할 때가 있습니다. 그러나 그런 응답은 응답되지 않는 것이 좋습니다. 왜냐하면 하나님께서 징계하시려고 응답하시기 때문입니다.

이스라엘 백성들의 일정치 않은 마음

광야에서 이스라엘 백성들의 마음을 보면 그야말로 갈팡질팡했다는 것을 알 수 있습니다. 그들은 완전히 하나님을 불신했던 것이 아닙니다. 하나님을 믿기는 했는데 어려움이 오면 하나님을 불신했다가 징계를 받으면 하나님께 돌아오기를 계속했습니다. 결국 이것이 그들의 노예 근성이었던 것입니다.

노예는 그냥 내버려두면 자기 멋대로 행동하다가 주인이 채찍으로 때리면 또 순종하는 마음으로 돌아서는 것입니다. 하나님이 원하신 것은 결코 노예의 하나님이 되는 것이 아니었습니다. 그러나 이스라엘 백성들은 자기 스스로 노예가 편했던 것 같습니다.

> "그럴지라도 저희가 오히려 범죄하여 그의 기사를 믿지 아니하였으므로 하나님이 저희 날을 헛되이 보내게 하시며 저희 해를 두렵게 하셨도다"(78:32-33).

하나님께서는 이스라엘 백성들이 먹는 문제가 해결이 되면 하나님을 의지할 것으로 기대하셨습니다. 그러나 그들은 먹는 문제가 해결되어도 조금도 태도의 변화를 보이지 않았습니다. 결국 그들이 원하는 것은 육체의 고통이 조금도 없는 편안한 상태였습니다. 그러니까 이 광야 생활이 너무나도 지긋지긋하다는 것입니다.

저는 그것을 이해할 수 있습니다. 아마도 사람들 중에 어느 누구도 광야 생활을 좋아할 사람은 아무도 없습니다. 그것도 한두 해도 아니고 무려 사십 년이나 광야에서 생활하는 것을 좋아할 사람은 아무도 없을 것입니다.

그런데 하나님께서도 좋아서 이스라엘 백성들에게 광야 생활을 주신 것은 아닙니다. 그들로 하여금 철저하게 하나님의 말씀에 따라 순종하는 믿음의 군병들이 되라는 것입니다. 그런데 그들은 그 훈련이 제대로 되지 않아서 무려 사십 년이라는 세월을 허비했던 것입니다.

군대에서 신병들을 훈련시킬 때 어떻게 합니까? 군인이 될 때까지 훈련을 시킵니다. 하나님께서는 이스라엘 백성들을 십자가의 군병으로 만드는데 무려 사십 년의 세월이 걸리셨습니다. 그러면 하나님께서는 이스라엘 백성들을 굳이 이런 식으로 꼭 훈련을 시키셔야 합니까? 그런 훈련을 시켜야 합니다. 왜냐하면 가나안 땅의 죄악과 싸우려면 철저하게 하나님의 말씀에 순종하는 법을 배워야 하기 때문입니다.

우리의 신앙은 단순히 예수믿고 천당가는 것으로 끝나는 것이 아닙니다. 우리는 이 세상의 죄를 분별하고 죄와 싸워야 합니다. 그렇게 하기 위해서는 철저하게 하나님의 말씀에 순종하는 법을 배워야 합니다. 그래서 우리 한 사람 한 사람에게 광야와 같은 훈련의 시간이 필요한 것입니다.

> "하나님이 저희를 죽이실 때에 저희가 그에게 구하며 돌이켜 하나님을 찾았고 하나님이 저희의 반석이시요 지존하신 하나님이 저희 구속자이심을 기억하였도다" (78:34-35).

이스라엘 백성들의 이러한 회개가 언제 있었던 사건을 두고 하는 말인지 분명치가 않습니다. 왜냐하면 하도 여러 번에 걸쳐서 반역을 했고 또 여러 번 용서를 받았기 때문입니다. 그러니까 이스라엘 백성들이 모두 다 완전히 하나님을 불신했던 것은 아닌데 신앙의 뿌리가 너무 얕아서 여러 상황에 따라서 많이 왔다 갔다 한 것 같습니다.

하나님의 은혜가 강력하게 부어지고 큰 능력을 받으면 철저하게 하나님만 순종하겠다고 결심을 했다가도 상황이 힘들어지고 어려운 일들이 생기면 하나님을 원망하고 대적하는 일을 반복했던 것입니다.

"그러나 저희가 그 입으로 그에게 아첨하며 자기 혀로 그에게 거짓을 말하였으니 이는 하나님께 향하는 저희 마음이 정함이 없으며 그의 언약에 성실치 아니하였음이로다"(78:36-37).

우리가 이스라엘 백성들이 하나님 앞에서 변덕을 부린 것만 생각하면 참으로 한심합니다. 그러나 실제로 이것이 우리의 모습입니까? 저는 십분 전에 기도한 것을 기도가 끝난 후에 지키지 못할 때도 있었습니다. 그러니까 책임지지도 못할 약속을 하나님께 드리는 것이 그 혀로 아첨하는 것입니다. 그런데 이렇게 마음에 정함이 없는 이유가 무엇입니까? 이것은 우리가 연약한 육체이기 때문입니다.

"저희는 육체뿐이라 가고 다시 오지 못하는 바람임을 기억하셨음이로다"(78:39).

우리는 너무나도 약한 의지를 가지고 있습니다. 그래서 그것까지 하나님께서 도와주시지 않으면 우리는 아무 것도 할 수가 없습니다.

그래서 하나님께서 우리에게 하시는 말씀이 '너희는 아무 능력이 없어도 되는데 단지 고집만 부리지 말라' 는 것입니다. 연약하다는 것을 인정하고 따라오기만 하면 하나님께서는 모든 것을 다 책임지실 것이기 때문에 아무 것도 두려워하지 말고 고집만 부리지 말고 순종하기만 하라는 것입니다.

하나님의 넘치는 은혜가 없으면 우리는 믿음 생활을 하지도 못합니다. 오늘도 하나님께서 우리의 마음에 은혜를 부으셔서 우리 마음을 부드럽게 하시고 우리의 고집을 꺾고 주님을 따르게 하시기를 바랍니다.

하나님의 구원 과정

78-3.

그 때에 하나님이
애굽에서 그 징조를, 소안 들에서 그 기사를 나타내사
저희의 강과 시내를 피로 변하여 저희로 마실 수 없게 하시며
파리 떼를 저희 중에 보내어 물게 하시고 개구리를 보내어
해하게 하셨으며 저희의 토산물을 황충에게 주시며
저희의 수고한 것을 메뚜기에게 주셨으며
저희 포도나무를 우박으로, 저희 뽕나무를 서리로 죽이셨으며 저희
가축을 우박에, 저희 양떼를 번갯불에 붙이셨으며 그 맹렬한 노와 분
과 분노와 고난 곧 벌하는 사자들을 저희에게 내려 보내셨으며
그 노를 위하여 치도하사 저희 혼의 사망을 면케 아니하시고 저희 생
명을 염병에 붙이셨으며 애굽에서 모든 장자 곧 함의 장막에 있는 그
기력의 시작을 치셨으나 자기 백성을 양 같이 인도하여 내시고
광야에서 양떼 같이 지도하셨도다 저희를 안전히 인도하시니 저희는
두려움이 없었으나 저희 원수는 바다에 엄몰되었도다
저희를 그 성소의 지경 곧 그의 오른손이 취하신 산으로 인도하시고
또 열방을 저희 앞에서 쫓아 내시며 줄로 저희 기업을 분배하시고 이
스라엘 지파로 그 장막에 거하게 하셨도다 그럴지라도 저희가 지존
하신 하나님을 시험하며 반항하여 그 증거를 지키지 아니하며 저희
열조 같이 배반하고 궤사를 행하여 속이는 활 같이 빗가서 자기 산당
으로 그 노를 격동하며 저희 조각한 우상으로 그를 진노케 하였으매
하나님이 들으시고 분내어 이스라엘을 크게 미워하사 실로의 성막 곧
인간에 세우신 장막을 떠나시고 그 능력된 자를 포로에 붙이시며 자
기 영광을 대적의 손에 붙이시고 그 백성을 또 칼에 붙이사 그의 기업
에게 분내셨으니 저희 청년은 불에 살라지고 저희 처녀에게는 혼인
노래가 없으며 저희 제사장들은 칼에 엎드러지고 저희 과부들은 애곡
하지 못하였도다 때에 주께서 자다가 깬 자 같이, 포도주로 인하여 외
치는 용사같이 일어나사 그 대적을 쳐 물리쳐서 길이 욕되게 하시고
또 요셉의 장막을 싫어 버리시며 에브라임 지파를 택하지 아니하시고
오직 유다 지파와 그 사랑하시는 시온산을 택하시고 그 성소를 산의
높음 같이, 영원히 두신 땅 같이 지으셨으며 또 그 종 다윗을 택하시
되 양의 우리에서 취하시며 젖 양을 지키는 중에서 저희를 이끄사 그
백성인 야곱, 그 기업인 이스라엘을 기르게 하셨더니 이에 저가 그 마
음의 성실함으로 기르고 그 손의 공교함으로 지도하였도다

the day he displayed his miraculous signs in Egypt,
his wonders in the region of Zoan.
He turned their rivers to blood; they could not drink from their streams.
He sent swarms of flies that devoured them, and frogs that devastated them.
He gave their crops to the grasshopper, their produce to the locust.
He destroyed their vines with hail and their sycamore-figs with sleet.
He gave over their cattle to the hail, their livestock to bolts of lightning.
He unleashed against them his hot anger, his wrath,
indignation and hostility--a band of destroying angels.
He prepared a path for his anger;
he did not spare them from death but gave them over to the plague.
He struck down all the firstborn of Egypt,
the firstfruits of manhood in the tents of Ham.
But he brought his people out like a flock;
he led them like sheep through the desert.
He guided them safely, so they were unafraid;
but the sea engulfed their enemies.
Thus he brought them to the border of his holy land,
to the hill country his right hand had taken.
He drove out nations before them and allotted their lands to them
as an inheritance; he settled the tribes of Israel in their homes.
But they put God to the test and rebelled against the Most High;
they did not keep his statutes.
Like their fathers they were disloyal and faithless, as unreliable as a faulty bow.
They angered him with their high places;
they aroused his jealousy with their idols.
When God heard them, he was very angry; he rejected Israel completely.
He abandoned the tabernacle of Shiloh, the tent he had set up among men.
He sent the ark of his might into captivity,
his splendor into the hands of the enemy.
He gave his people over to the sword; he was very angry with his inheritance.
Fire consumed their young men, and their maidens had no wedding songs;
their priests were put to the sword, and their widows could not weep.
Then the Lord awoke as from sleep, as a man wakes from the stupor of wine.
He beat back his enemies; he put them to everlasting shame.
Then he rejected the tents of Joseph, he did not choose the tribe of Ephraim;
but he chose the tribe of Judah, Mount Zion, which he loved.
He built his sanctuary like the heights, like the earth that he established forever.
He chose David his servant and took him from the sheep pens;
from tending the sheep he brought him to be the shepherd of his people Jacob,
of Israel his inheritance.
And David shepherded them with integrity of heart;
with skillful hands he led them.

구원이라는 것은 어떤 위기에 처한 사람을 그 위기에서 건져내는 것을 말합니다. 예를 들어서 불타고 있는 건물 안에 갇혀있는 사람들을 구해낸다거나 침몰하고 있는 배에서 그 배에 탄 사람들을 건져내는 것이 구원입니다. 또 어떤 사람이 심한 병에 걸려서 죽을 수밖에 없는데 의사가 수술을 하거나 치료를 잘해서 살리는 경우도 구원이고, 심지어는 나쁜 악당에게 걸려서 죽을 뻔했는데 다른 사람의 도움으로 살아나는 것도 구원입니다. 그런데 하나님께서 우리를 구원하시는 것은 우리가 생각하는 그런 구원처럼 단순하지가 않고 좀 복잡합니다.

우선 하나님께서는 우리를 죄의 세력으로부터 구원을 하십니다. 이것은 우리의 눈에는 보이지 않는 것입니다. 우리는 우리 자신이 죄의 세력에 매여 있는지 모릅니다. 예를 들어서 감옥에서 태어나서 감옥에서 자란 아이는 감옥이 정상적으로 생각되는 것과 같습니다. 또한 무서운 질병에 걸려 있는 사람도 병원에 가서 진찰을 받아보기 전까지는 자기가 병에 걸렸는지 모르는 것과 같습니다. 이때 하나님께서 말씀으로 우리가 어떤 상태에 있는지 가르쳐 주시고 하나님에 대한 믿음을 가지게 하십니다.

우리가 하나님의 말씀을 듣고 믿으면 하나님께서 바로 그 자리에서 우리를 의롭다 하시고 하나님의 가족으로 입양을 하십니다. 이것이 대단히 중요한 일입니다. 우리가 하나님 앞에 의롭다 함을 받지 못하거나 하나님의 자녀로 입양되지 못하면 죄의 세력에서 구원을 받아봐야 아무 소용이 없습니다. 왜냐하면 또 다시 죄의 세력에 붙들려 갈 수밖에 없기 때문입니다. 그래서 믿음으로 의롭다 함을 받고 하나님의 가족으로 입양이 되면 더이상 마귀가 붙잡아가지 못합니다. 그리고나서는 하나님께서는 우리가 이 세상에 살면서 실제로 거룩한 사람이 되도록 만들어 가십니다. 이 과정을 통하여 우리 안에서 죄의 습관은 빠져나가서 거룩한 습관이 만들어지게 됩니다. 우리는 믿음으로 이 세상의 죄와 싸워서 하나님의 나라를 확장시켜 나갑니다. 이것을 '성화' 라고 말합니다. 그리고 최종적으로 우리가 죽으면서 하나님께 가게 되는데 이때 영화로워지게 됩니다. 그때 우리는 이 모순된 육신의 허물을 벗고 영광 가운데서 우리 하나님을 보게 될 것입니다.

그리고 그때 우리가 얼마나 무서운 지옥의 심판에서 구원받았는가 하는 것을 다시 깨닫게 됩니다. 왜냐하면 그때 예수믿지 않는 사람들은 모두 지옥으로 떨어지게 되기 때문입니다.

그래서 우리의 구원에는 두 가지 측면이 있습니다. 하나는 이미 구원을 얻었다는 과거형이나 과거 완료형이 있고, 또 다른 하나는 지속적으로 구원을 이루어나가야 하는 현재 진행형과 미래형이 있습니다. 우리는 이미 죄의 세력에서는 구원을 얻었습니다. 그러나 우리는 아직 천국에 들어간 것은 아닙니다. 그리고 여전히 이 세상에서는 죄와 유혹이 우리를 노리고 있습니다. 그래서 우리는 언제나 조심하면서 그 얻은 구원을 놓치지 않도록 구원을 이루어가야 하는 것입니다.

물론 여기에는 문제가 있습니다. 과연 죄에서 한번 구원을 받은 사람이 하나님을 배반함으로 지옥의 심판에 떨어질 수 있느냐 하는 것입니다. 물론 이론적으로는 불가능하지만 그런 사람이 생길 수는 얼마든지 있습니다. 왜냐하면 진정으로 죄의 세력에서 구원받지 못했는데도 자기 자신은 그렇다고 믿을 수 있기 때문입니다. 그래서 우리는 언제나 조심해야 합니다. 진정으로 구원받은 백성들의 특징이 천국에 가는 그날까지 언제나 조심하는 것입니다.

죄의 세력에서 구원

이스라엘 백성들은 애굽을 탈출하기 전에 바로의 지배 아래서 노예 생활을 하고 있었습니다. 그때 애굽의 바로는 히브리 노예들을 영구적으로 애굽 사람들의 노예로 삼으려고 했습니다. 그래서 이스라엘 자손들을 잡아다가 벽돌을 굽고 성을 쌓는 일을 시켰을 뿐 아니라 남자 아기가 태어나면 모두 나일강에 빠뜨려 죽이는 못된 일을 했던 것입니다. 그런데도 이스라엘 백성들은 스스로의 힘으로는 바로의 지배에서 벗어날 수도 없었을 뿐 아니라 그들을 애굽에서 건져낼 자가 이 세상 어디에도 없었습니다. 그런데 오직 여호와 하나님께서 이스라엘 백성들을 찾아오셔서 그들을 바로의 손에서 구원하여 주셨습니다.

"그때에 하나님이 애굽에서 그 징조를, 소안 들에서 그 기사를 나타내사 저희의 강과 시내를 피로 변하여 마실 수 없게 하시며 파리 떼를 저희 중에 보내어 물게 하시고 개구리를 보내어 해하게 하셨으며 저희의 토산물을 황충에게 주시며 저희의 수고한 것을 메뚜기에게 주셨으며 저희 포도나무를 우박으로, 저희 뽕나무를 서리로 죽이셨으며 저희 가축을 우박에 저희 양떼를 번갯불에 붙이셨으며 그 맹렬한 노와 분과 분노로 고난 곧 벌하는 사자를 저희에게 내려 보내셨으며"(78:43-49).

하나님께서 애굽 땅에 내리신 열 가지 재앙이 이스라엘 백성들을 바로의 손에서 구원하여 내시는 하나님의 능력이었습니다. 오늘 본문의 기록의 순서는 출애굽기 기록과는 일치되지 않습니다. 아마 성령의 감동으로 흥분되어서 생각나는 대로 적은 것 같습니다. 여기에 보면 '파리 떼' 재앙이 나오는데 역시 그때의 보통 파리가 아닌 것을 알 수 있습니다. '파리 떼를 보내어 물게 하시며' 라는 것을 보면 파리 떼가 무는 파리라는 것을 알 수 있습니다. 저희들이 어렸을 때 쇠파리라는 것이 있었습니다. 이것에 한번 물리면 얼마나 아픈지 손가락 전체가 얼얼합니다. 그러니까 파리 재앙의 파리는 그냥 성가신 파리가 아니고 물어뜯는 파리 떼였던 것입니다.

하나님께서 애굽의 바로를 치시는데 사람을 보내지 아니하셨습니다. 대신 사람들이 참으로 하찮게 생각하는 개구리나 파리나 이 같은 것으로 애굽의 왕과 그 신하들을 치셨습니다.

그것은 두 가지 의미가 있습니다. 우선 오로지 하나님만이 참 신이시고 이 세상의 다른 모든 것들은 피조물들입니다. 그러니까 우리 눈에 보이지 않는 천사들이나 마귀도 모두 다 피조물이지 신은 아닙니다. 우리와 다를 바가 없습니다. 단지 우리는 몸을 가지고 있는 피조물이고 천사나 마귀는 몸이 없는 영물인 것이 차이이지 천사나 마귀가 절대로 신은 아닙니다. 그런데 애굽의 바로가 자기 자신을 신으로 높여서 하나님의 절대적인 명령에 불순종할 때 하나님께서는 그들이 하찮게 생각하는 미물들을 보내셔서 그들을 굴복시키심으로 그들이 얼마나 형편없는 자들인가 하는 것을 보여주시는 것입니다. 하나님은 교만한 자들을 절대로 명예롭게 죽게 하시지 않습니다. 그래서 칼로 죽게 하시지 않습니다. 그렇게 죽는 것은 그 교만한 자들에게는 너무나도 명예로운 것입니다. 그래서 벌레에 쏘여서 죽든지 우박에 맞아서 죽든지 할 것입니다.

그리고 또 다른 하나는 인간의 눈에는 아무리 하찮게 보이는 개구리나 파리나 이라 하더라도 하나님의 손에는 절대로 미물이 아니라는 것입니다. 하나님께서는 이 형편없는 미물들을 사용해서라도 얼마든지 위대한 구원을 이루실 수 있는 분이십니다. 그러니까 하나님은 진정으로 이 세상의 모든 피조물들의 주인이 되시는 것입니다. 따라서 하나님 앞에서는 쓸모없는 피조물이라고는 존재하지 않습니다. 모두 다 나름대로 용도가 다 있는 것입니다.

그런데 바로는 이 모든 재앙으로도 이스라엘 백성들을 해방시키지 않았습니다. 오직 하나 애굽의 장자 죽는 재앙으로 드디어 하나님 앞에 굴복을 했습니다.

> "그 노를 위하여 치도하사 저희 혼의 사망을 면케 아니하시고 저희 생명을 염병에 붙이셨으며 애굽에 있는 장자 곧 함의 장막에 있는 그 기력의 시작을 치셨으나"(78:50-51).

하나님께서 애굽의 장자를 죽이는 재앙이 역시 본문에서는 염병이었다고 말씀하고 있습니다. 그런데 고대에는 염병이 한번 퍼지면 전부 다 죽게 되어 있었습니다. 그런데 놀라운 것은 정확하게 애굽의 모든 장자들만 죽은 것입니다. 이것이 무엇을 의미합니까?

애굽의 바로는 군인이기 때문에 정확하게 장자만 죽는 것이 무엇을 의미하는지 다 알고 있습니다. 그것은 하나님께서 애굽 사람들 생명을 하나씩 하나씩 모두 다 파악하고 계시며 원하시기만 하면 누구든지 다 죽게 할 수 있다는 것을 의미하는 것입니다.

예를 들어서 어떤 사람이 정확하게 몇 번째 사람만 죽게 하겠다고 했는데 그대로 이루어지고 있다면 지금 모든 사람들이 그의 사정거리 안에 들어 있으며 마음만 먹으면 모두 다 죽게 할 수 있다는 것을 의미하는 것입니다. 그런데 이스라엘 백성들은 아무도 죽지 않았습니다. 그 이유가 무엇입니까? 어린양이 그들을 대신해서 죽었기 때문입니다. 여기서 사람들은 어린양의 생명의 위력에 대하여 다시 놀라게 되었습니다. 어린양의 피는 죽음의 사자를 넘어가게 했습니다.

이것은 바로 하나님께서 우리 한 사람 한 사람을 얼마나 무서운 죄의 세력에서 건져내시는지 보여주는 것입니다. 우리는 모르고 있지만 모두 죄의 세력에 사로잡혀 있고 마귀의 노예가 되어 있습니다. 그 죄는 애굽에 임한 열 가지 재앙을 합친 것보다 더 큰 심판을 불러오게 되어 있습니다. 그런데 하나님께서는 어린양의 피보다 더 위대한 피를 흘리셨습니다. 그것은 나사렛 예수의 피입니다. 예수 그리스도의 피는 우리에게 임할 하나님의 모든 심판을 다 막았습니다. 그리고 악한 마귀의 세력으로부터 우리를 건져내셔서 하나님을 예배하는 자들이 되게 했습니다. 우리는 그 과정을 잘 알지 못합니다. 그러나 예수님이 십자가를 지심으로 마귀는 그 순간부터 완전히 하나님의 사정거리 안에 들게 되었습니다. 마치 장자 죽이는 재앙이 임한 것과 같습니다. 하나님께서 원하시기만 하면 이 세상에 있는 모든 악의 세력을 한 순간에 멸망으로 쓸어 넣으실 수가 있습니다.

우리가 얻는 것은 단순한 예배의 자유이지만 이 예배의 자유가 있기까지 얼마나 많은 마귀의 반대와 핍박이 있었는지 모릅니다. 그런데 우리를 예수 그리스도의 십자가의 능력으로 사탄의 세력에서 우리를 건져내신 것입니다.

마치 한반도에 남한과 북한의 두 개의 체제가 있듯이 이 세상에도 두 개의 체제가 있습니다. 하나는 여전히 죄의 지배 아래 있는 영역이고, 다른 하나는 죄의 지배에서 벗어나서 하나님의 은혜 안에 있는 영역입니다.

의롭다 하시고 가족으로 입양하심

그러나 중요한 것은 우리가 죄의 세력에서 해방되었다고 해서 모든 것이 다 끝난 것은 아니라는 사실입니다. 왜냐하면 아무리 죄의 세력에서 해방되었다 하더라도 다시 죄를 지으면 얼마든지 다시 마귀의 종이 될 수 있기 때문입니다. 그래서 하나님께서는 우리에게 두 가지를 행하십니다. 그 하나가 의롭다 하시는 것이며, 다른 하나는 하나님의 가족으로 입양하시는 것입니다.

> "자기 백성을 양같이 인도하여 내시고 광야에서 양떼같이 지도하셨도다. 저희를 안전히 인도하시니 저희는 두려움이 없었으나 저희 원수는 바다에 엄몰되었도다. 저희를 그 성소의 지경 곧 그의 오른손이 취하신 산으로 인도하시고" (78:52-54).

하나님께서는 애굽에서 인도하여 내신 이스라엘 백성들을 시내산으로 데리고 가셔서 두 가지 일을 하셨습니다. 하나는 그들에게 시내산의 언약을 주심으로 하나님의 백성을 삼으신 것입니다. 이스라엘 백성들은 시내산에서 언약을 맺음으로 하나님의 백성이 된 것입니다. 그 전에는 하나님의 백성이 되지 못했습니다. 그때 하나님께서는 이스라엘 백성들을 하나님의 가족으로 삼아주셨습니다. 그리고 또 하나는 성전을 짓게 하셔서 대제사장으로 하여금 이스라엘 백성들의 죄를 대속하는 일을 하게 하는 것입니다. 그래서 1년에 한 차례씩 대제사장이 하나님의 지성소에 들어가서 그 앞에 피를 뿌리면 하나님께서 이스라엘 백성들의 모든 죄를 다 사하여 주시는 것입니다.

구약에서는 이스라엘 백성들이 소나 양의 머리에 안수를 하면 그들의 죄가 소나 양에게로 넘어갔습니다. 그래서 이스라엘 백성 대신 소나 양을 죽임으로 이스라엘 백성들의 죄가 사하여졌던 것입니다. 그런데 신약 시대에는 우리가 예수님을 믿으면 우리의 모든 죄가 예수님에게로 넘어가게 됩니다. 그래서 우리는 죄가 없어지고 그 대신 예수님께 우리의 죄가 있게 됩니다. 그리고 또한 예수님의 의는 우리에게 넘어오고 예수님에게는 우리의 죄만 있게 됩니다. 이것을 성경은 예수님께서 우리의 죄를 담당하셨다고 말씀하십니다. 예수님은 우리의 과거의 죄나 현재의 죄만이 아니라 미래의 죄까지 모두 다 책임을 지셨습니다. 그래서 우리는 지은 죄에 대하여 예수님의 이름으로 고백하기만 하면 모두 다 예수님께 다 넘어가게 됩니다.

그런데 그것만이 아닙니다. 우리가 예수님을 믿을 때 하나님께서는 우리를 하나님의 집의 노예로 받으시는 것이 아니라 아들의 자격으로 받으십니다.

하나님께서는 그것을 성령의 세례로 인쳐 주십니다. 그래서 우리가 예수를 믿고 세례를 받거나 혹은 여러 가지 어려운 환난 가운데 있을 때 강한 성령의 체험이 임할 때가 있습니다. 마치 우리의 몸에 십만 볼트의 전류가 흐르는 것과 같은 성령의 강한 임재입니다. 이것은 우리가 하나님의 자녀임을 성령께서 인치시는 것입니다.

고대에는 노예들이 많았습니다. 그런데 노예들에게도 큰 축복의 기회가 있었습니다. 그것은 주인의 아들로 입양이 되는 것입니다. 그러면 주인의 아들이 되어서 주인의 모든 지위와 재산을 물려받게 됩니다. 우리는 노예로 하나님께 은혜를 구걸하는 것이 아닙니다. 하나님의 아들로서 당당하게 하나님의 재산과 지위를 요구하는 것입니다. 우리는 하나님께서 자꾸 이 세상의 것을 달라고 하니까 하나님께서 잘 들어주시지 않는 것입니다. 하늘에 있는 능력과 권세를 달라고 해야 합니다. 이 세상에서 우리의 존귀함을 빼앗아가려고 하는 사탄의 역사를 쳐부수어 달라고 해야 합니다. 그리고 무한한 성령의 능력을 간구해야 합니다.

영적인 성숙과 영적인 전투

하나님께서는 구원받은 성도들로 하여금 이 세상에서 믿음으로 자라게 하십니다. 왜냐하면 우리가 예수를 믿음으로 의롭다함을 얻지만 실제로 의로운 것은 아니기 때문입니다. 그래서 말씀을 들음으로 우리는 영적으로 자라가야 하며 또한 아직도 이 세상에 남아 있는 사탄의 세력과 영적으로 싸우는 전쟁을 치러야 합니다.

이스라엘 백성들에게는 그 과정이 두 가지로 이루어졌는데 하나는 광야 사십 년의 훈련을 통하여 영적인 성숙이 이루어졌습니다. 그래서 광야 사십 년을 통해서 이스라엘 백성들 안에 불순종하고 거역하는 본성은 없어지고 오로지 하나님의 말씀만 순종하는 자들로 변한 것입니다. 그런데 이 과정이 썩 잘 이루어진 것은 아닙니다. 그리고 두 번째 과정은 요단강을 건너가서 가나안 땅에 있는 우상과 음란을 물리치고 거룩한 하나님의 나라를 세우는 것입니다. 그런데 사실 이 과정도 잘 이루어지지 않았습니다.

이스라엘 백성들에게는 영적으로 성숙하는 기간과 가나안 땅에서 영적으로 싸우는 시기가 분리되어 있지만 실제로 우리들에게는 분리되지 않고 거의 동시에 이루어지게 됩니다. 우리는 교회 안에서는 양육을 받지만 세상에 나가면 바로 많은 사탄의 세력과 싸워야만 하는 것입니다. 우리 믿는 사람들에 대한 마귀의 공격은 신앙을 가진 후 사십 년이 지나서 이루어지는 것이 아니라 하나님의 백성이 되면 바로 그 순간부터 마귀의 공격은 시작이 되는 것입니다.

오늘 본문은 이스라엘 백성들이 영적인 싸움에서 실패하는 것을 보여줍니다.

"또 열방을 저희 앞에서 쫓아내시며 줄로 저희 기업을 분배하시고 이스라엘 지파로 그 장막에 거하게 하셨도다. 그럴지라도 저희가 지존하신 하나님을 시험하며 반항하여 그 증거를 지키지 아니하며 저희 열조같이 배반하고 궤사를 행하여 속이는 활 같이 빗가서 자기 산당으로 그 노를 격동시키며 저희 조각한 우상으로 그를 진노케 하였으며"(78:55-58).

우리가 보통 요단강을 건너간다는 것을 죽어서 천국에 가는 것으로 오해할 때가 많습니다. 그런 오해를 가져온 주된 이유가 두 가지가 있는데 하나는 존 번연의 천로역정이라는 책 때문입니다. 천로역정을 보면 영적인 순례의 여행을 마친 크리스천이 끝에 요단강을 건너갑니다. 그것이 그가 천국으로 들어가는 것을 의미하는 것입니다. 그리고 다른 하나는 우리 찬송가 중에 '며칠 후 며칠 후 요단강 건너가 만나리' 라는 찬송가 때문입니다. 그것도 요단강을 건너간다는 것이 성도의 죽음을 의미하기 때문입니다. 물론 우리 성도들이 죽는 것은 어떤 의미로 요단강을 건너가는 것이며, 영화의 단계에 이르는 것입니다. 이 과정이 우리 구원의 최종적인 단계입니다.

그러나 우리는 죽기 전에 이 세상에 살면서 그리스도의 이름으로 세상의 모든 죄악들과 싸우는 거룩한 전쟁을 치러야 합니다. 그것이 바로 이 땅에 이루어지는 하나님의 나라인 것입니다. 우리는 이런 영적인 싸움을 통하여 죄악의 세력을 몰아내고 그리스도의 주권을 되찾는 것입니다.

그것을 위해서 하나님께서는 이스라엘 백성들에게 가나안 땅을 기업으로 나누어주셨습니다. 즉 줄로 땅을 나누어서 그 안에 있는 모든 우상과 음란을 몰아내고 그곳에 거룩한 하나님의 나라를 회복하라는 명령이었습니다.

그런데 여기서 이스라엘 백성들은 많이 실패를 했습니다. 그래서 그들은 몰아내어야 할 죄에 오히려 오염이 되어서 우상을 섬기고 산당에서 이방신을 섬김으로 하나님의 진노를 격발시켰던 것입니다.

여기에 보면 '속이는 화살같이 빗나갔다' 고 말씀하고 있습니다. 화살은 쏘는 사람의 의도대로 정확하게 날아가서 꽂혀야 하는데 엉엉뚱한 데로 날아갔다는 뜻입니다.

'그들은 지존하신 하나님을 시험하며 반항하여 그 증거를 지키지 아니했다' 고 말씀하고 있습니다. 어떻게 해서 이런 결과가 일어나게 되었을까요?

그것은 결국 이스라엘 백성들 한 사람 한 사람의 문제였습니다. 진정으로 애굽을 떠났고 하나님의 말씀으로 변화된 자들은 이런 식으로 하나님을 배반하지 않았습니다. 그런데 결국 이스라엘 역사가 흐르는 가운데 말씀으로 변화되지 않은 많은 이스라엘 백성들이 자라게 된 것입니다. 결국 이스라엘 백성들은 한 사람 한 사람이 출애굽의 경험을 하고 시내산의 경험을 하고 성전의 경험을 해야 하는데 그런 체험없이 도매금으로 하나님의 백성이 되니까 영적인 성숙이 이루어지지 않은 것입니다. 아니 거듭나지도 않는 자들이 어떻게 성숙할 수 있습니까? 그리고 자라지 않으니까 영적인 전쟁이 불가능한 것입니다. 그래서 이스라엘 백성들은 싸우기보다는 오히려 자기들이 더 이방신을 받아들이고 우상을 섬김으로 하나님을 대적하였습니다.

바로 이것이 시내산 언약의 큰 약점이었습니다.

하나님께서는 모세에게 율법을 주실 때 이 말씀이 영원히 지워지지 않는 말씀이라고 돌에 새겨서 주셨는데 모세가 산밑에 내려와 보니까 이스라엘 백성들은 금송아지를 만들어놓고 열심히 뛰고 있었습니다. 그래서 모세가 그 돌비를 던지니까 깨어져버렸습니다. 율법의 말씀은 지키는 자들에게는 돌에 새겨진 법으로서 영원하지만 우상을 섬기는 자들에게는 돌비 자체가 깨어지기 때문에 아무런 도움이 되지 못하는 것입니다.

그래서 이스라엘 백성들은 가나안 땅에서 여러 번 위기를 경험하게 되었습니다. 그것은 이스라엘의 성막이 불타고 하나님의 영광이 이스라엘을 떠나는 여러 번의 체험이었습니다.

> "하나님이 들으시고 분 내어 이스라엘을 크게 미워하사 실로의 성막 곧 인간에게 세우신 장막을 떠나시고 그 능력된 포로에 붙이시며 자기 영광을 대적의 손에 붙이시고" (78:59-61).

원래 하나님께서 이스라엘 백성들을 택하시고 부르신 것은 하나님께서 그들과 함께 영원히 거하시기 위해서입니다. 사실 하나님과 이스라엘의 동거는 무리한 일이었습니다. 왜냐하면 하나님은 조금도 죄를 용납하시지 못하시는데 인간들은 시도때도 없이 죄를 가슴에서 뿜어내기 때문입니다. 하나님께서 우리 인간들과 동거하시는 것은 마치 우리가 같은 방안에서 소나 돼지와 함께 사는 것과 같습니다. 그러나 이스라엘 백성들이 정직한 동안에는 하나님께서 그들과 함께 하셨습니다. 그러나 그들이 우상을 섬기고 죄를 감출 때에는 도저히 하나님의 영광이 이스라엘과 함께 할 수가 없었습니다. 그래서 실로에 있는 성막이 불탔던 적이 있습니다. 실로의 성막이 불탄 때가 언제인지 성경 기록에는 없습니다. 그러나 아마도 엘리 제사장 때 이스라엘이 블레셋에 법궤가 빼앗겼을 때 성막도 불에 탔을 것이라고 생각합니다.

이것은 하나님의 능력이 부족하시기 때문에 아닙니다. 오히려 이스라엘 백성들이 믿음이 없었기 때문입니다. 이것은 이스라엘 백성 한 사람 한 사람이 말씀으로 출애굽하는 체험이 없었기 때문입니다. 그래서 그들이 아끼던 젊은이들이 오히려 더 많이 죽었습니다.

"그 백성을 또 칼에 붙이사 그의 백성에게 분을 내셨으니 저희 청년은 불에 살라지고 저희 처녀에게는 혼인 노래가 없어졌으며"(78:62-63).

이스라엘 백성들에게 청년들이 없어지게 되었습니다. 왜냐하면 그들이 너무나도 청년을 아껴서 말씀으로 가르치지 않았기 때문입니다. 어른들이 생각하기에 이들에게 율법을 가르쳐서 죄인 취급하는 것은 너무나도 심한 일이라고 생각했습니다. 그래서 그들이 다 하나님의 백성인 것으로 취급을 했습니다. 그 결과 오히려 더 많은 젊은 이들이 전쟁에 나가서 죽었습니다. 그리고 처녀들은 노예로 팔려가게 된 것입니다. 왜냐하면 그들이 믿음이 없었기 때문에 영적인 싸움을 할 수가 없었습니다. 그래서 결국 그들을 너무 사랑한 것이 그들이 망하게 하는 것이었습니다.

요즘도 부모들은 자녀들이 너무나도 복음적인 설교를 들어서 죄의식 때문에 고민할까봐 못듣게 하고 오히려 세상 공부를 더 열심히 하라고 합니다. 그 결과가 무엇입니까? 그것이 바로 자식들을 죽이는 것입니다. 하나님의 백성들은 반드시 바른 복음을 들어야 힘을 낼 수 있으며 이 세상의 사탄의 세력을 이길 수가 있습니다.

그러나 오늘 본문에는 하나님께서 이스라엘을 영원히 버리지 아니하시고 두 가지 은혜를 주신 것을 말씀하고 있습니다. 하나는 그들이 회개하고 부르짖을 때에는 갑작스러운 은혜로 그들을 구원하셨던 것입니다.

"때에 주께서 자다가 깬 자 같이, 포도주로 인하여 외치는 용사 같이 일어나사 그 대적을 물리쳐서 길이 욕되게 하시고"(78:65-66).

자다가 깨면 어떻게 됩니까? 조용하게 누워 있다가 갑자기 일어서는 것입니다. 그리고 보통 때에는 얌전하던 사람도 술을 마시면 소리를 지르게 됩니다. 하나님께서는 이스라엘 백성들을 가만히 내버려 두셨다가 그들이 정신을 차리고 믿음으로 하나님께 부르짖으면 갑작스런 은혜를 베푸셔서 어려움에서 건져주셨습니다.

그리고 또 하나는 하나님께서 다윗을 이스라엘의 목자로 주신 것입니다.

"또 그 종 다윗을 택하시되 양의 우리에서 취하시며 젖양을 지키시는 중에서 저희를 이끄사 그 백성인 야곱, 그 기업인 이스라엘을 기르게 하셨더니"(78:70-71).

이스라엘 백성들은 아무리 좋은 율법이 있어도 자기들의 힘으로는 율법을 지킬 수가 없었습니다. 그래서 하나님께서는 성경적인 지도자를 주셔서 무조건 그 지도자가 성경적으로 지시하는 것을 순종하기만 하면 하나님께서 복주시기로 하셨습니다. 바로 이것이 하나님께서 기름을 부으신 자의 복입니다. 하나님의 지도자가 성경대로 지도하지 않으면 따를 필요가 없습니다. 그런데 그가 성경적으로 지도할 때 그 지도를 그대로 따르기만 하면 이스라엘 백성들은 자동적으로 하나님의 복과 은혜를 받게 되는 것입니다. 이것이 바로 다윗의 언약이고, 유다의 중요한 복이었습니다.

오늘 우리들은 모든 것을 잘하려고 하지 않고 하나님의 말씀만 따라가기만 하면 모든 복이 다 이루어지게 되어 있습니다.

79.

79:1-13

하나님의 이름을 회복시키소서

하나님이여 열방이 주의 기업에 들어와서
주의 성전을 더럽히고 예루살렘으로 돌 무더기가 되게 하였나이다
저희가 주의 종들의 시체를 공중의 새에게 밥으로 주며
주의 성도들의 육체를 땅 짐승에게 주며
그들의 피를 예루살렘 사면에 물 같이 흘렸으며
그들을 매장하는 자가 없었나이다
우리는 우리 이웃에게 비방거리가 되며
우리를 에운 자에게 조소와 조롱거리가 되었나이다
여호와여 어느 때까지니이까
영원히 노하시리이까 주의 진노가 불붙듯 하시리이까
주를 알지 아니하는 열방과 주의 이름을 부르지 아니하는
열국에 주의 노를 쏟으소서
저희가 야곱을 삼키고 그 거처를 황폐케 함이니이다
우리 열조의 죄악을 기억하여 우리에게 돌리지 마옵소서
우리가 심히 천하게 되었사오니
주의 긍휼하심으로 속히 우리를 영접하소서
우리 구원의 하나님이여 주의 이름의 영광을 위하여 우리를 도우시며
주의 이름을 위하여 우리를 건지시며 우리 죄를 사하소서
어찌하여 열방으로 저희 하나님이 어디 있느냐 말하게 하리이까
주의 종들의 피 흘림 당한 보수를 우리 목전에 열방 중에 알리소서
갇힌 자의 탄식으로 주의 앞에 이르게 하시며
죽이기로 정한 자를 주의 크신 능력을 따라 보존하소서
주여 우리 이웃이 주를 훼방한 그 훼방을 저희 품에 칠배나 갚으소서
그러하면 주의 백성 곧 주의 기르시는 양 된 우리는
영원히 주께 감사하며 주의 영예를 대대로 전하리이다

O God, the nations have invaded your inheritance;
they have defiled your holy temple, they have reduced Jerusalem to rubble.
They have given the dead bodies of your servants as food to the birds of the air,
the flesh of your saints to the beasts of the earth.
They have poured out blood like water all around Jerusalem,
and there is no one to bury the dead.
We are objects of reproach to our neighbors,
of scorn and derision to those around us.
How long, O LORD? Will you be angry forever?
How long will your jealousy burn like fire?
Pour out your wrath on the nations that do not acknowledge you,
on the kingdoms that do not call on your name;
for they have devoured Jacob and destroyed his homeland.
Do not hold against us the sins of the fathers;
may your mercy come quickly to meet us, for we are in desperate need.
Help us, O God our Savior, for the glory of your name;
deliver us and forgive our sins for your name's sake.
Why should the nations say, "Where is their God?"
Before our eyes, make known among the nations
that you avenge the outpoured blood of your servants.
May the groans of the prisoners come before you;
by the strength of your arm preserve those condemned to die.
Pay back into the laps of our neighbors seven times the reproach
they have hurled at you, O Lord.
Then we your people, the sheep of your pasture, will praise you forever;
from generation to generation we will recount your praise.

왕은 힘으로 나라를 다스리기보다는 권위로 나라를 다스립니다. 그런데 왕의 최측근들이 왕을 바보로 알고 왕을 허수아비로 만든 후 나라의 모든 권력을 쥐고 흔들 때 왕은 어쩔 수 없이 외부에 있는 군사들을 끌어 들여서 자기 측근들을 몰아낼 수밖에 없습니다. 이것이 바로 왕이 일으키는 친위 구데타인 것입니다. 그러면 밖에 있는 군인들이 왕궁으로 쳐들어와서 왕궁을 차지하고 있는 신하들을 죽이고 어떤 경우에는 왕궁이 불에 타기도 합니다. 그리고 왕을 구출하여 새로운 정부를 시작하는 것입니다. 중국 역사를 보면 그런 일들이 가끔씩 있었던 것을 보게 됩니다.

이스라엘 자손들은 하나님의 최측근이었습니다. 유다의 왕이나 제사장이나 예루살렘의 장관들은 하나님을 가장 가까이에서 수종드는 신하들이었습니다.

그런 그들이 하나님을 허수아비로 알고 유다 나라를 자기 마음대로 주물럭거렸습니다. 이때 하나님께서 결국 내리신 명령이 무엇인가 하면 외부에 있는 바벨론 군대를 끌어와서 유다 지도자들과 유다 백성들을 예루살렘에서 끌어내어 죽이고 포로로 끌고 가는 것입니다. 이것은 일종의 하나님이 일으키신 친위 구데타인 셈입니다.

그러나 결과적으로 보면 바벨론 나라는 하나님을 믿지 않는 나라 사람들이고 결국 하나님을 믿는 백성들만 망했기 때문에 다른 사람들이 보기에는 하나님이 망하신 것처럼 되는 것입니다. 믿음의 눈으로 보면 하나님의 뜻에 불순종하는 하나님의 최측근 사람들을 끌어내셔서 심판하신 것이지만 사람들의 눈에는 그렇게 보이지 않고 또 그렇게 생각하는 사람은 아무도 없었습니다. 오히려 모든 사람들은 하나님이 너무 약하셔서 바벨론 군대로부터 유다 백성들을 지켜주시지 못했다고 생각을 하는 것입니다. 그러니까 결국 하나님의 손상된 이름이 회복되려면 유다 백성들이 재건되는 수밖에 없습니다.

오늘 본문의 시는 예루살렘이 멸망한 뒤에 포로된 유다 백성들이 지은 시로 생각이 됩니다. 유다 백성들은 나라가 망하고 많은 유대인들이 죽은 후에 바벨론 포로된 곳에서 생각을 해보니까 자기들이 망하는 것은 당연한 것이었습니다. 하나님의 백성이라고 하지만 하나님의 말씀대로 산 것이 아무 것도 없었습니다. 오히려 그들은 하나님의 이름을 도용하여 자신들의 욕망만 채우는 생활을 했습니다. 그러나 문제는 하나님의 이름이 너무나도 심하게 손상이 된 것입니다. 예루살렘이 망했으면 새로운 곳에 예루살렘이 세워지든지 아니면 파괴된 예루살렘이지만 새롭게 회복이 되어져야 하나님의 왕권이 회복되게 됩니다. 그런데 유다 백성들에게는 놀라운 약속이 하나 있습니다. 그것은 하나님께서 다윗의 언약을 영원히 지키겠다는 것입니다. 다시 말해서 유다 백성들이 아무리 타락해도 회개하고 진심으로 돌아오기만 하면 하나님께서 그들을 다시 받아 주시기로 한 것입니다. 유다 백성들은 그 약속을 기억하고 자기들을 위해서가 아니라 하나님의 이름을 위해서 자기들을 회복시켜 달라고 기도를 드립니다.

비참하게 파괴된 예루살렘

사람들이 화재가 나기 전에는 모르지만 일단 화재가 발생하면 그 피해는 너무나도 끔찍합니다. 집과 집안에 있는 좋은 모든 물건들은 모두 한꺼번에 다 재로 변해서 형체를 알아볼 수도 없게 되고 미처 불을 피하지 못한 사람들은 연기에 질식해 죽든지 불에 타 죽습니다. 그때 비로소 후회하는 것이 '미리 불조심을 할 껄' 하는 것입니다.

마찬가지입니다. 이스라엘 백성들이 하나님의 말씀에 불순종하고 죄를 짓는 것은 일종의 불장난이었습니다. 그들은 예루살렘 성전 안에 우상을 갖다놓았습니다. 그리고 하나님이 기뻐하시지 않는 여러 가지 못된 짓들을 많이 했습니다. 이때 정상적인 하나님의 백성들은 마음속에서 경고의 사이렌이 울리게 되어 있습니다.

'지금 나는 매우 위험한 짓을 하고 있다. 여기서 당장 이 일들을 중단하지 않으면 얼마 있지 않아서 대형 사고가 터지게 될 것이다' 라는 경고의 소리가 들리는 것이 정상입니다. 그런데 유다 백성들은 그런 양심의 소리를 무시하고 계속 죄에 머물러 있다가 결국 바벨론 침공이라는 대형사고를 당하게 된 것입니다.

"하나님이여 열방이 주의 기업에 들어와서 주의 성전을 더럽히고 예루살렘으로 돌무더기가 되게 하였나이다. 저희가 주의 종들의 시체를 공중의 새들에게 밥으로 주며 주의 성도들의 육체를 땅 짐승에게 주며 그들의 피를 예루살렘 사면이 물같이 흘렸으며 그들을 매장하는 자가 없었나이다"(79:1-3).

가장 무서웠던 것이 이스라엘 백성들도 들어갈 수 없는 성전 안에 이방인들이 신을 신고 들어가서 성전 안의 모든 것을 파괴하고 짓밟고 불을 지른 것입니다. 물론 바벨론의 군대를 끌어들인 것은 이스라엘 백성들의 죄였습니다. 그런데 그들은 그 결과가 이렇게 끔찍하게 나타날 줄은 몰랐습니다.

이스라엘 백성들은 선지자들이 예루살렘이 망한다고 했을 때 '설마' 라고 생각했습니다. 왜냐하면 온 천지를 주장하시는 하나님께서 그까짓 바벨론 군대를 막지 못하시겠습니까? 그러나 문제는 그것이 아니었습니다. 이스라엘 백성들의 불장난의 결과는 이 세상에서 가장 귀한 하나님의 이름이 완전히 이방인들의 발에 밟히며 너무나도 많은 종들이 예루살렘에서 죽임을 당했습니다. 특히 아무도 장사해 주는 사람이 없어서 그 시체가 버려졌습니다. 특히 유대인들은 영생을 믿기 때문에 장사되지 못하는 죽음은 저주당하는 죽음으로 생각을 했습니다.

그리고 너무나도 많은 백성들도 죽임을 당했는데 마찬가지로 아무도 그들의 시체를 장사지내주지 않아서 들개들이 그 시체를 뜯어먹고 있었습니다.

유다 백성들의 생존자는 예루살렘의 처참한 최후를 본 것입니다. 하나님의 성전은 새카맣게 불타서 다 무너져 없어져버리고 유명한 사람들이 여기 저기 다 죽어 있는데 독수리들이 그 시체를 뜯어먹고 있고 백성들의 시체도 들판에 널려 있는데 들개들이 그 시체를 뜯어먹고 있었습니다. 한번 사고가 난 뒤의 예루살렘에는 사람이나 집이나 물건이나 아무 것도 남은 것이 없었습니다. 마치 아주 유명한 백화점에 큰불이 한 번 나고 나면 잿더미 외에는 아무 남는 것이 없는 것과 같습니다.

그래서 하나님의 백성들은 다른 것은 몰라도 죄에는 아주 민감해야 합니다. 하나님께서 기뻐하시지 않는 죄에 빠지고 있을 때 양심의 경고음이 들릴 때 무슨 수를 써서라도 그 죄에서 빠져 나와야 합니다. 그러면 자기도 살 수 있고 다른 사람도 살릴 수가 있습니다. 그러나 하나님의 백성들이 미련을 계속 부리면서 죄가 주는 달콤한 맛을 뿌리치지 못하면 한 번의 폭발로 모든 것이 다 날아가는 것입니다.

그런데 예루살렘의 멸망이 남긴 것이 무엇입니까? 이방 나라들에게 무지무지한 수치가 되고 욕이 된 것입니다.

"우리는 우리 이웃에게 비방거리가 되며 우리를 에운 자들에게 조소와 조롱거리가 되었나이다"(79:4).

그동안 예루살렘 사람들은 하나님의 특별한 사랑을 많이 받았습니다. 그래서 예루살렘에 산다는 것만으로도 그들은 다른 사람들에게 자랑거리가 되었습니다. 그런데 이렇게 비참하게 멸망하고 나니 주위에 있는 나라들이 얼마나 이스라엘 백성들의 욕을 많이 하겠습니까? 그리고 그들을 시기하고 질투하던 자들이 얼마나 고소해하겠습니까?

예루살렘의 멸망이 남긴 것은 하나님의 성전이 철저하게 파괴된 것이며 많은 예루살렘 사람들의 저주의 죽음을 죽은 것이고 이스라엘 백성들이 주위 사람들에게 무지무지한 욕이 되고 비방거리가 되었다는 사실입니다.

이것은 하나님께서 아예 결심을 하신 것입니다. 하나님의 백성들이 끝까지 죄에서 떠나지 않고 숨어서 죄를 지을 때 하나님께서는 '물귀신 작전'으로 나오신 것입니다. '그래 나도 철저하게 망하고 너희들도 한 번 철저하게 망해보라'는 식입니다. 그러니까 하나님의 종들이 하나님을 두려워하지 않고 하나님을 속이려 하거나 자기 욕심을 채우려 할 때 얼마나 무서운 결과가 나타나는지 알아야 합니다.

하나님의 이름을 회복하소서

이스라엘 백성들이 불장난 같은 죄를 지음으로 하나님의 이름에 큰 상처를 드리고 자기들도 망했습니다. 그래서 이제는 모든 것이 다 재로 변했고 아무 것도 남아 있지 않게 되었습니다. 그때 믿음을 가진 성도들이 생각하기 시작했습니다. '아무리 우리가 죄를 지어서 하나님도 망하고 우리도 망했다고 하지만 하나님은 결코 망하실 수 없는 분이 아니신가? 망해야 하는 것은 이스라엘 백성들이지 하나님은 망하실 필요가 없다'는 생각이었습니다.

여기서 이스라엘 백성들은 몇 가지 사실을 생각하게 되었습니다.

우선 첫째, 아무리 이스라엘 백성들이 죄를 지었다 하더라도 하나님의 이름은 회복이 되어야 한다는 것입니다. 왜냐하면 하나님은 그런 식으로 망할 이유가 전혀 없기 때문입니다. 하나님은 이스라엘보다 크시고 바벨론보다 크신 분이십니다. 그래서 바벨론 군인들이 성전에 불을 질렀다고 해서 하나님이 불에 타실 분도 아니십니다. 오직 하나님께서 유다 백성들의 죄가 보기 싫어서 바벨론 군대를 불러들이신 것입니다. 그러면 하나님의 이름이 회복이 되어야 하는데 아직 회복의 기미가 보이지 않는 것입니다.

그 다음 두 번째로 하나님께서 바벨론 군대를 부르셔서 이스라엘 백성들을 몰아내게 하셨지만 성전을 불사르라고 하시지는 않으셨습니다. 그들이 할 일은 예루살렘에서 이스라엘 자손들을 몰아내기만 하면 되는 것입니다. 하나님께서는 그렇게 많은 유다 백성들을 죽이라고 말씀하시지도 않으셨고 또 하나님의 성전을 그런 식으로 더럽히고 불지르라고 명령하시지도 않으셨습니다. 그런데 바벨론 군대는 확실히 성전에서 시키지도 않은 많은 일을 지나치게 너무 많이 했습니다.

하나님께서 바벨론 군대를 부르셨으면 그들은 유다 백성들을 예루살렘에서 쫓아내고 오히려 성전을 거룩하게 하나님께 바쳤어야 합니다. 그러나 그들은 하나님을 모욕하는 일을 했습니다. 아무리 유다 백성들이 잘못하는 바람에 하나님께서 바벨론 군대를 끌어들였다고는 하지만 바벨론 군대의 죄악은 반드시 심판되어야 할 것들입니다.

그리고 세 번째로 하나님께서 유다 백성들에게 약속하신 것이 하나 있습니다. 그것은 다윗의 등불을 꺼뜨리지 않겠다는 것입니다. 물론 유다 백성들이 하나님의 율법을 어겼기 때문에 모든 언약은 깨어졌습니다. 그러나 아무리 언약이 깨어졌다고 하지만 어느 한쪽에서 아직 안 깨어졌다고 하면서 주장하고 나오면 상대방은 지키지 않을 수가 없습니다.

예를 들어서 부모님이 아이들에게 무엇을 사 주겠다고 약속을 했다고 합시다. 그런데 사정이 변하는 바람에 그 약속을 지킬 수 없게 되었습니다. 그래서 부모는 사정이 변했기 때문에 '아이들이 이해해 주겠지' 라고 생각하고 넘어가려는데 아이들은 도저히 이해하지 못하겠다고 하면서 끝까지 약속을 지키라고 하면 어쩔 수 없이 지켜야 하는 것입니다. 이것이 약속의 성질입니다. 한쪽에서 끝까지 약속의 이행을 요구하면 어쩔 수 없이 이행해야 하는 것입니다. 그러니까 포로중에 있는 유다 백성들이 하나님이 다윗에게 주신 언약을 생각하고 다윗의 왕위를 회복시켜달라고 요구하면 들어주셔야 하는 것입니다. 유다 백성들은 이런 몇 가지 생각을 하고서는 예루살렘의 회복을 요구하고 나선 것입니다.

"여호와여 어느 때까지니이까? 영원히 노하시리이까? 주의 분노가 불붙듯 하시리이까?"(79:5).

하나님께서 예루살렘에 바벨론 군대를 끌어들이신 이유가 어디에 있습니까? 하나님께 불순종하는 유다 지도자들과 백성들을 몰아내시기 위해서입니다. 물론 그 과정에서 물리적인 충돌이 있어서 다소의 건물이 불탈 수도 있으며 성전의 일부가 파괴될 수도 있고 백성들의 죽임을 당할 수도 있습니다.

그런데 중요한 것은 그 목적이 이스라엘을 멸망시키는데 있는 것이 아니고 다시 바로 잡는데 있는 것입니다. 그런데 포로된 이스라엘 자손들이 보니까 하나님께서 이스라엘을 바로 잡을 생각을 조금도 하시지 않고 예루살렘이 망한 것으로도 부족해서 계속 진노가 불붙는 것같다는 것입니다. 이것은 하나님의 뜻에 맞지 않다는 것입니다.

사실 이스라엘 백성들 중에서 생각이 여기까지 미치는 사람은 아무도 없습니다. 감히 누가 망한 주제에 하나님이 하시는 일에 대하여 이렇쿵 저렇쿵 하면서 따지겠습니까? 이것은 하나님께서 성령의 감동으로 이스라엘 백성들의 마음속에 이런 마음을 불어 넣어주시는 것입니다. 다시 말해서 유다 백성들이 예루살렘에서 쫓겨남으로 하나님의 진노는 끝났고 이제는 새로운 이스라엘을 세워야 한다는 것입니다. 그래야 하나님께서 바벨론을 불러들이신 목적이 이루어진다는 것입니다.

"주를 알지 못하는 열방과 주의 이름을 부르지 아니하는 열국에 주의 노를 쏟으소서. 저희가 야곱을 삼키고 그 거처를 황폐케 함이니이다" (79:6-7).

그 다음에는 이번에 예루살렘의 멸망에 가담한 여러 민족들이 분명히 지나쳤던 것은 사실입니다. 물론 그들이 하나님을 모른다고 하지만, 그들이 하나님을 알았든 몰랐든 간에 하나님은 온 세상의 주인이십니다. 그런데 그들이 감히 하나님의 이름이 있는 성전에 무엇 때문에 신발을 신고 들어갑니까? 그리고 무엇 때문에 성전을 부수고 불을 지릅니까? 이것은 그들이 위임받은 일이 아닙니다. 그들이 할 일은 범죄한 유다 백성들을 골라내어서 바벨론으로 잡아가면 되는 것입니다. 하나님의 율법을 어긴 자들을 노예로 팔아먹든지 아니면 죽이든지 그것은 그들이 할 수 있는 일입니다. 그러나 그들은 결코 죄인으로서 할 수 없는 일을 했는데 그것은 함부로 하나님의 성전의 불을 지른 것입니다. 이들의 죄는 그냥 넘어가면 안된다는 것입니다.

"우리 열조의 죄악을 기억하여 우리에게 돌리지 마옵소서. 우리가 심히 천하게 되었사오니 주의 긍휼하심으로 속히 우리를 영접하소서" (79:8).

바로 이 부분이 이 시의 가장 중요한 부분입니다.

우선 그들은 조상의 죄를 자기들에게 돌리지 말라고 기도를 합니다. 사실 조상들의 죄는 자손에게로 넘어가게 되었습니다. 조상들이 우상 숭배를 했는데 자손들도 우상 숭배를 하면 자기들의 죄만 벌받는 것이 아니라 곱하기 두 배입니다. 예를 들어서 아버지가 알콜 중독자인데 아들도 알콜 중독자라면 그는 그냥 알콜 중독자로 끝나는 것이 아닙니다. 그는 아버지의 죄까지 뒤집어쓰게 되어 있습니다. 그래서 자식은 부모가 잘못된 길에 빠진 것을 보면 그것을 교훈을 삼아서 어떻게 하든지 그 길에서 빠져 나와야 합니다. 그렇게 해야 그는 부모의 죄를 뒤집어쓰지 않습니다. 그렇게 하기 위해서는 그 사람이 부모의 죄를 인정을 해야 합니다. 그리고 부모의 잘못된 영향력을 철저하게 단절해야 합니다. 예를 들어서 부모가 무당이었다면 자기는 모든 부적을 다 태우고 철저하게 하나님의 자녀라는 것을 선포해야 합니다.

아버지가 술 중독자였다면 나는 술이라고는 한 방울도 입에 대지 말아야 합니다. 그리고 철저한 성령의 사람이 되어야 합니다.

만약 아버지가 어머니를 구타하는 사람이었다면 자신은 절대로 그런 짓을 해서는 안 됩니다. 아내를 어떻게 해서든지 더 사랑하고 아껴줄 때 부모의 광기와 저주가 나에게까지 오지 않는 것입니다.

그런데 사실 바벨론이 멸망할 때 그들은 조상들의 죄까지 덮어쓴 것이었습니다. 왜냐하면 조상들이 지은 죄를 회개하지 않고 그대로 따랐기 때문입니다. 그런데 지금에 와서 '조상들의 죄를 우리에게 돌리지 마소서' 라는 것은 포로 생활을 하면서 조상들의 죄를 다 버렸다는 것입니다. 그러면 망하고 난 후에도 회개하면 그 회개가 고려의 대상이 되느냐 하는 것입니다. 물론입니다. 하나님께서는 망한 후에도 술을 끊고 모든 우상을 다 버릴 때 충분히 점수에 가산을 하십니다. 전에는 군복무할 때 대학교에서 군사 훈련받은 것을 제출하면 복무기간을 감하여 주는 것이 있었습니다.

그러니까 원래대로 하면 유다 백성들의 포로 기간은 자기들이 지은 죄에 조상들의 죄까지 가산한 기간이었습니다. 그런데 그들이 포로된 곳에서 우상도 버리고 다른 죄들도 버렸기 때문에 포로 기간을 단축시켜 달라는 것입니다. 이것은 충분히 주장할 수 있는 것입니다.

우리는 우리가 잘못해서 망한 것만 생각하고 그 동안 우리가 얼마나 오랫동안 하나님의 마음을 아프게 했는지 생각하지 못할 때가 많습니다.

하나님의 징계에는 불순종했던 기간이 다 들어 있고 부모가 죄를 많이 지었다면 그 죄도 포함이 되어 있습니다. 왜냐하면 부모의 그 못된 기질과 행실이 그에게도 그대로 남아 있기 때문입니다. 그러나 과거의 교만하고 악했던 죄들을 빨리 버리면 버릴수록 징계의 시간은 짧아지게 됩니다.

그런데 가장 중요한 것이 왜 하나님께서는 유다 백성들을 예루살렘에서 몰아내신 후에도 새로운 예루살렘을 세우시지 않느냐 하는 것입니다. 그것은 하나님께서 지금 포로된 이 사람들을 변화시켜서 이 사람들을 통하여 새 예루살렘을 세우고 싶어하시기 때문입니다.

그러니까 예루살렘은 반드시 재건이 되어야 하고 예루살렘에서 무리하게 행동을 했던 바벨론 군대와 다른 이방 군대는 심판을 받아야 합니다. 그런데 이 모든 것이 지연되고 있는 것은 하나님께서 포로된 자들을 사랑하시며 그들을 회복시키기를 원하시기 때문인 것입니다. 그러니까 이들이 변화될 때까지 하나님께서는 아무 것도 하시지 않고 가만히 계시는 것입니다.

중요한 것은 하나님의 언약의 성격입니다. 이스라엘 자손들이 비록 죄를 지어서 하나님의 언약에서 쫓겨났다 하더라도 그들이 언약을 기억하고 하나님께 그 언약을 지켜달라고 요구를 하면 하나님도 어쩔 수 없이 들으셔야 하는 것입니다. 그래서 우리는 어떤 형편에 있든지 상관이 없습니다. 하나님의 말씀을 기억하고 부르짖기만 하면 하나님께서는 우리를 건지시게 되어 있는 것입니다. 특히 유다 지파에는 다윗의 언약이 있습니다. 하나님께서 다윗의 등불을 꺼뜨리지 않겠다고 약속을 하셨기 때문에 기도하기만 하면 다윗을 보내어 주시게 되어 있습니다. 그래서 성경은 하나님의 약속으로 가득 차 있습니다. 하나님의 놀라운 보물 창고인 것입니다. 이것을 우리가 붙들고 기도하기만 하면 하나님께서는 반드시 들어주시게 되어 있습니다.

하나님의 구원을 소망함

이 성도는 자기 자신을 위해서가 아니라 하나님의 이름을 위하여 구원해 달라고 기도를 드립니다.

> "우리 구원의 하나님이여 주의 이름의 영광을 위하여 우리를 도우시며 주의 이름을 위하여 우리를 건지시며 우리 죄를 사하소서" (79:9).

그는 이스라엘 백성들에게는 구원을 받을 자격이나 공로가 전혀 없다는 것을 인정합니다. 그런데 아무리 생각을 해 보아도 하나님의 이름이 이렇게 이방인에게 짓밟힌 채로 버려질 수는 없다는 것입니다. 그러면 어떻게 해야 합니까? 누군가가 하나님의 뜻대로 다시 일어서서 모든 잘못된 것을 바로 잡아야 하는데 지금 자기들을 그렇게 사용해 달라는 것입니다. 왜냐하면 그동안 예루살렘의 멸망과 바벨론 포로 생활을 통해서 자신들의 죄를 깨닫고 회개했기 때문에 다시 한번 하나님께 붙들려서 사용되기를 원한다는 것입니다.

사실 이것이 성경을 아는 사람의 큰 은혜입니다. 성도들은 언제 어디서나 깨닫기만 하면 하나님께 부르짖을 수 있고 하나님은 그들에게 성령을 부으셔서 다시 위대한 삶을 살게 하시는 분이십니다. 하나님은 악한 자에게는 철저하게 그 죄를 따지시지만 회개하는 자에게는 한없이 자비하신 분이십니다.

그래서 하나님 앞에 철저하게 회개하면서 다시 한번 하나님의 손에 붙들려 사용되며 다시 한번 하나님의 이름을 위하여 살게 해 달라고 하면 기회를 주시는 하나님이십니다.

> "어찌하여 열방으로 저희 하나님이 어디 있느냐 말하게 하리이까 주의 종들의 피 흘림 당한 보수를 우리 목전에 열방 중에 알리소서"(79:10).

여기서 바벨론 군대가 실수한 것이 무엇입니까? 설사 유다 백성들이 하나님 앞에 범죄한 죄인이라 하더라도 그들은 바벨론 사람들보다는 의인이었다는 것입니다. 그러면 악한 자들이 자기보다 더 의로운 자들을 이렇게 많이 죽였는데 어떻게 하나님 앞에서 무죄할 수 있느냐 하는 것입니다.

결국 하나님께서는 예루살렘 사람들을 바로 잡기 위하여 바벨론 군대를 불렀는데 그들은 너무 지나치게 이스라엘 자손들을 죽였다는 것을 밝혀야 한다는 것입니다.

예루살렘이 다른 도시같으면 상관이 없는데 하나님의 도성이기 때문에 여기서 이루어진 이 과잉 심판은 그냥 넘어가면 안 된다는 것입니다. 이것을 인간적으로 보복하겠다는 것은 아닙니다. 하나님께서는 그것을 밝혀주셔서 바벨론이 정당하지 못했다는 역사의 심판을 받게 해 달라는 것입니다.

> "갇힌 자의 탄식으로 주의 앞에 이르게 하시며 죽이기로 정한 자를 주의 크신 능력에 따라 보존하소서. 주여 우리 이웃이 주를 훼방한 그 훼방을 저희 품에 칠 배나 갚으소서"(79:11-12).

지금 유다 백성들은 포로가 되어 와 있는 곳에서도 결코 평안하지가 않았습니다. 갇힌 자의 탄식이라는 말이 나오고 죽이기로 정한 자라는 말이 나오고 있습니다. 이것은 바벨론에서도 모진 박해와 어려움을 당하고 있다는 뜻입니다. 이것을 이제는 하나님께서 다 해결하시고 다시 구원의 역사를 일으켜 달라는 것입니다. 그런 담대한 기도는 오직 진리에 대한 깨달음에서만 나올 수 있는 것입니다. 지금 포로 된 자들이 이렇게 수준높은 기도를 드릴 수 있는 것은 하나님께서 주시는 감동이 아니면 불가능합니다. 이 사람은 하나님의 뜻을 꿰뚫어 보고 있으며 담대하게 하나님의 구원을 요구하고 있습니다.

이런 기도가 하나님의 보좌를 움직이는 기도입니다.

> "그러하면 주의 백성 곧 주의 기르시는 양된 우리는 영원히 주께 감사하며 주의 영예를 대대로 전하리이다"(79:13).

이들은 끝까지 자신들이 하나님으로부터 버림을 당했다고 생각하지 않습니다. 주님의 양떼이기 때문에 주님이 자기들을 구원해야 한다고 주장을 합니다. 이들은 한번도 자기들을 다른 양떼라고 말하지 않습니다. 하나님의 백성이며 하나님의 양떼라고 주장을 합니다. 그러면 주님이 그들에게 가시게 되어 있습니다. 양들이 부르는데 주님이 안가실 수가 있습니까? 자신들을 하나님의 양으로 인정하는 데서 하나님의 능력이 나타나게 됩니다.

80.

80:1-19

이스라엘의 회복

요셉을 양떼 같이 인도하시는
이스라엘의 목자여 귀를 기울이소서
그룹 사이에 좌정하신 자여 빛을 비취소서
에브라임과 베냐민과 므낫세 앞에서
주의 용력을 내사 우리를 구원하러 오소서
하나님이여 우리를 돌이키시고
주의 얼굴 빛을 비취사 우리로 구원을 얻게 하소서
만군의 하나님 여호와여 주의 백성의 기도에 대하여
어느 때까지 노하시리이까
주께서 저희를 눈물 양식으로 먹이시며
다량의 눈물을 마시게 하셨나이다
우리로 우리 이웃에게 다툼거리가 되게 하시니
우리 원수들이 서로 웃나이다
만군의 하나님이여 우리를 돌이키시고
주의 얼굴 빛을 비취사 우리로 구원을 얻게 하소서
주께서 한 포도나무를 애굽에서 가져다가
열방을 쫓아내시고 이를 심으셨나이다
주께서 그 앞서 준비하셨으므로
그 뿌리가 깊이 박혀서 땅에 편만하며
그 그늘이 산들을 가리우고 그 가지는 하나님의 백향목 같으며
그 가지가 바다까지 뻗고 넝쿨이 강까지 미쳤거늘
주께서 어찌하여 그 담을 헐으사
길에 지나는 모든 자로 따게 하셨나이까
수풀의 돼지가 상해하며 들짐승들이 먹나이다
만군의 하나님이여 구하옵나니 돌이키사
하늘에서 굽어보시고 이 포도나무를 권고하소서
주의 오른손으로 심으신 줄기요 주를 위하여 힘있게 하신 가지니이다
그것이 소화되고 작벌을 당하며 주의 면책을 인하여 망하오니
주의 우편에 있는 자 곧 주를 위하여
힘있게 하신 인자의 위에 주의 손을 얹으소서
그러하면 우리가 주에게서 물러가지 아니하오리니
우리를 소생케 하소서 우리가 주의 이름을 부르리이다
만군의 하나님 여호와여 우리를 돌이키시고
주의 얼굴 빛을 비취소서 우리가 구원을 얻으리이다

Hear us, O Shepherd of Israel, you who lead Joseph like a flock;
you who sit enthroned between the cherubim, shine forth
before Ephraim, Benjamin and Manasseh. Awaken your might;
come and save us.
Restore us, O God; make your face shine upon us, that we may be saved.
O LORD God Almighty, how long will your anger smolder
against the prayers of your people?
You have fed them with the bread of tears;
you have made them drink tears by the bowlful.
You have made us a source of contention to our neighbors,
and our enemies mock us.
Restore us, O God Almighty;
make your face shine upon us, that we may be saved.
You brought a vine out of Egypt; you drove out the nations and planted it.
You cleared the ground for it, and it took root and filled the land.
The mountains were covered with its shade,
the mighty cedars with its branches.
It sent out its boughs to the Sea, its shoots as far as the River.
Why have you broken down its walls so that all who pass by pick its grapes?
Boars from the forest ravage it and the creatures of the field feed on it.
Return to us, O God Almighty! Look down from heaven and see!
Watch over this vine,
the root your right hand has planted, the son you have raised up for yourself.
Your vine is cut down, it is burned with fire; at your rebuke your people perish.
Let your hand rest on the man at your right hand,
the son of man you have raised up for yourself.
Then we will not turn away from you;
revive us, and we will call on your name.
Restore us, O LORD God Almighty;
make your face shine upon us, that we may be saved.

우리는 함께 신앙 생활을 하던 친형제나 가까웠던 성도들 중에서 어떤 사람들이 신앙적으로 탈선해서 믿음을 버리고 비참한 생활을 할 때 마음이 참으로 아픕니다. 그리고 마음속 한 구석에 그들도 바른 신앙으로 돌아와서 함께 신앙 생활을 했으면 하는 안타까운 마음이 있을 것입니다. 그러나 실제로 신앙 생활을 하다가 타락한 사람들이 처음부터 믿지 않던 사람들보다 돌아오기가 몇 배는 힘든 것 같습니다. 그 이유는 그들의 마음속에 기독교에 좋지 않은 기억이나 하나님의 대한 원망이 가득하기 때문입니다.

유다 백성들에게는 이스라엘 사람들이 바로 그런 존재들이었습니다. 그들은 일찍부터 다윗의 후손이 이스라엘의 왕이 되는 것이 싫다고 해서 떨어져 나갔습니다. 그 떨어져 나간 주동이 에브라임 지파 사람들이었습니다. 에브라임 지파를 요셉 지파라고 하는데 그들은 얼마나 자존심이 강했는지 이스라엘 안에서 둘째가는 것을 용납하지 못했습니다. 물론 이스라엘 왕이 반드시 다윗 자손이 되어야 하는 것은 아니었습니다. 여호와 하나님만 섬기면 되기 때문에 왕은 다른 지파에서 나올 수도 있었습니다. 그런데 북쪽 이스라엘 사람들은 성전이 없는 핸디캡을 극복하기 위하여 금송아지를 만들고 여호와라고 하면서 백성들을 섬기게 했습니다. 그들이 여호와를 버린 것은 아니었습니다. 단지 금송아지를 여호와로 생각했을 뿐입니다. 결국 북쪽 이스라엘도 하나님을 믿기는 믿는데 율법 중심이 아니고 자기들의 기복적인 복을 중심으로 한 여호와를 믿었습니다. 그 결과 북쪽 이스라엘은 남쪽 유다보다 신앙적으로 빨리 바알 종교에 오염되어 갔습니다.

그런데 하나님께서는 북쪽 이스라엘에 대하여 강한 미련을 가지셨습니다.

그래서 엘리야나 엘리사같은 능력의 종을 보내어 주셔서 그들로

하여금 바알 신앙을 버리고 하나님께로 돌아오게 하려고 했습니다. 그러나 이스라엘 백성들은 하나님께로 돌아오지 않았습니다. 그래서 하나님께서는 호세아 선지자를 통해서 '너희는 내 백성이 아니다'는 유명한 선언을 하게 하셨습니다..

오늘 본문 말씀은 이스라엘이 망한 지 한참 후에 누군가가 과거에 이스라엘이 한창 부흥되었을 때를 생각하고 이스라엘을 다시 회복시켜달라고 기도한 것입니다. 이 시가 특별한 것은 시편의 거의 대부분의 시가 다윗의 시로서 남쪽 유다 중심으로 지어졌는데 비하여 이 시만 북쪽 이스라엘의 회복을 위하여 지었다는 점입니다.

시의 표제는 아삽의 시이고 소산님에듯에 맞춘 것으로 되어 있습니다. 아삽의 시라고 해서 반드시 아삽이 지은 것은 아니고 아삽의 후손들이 보관한 시라는 뜻으로 보입니다. 그리고 소산님에듯은 '증거의 백합화'라는 뜻인데 곡조인지 악기 이름인지 알 수가 없습니다. 유다 백성들은 하나님이 원하시기만 하신다면 멸망한 이스라엘 백성들도 하나님께로 돌아와서 다시 부흥할 수 있다는 믿음을 가지고 있는 것이었습니다. 그래서 그들은 여러 곳에 포로로 잡혀간 이스라엘 백성들이 언젠가는 하나님께로 돌아와야 할 사람들로 생각을 하고 있습니다.

에브라임이 하나님을 떠난 이유

하나님께서는 이스라엘 백성 전체를 양무리로 보시고 애굽에서 인도하여 내셨습니다. 그때 하나님의 인도하심을 받은 이스라엘의 양무리 속에는 요셉의 자손들도 분명히 들어 있었습니다. 그리고 이 양무리들은 가나안 땅까지는 하나님을 잘 따라왔습니다. 그러다가 가나안 땅에서 그들은 하나님의 우리를 뛰쳐나간 양이 되고 만 것입니다. 우리 식으로 표현하면 '집 나간 양' 이 되어버리고 잃은 양이 되어버린 것입니다.

"요셉을 양떼 같이 인도하시는 이스라엘의 목자여 귀를 기울이소서. 그룹 사이에 좌정하신 자여 빛을 비취소서"(80:1).

오늘 본문은 하나님을 '요셉을 양떼 같이 인도하시는 이스라엘의 목자' 라고 부르고 있습니다. 여기서 요셉은 북쪽 이스라엘을 대표하는 지파이면서 북쪽 이스라엘 열 지파를 의미합니다. 한때는 분명히 이스라엘이 하나님의 보호 아래 있었습니다. 그런데 여로보암이 충동질을 하는 바람에 모두 여호와의 우리를 탈출하여 밖으로 나가버렸습니다. 그래서 이스라엘은 목자없는 양이 되어버린 것입니다.

이스라엘이 그럴 수밖에 없었던 가장 중요한 이유가 기질 때문이었습니다. 에브라임 지파 사람들은 스스로 너무나도 똑똑하다고 생각하고 있었기 때문에 도저히 다윗의 다스림을 받을 수가 없었습니다. 왜냐하면 다윗의 통치는 지나치게 성경적이었고 인간적인 요소를 좀처럼 인정하지 않았기 때문입니다.

저희 교회는 하나님의 말씀으로 온 교회가 하나되어 있으며 양으로 목자의 인도하심을 잘 따르고 있습니다. 그러나 실제로는 우리나라에서 말씀을 그다지 좋아하지 않는 교인들이 훨씬 더 많을 것입니다. 그들은 자신들의 체험이나 기도 응답을 하나님의 말씀보다 더 중요하게 생각하고 마음속에 있는 열정을 마음껏 표현하는 신앙이 더 뜨거운 신앙이라고 생각하고 있는 것입니다.

그런데 다윗은 어떠하였습니까? 오로지 하나님의 율법의 말씀이 모든 것이었습니다. 그리고 모든 것에서 하나님의 뜻을 찾았고 따라서 상대적으로 인간의 의지나 감정은 무시될 수밖에 없었습니다. 더욱이 솔로몬도 아버지 다윗의 뒤를 따랐습니다. 그는 하나님의 성전에 모든 열정을 다 쏟았고 모든 백성들이 거의 강제 동원하다시피해서 예루살렘 성전을 지었습니다. 그런데 예루살렘 성전이 의미하는 것이 무엇입니까? 바로 이 말씀 중심의 신앙을 더 확고히 하고 더 견고히 하는 것입니다. 예루살렘에 성전이 건축됨으로써 본격적인 말씀의 지배가 이루어지는 것입니다. 그러니까 여로보암을 위시한 이스라엘 지도자들이 보니까 그렇지 않아도 다윗의 집안이 너무 말씀 중심이어서 답답했는데 성전까지 지어서 말씀의 지배를 뿌리 내리는 것을 보고 도저히 견디다 못해서 다 뛰쳐나간 것입니다. 그렇게 해서 뛰쳐나간 사람들이 쉽게 돌아올 수 있겠습니까? 절대로 돌아오지 않습니다. 왜냐하면 하나님의 말씀을 사랑하는 사람들은 말씀의 통치가 좋지만 자기 체험을 좋아하고 물질적인 복을 좋아하는 사람들은 말씀의 통치가 완전히 사람을 질식시키는 것으로 느껴지기 때문입니다. 그래서 한번 도망친 양들은 죽었으면 죽었지 다시 그 말씀의 멍에를 메려고 돌아오지 않습니다.

다윗의 집안에 반기를 들고 독립한 북쪽 이스라엘 지파들은 옛날 이스라엘 백성들이 출애굽했을 때 시내산 밑에서 했던 대로 금송아지를 만들어놓고 마음껏 자신들의 감정을 표현하고 하나님의 복을 빌었던 것입니다. 그들은 그 짓을 못해서 하나님의 우리 안에 있을 수가 없었습니다.

그런데 그 결과가 무엇입니까? 그들의 신앙은 열심이 있었지만 죄를 막을 수가 없었습니다. 그래서 이스라엘 열 지파는 가장 먼저 가나안 종교에 오염이 되어서 앗수르에 의하여 비참하게 멸망당하고 살아남은 자들은 전세계에 팔려갔습니다.

지금도 대영 박물관에 보면 앗수르가 사마리아를 공격하던 벽화가 남아 있습니다. 그리고 앗수르 왕이 얼마나 많은 이스라엘 사람들을 잔인하게 죽였는지 벽화 기록으로 남아 있습니다.

하나님의 얼굴 빛

본문은 하나님을 '그룹 사이에 좌정하신 분' 이라고 부르고 있습니다. 물론 예루살렘 성전 안에 지성소에는 법궤가 있는데 그 위에 두 그룹 천사가 마주보면서 날개를 펴고 있습니다. 그런데 여기의 '그룹 날개' 는 단순한 성전의 그룹 날개를 말하지 않습니다. 저 하늘 높이 있는 하나님의 보좌를 말합니다. 왜냐하면 하나님께서 거기서 보시면 이스라엘 백성들이 전세계 어디에 포로가 되어 가 있으며 그들이 고통 가운데 부르짖는 소리를 다 들을 수 있기 때문입니다. 그래서 하나님께 '빛을 비추어 달라' 고 말씀하고 있습니다. 하늘에서 '빛을 비추신다' 는 것은 하나님께서 그들을 기억하고 계시며 그들을 찾으시는 것을 의미합니다. 이것만해도 포로가 된 이스라엘 백성들에게는 엄청난 희망이 아닐 수 없습니다.

하나님의 우리 안에 있다가 밖으로 뛰쳐나가는 경우는 두 가지를 생각해 볼 수 있습니다.

그 하나는 진정으로 말씀으로 변화되지 못한 자의 경우입니다. 여기에 해당되는 것이 아브라함의 아들 이스마엘입니다. 이스마엘은 아브라함의 아들이었지만 전혀 말씀으로 변화되지 못했습니다. 그래서 그는 하나님을 알지도 못했습니다. 그러니까 그의 마음속에는 언제나 들나귀와 같은 세상의 욕망이 가득했습니다. 그리고 그들이 주의 백성들을 볼 때는 마음속에 말할 수 없는 증오감이 있었습니다. 그래서 이스마엘은 결국 이삭을 핍박하고 나중에는 아브라함의 집에서 쫓겨나고 말았습니다. 아마 이스마엘은 쫓겨나지 않았더라도 자기 스스로 뛰쳐나갔을 것입니다. 왜냐하면 진정으로 거듭나지 못한 자들에게는 하나님의 말씀이 너무나도 답답하기 때문입니다.

하나님의 말씀은 모두 하지 말라는 것밖에 없는 것으로 보입니다. '살인하지 말라. 간음하지 말라. 도둑질하지 말라. 거짓증거하지 말라' 등 입니다. 지금 그들의 마음속에서는 죄를 짓고자 하는 욕망이 물 끓듯이 끓어오르는데 어떻게 하나님의 말씀에 순종할 수가 있습니까?

그러나 또 다른 하나의 경우는 기질의 문제입니다. 이스라엘의 열 지파의 경우가 여기에 속합니다. 그들은 들나귀가 아니고 하나님의 양떼들입니다. 그런데 고집이 있고 기질이 센 양들이었습니다. 그래서 하나님을 믿기는 믿는데 말씀만 가지고는 안되겠다는 것입니다. 그들은 답답하게 하나님의 말씀의 지배를 받지 않고 마음껏 체험도 받고 세상적인 복도 받고 내 은사를 마음껏 발휘를 하겠다는 것입니다. 그러니까 양은 양인데 주인의 우리를 뛰쳐 나간 양들이고 주인없는 양입니다. 사실 우리 안에 있는 양은 어떻게 보면 갇혀있는 것 같고 너무나도 소극적인 인생을 살고 있습니다. 우리 안에 있는 양은 목자가 인도해 주지 않으면 아무 것도 하지 못할 정도로 목자에게 의존적입니다. 그러나 우리 밖에 있는 양은 목자없이 자기 마음대로 뛰어다니면서 스릴있는 인생을 살 수 있습니다. 높은 산에도 올라가기도 하고 깊은 골짜기도 내려가 보고 넓은 들판도 마음껏 뛰어다닐 수도 있는 것입니다. 그러다가 사자나 늑대를 만나면 죽는 것입니다.

그래서 하나님께서 주신 윤리 계명 중 첫 번째 계명이 '네 부모를 공경하라' 는 것입니다. 바로 이것이 욕심의 기질을 죽이고 말씀의 권위에 복종하는 것입니다. 그렇게 하면 내가 네가 주는 땅에서 네 날이 길 것이라고 했습니다.

결국 우리가 하나님의 복을 오래 누리는 비결은 우리 속에서 폭발하려고 하는 욕망을 얼마나 말씀에 복종시키느냐 하는데 달려 있습니다. 이것이 안되면 결국 우리 밖으로 뛰쳐나가서 자기 힘만 믿고 달리는 수밖에 없습니다.

> "에브라임과 베냐민과 므낫세 앞에서 주의 용력을 내사 우리를 구원하러 오소서. 하나님이여 우리를 돌이키시고 주의 얼굴 빛을 비추사 우리로 구원을 얻게 하소서"(80:2-3).

여기서 에브라임과 므낫세는 북쪽 이스라엘의 대표적인 지파입니다. 그리고 베냐민은 유다에 붙었지만 그래도 초대 왕 사울이 베냐민 지파이기 때문에 정서적으로는 이스라엘에 더 가까웠을 것입니다.

여기에 보면 두 가지 이야기를 합니다.

하나는 '우리를 돌이켜 달라'는 것이고, 다른 하나는 '주의 얼굴 빛을 비추어 달라'는 것입니다. '우리를 돌이켜 달라'는 것은 그들의 마음이 하나님께로 돌아오는 것도 자기 마음대로는 안된다는 것입니다. 하나님께서 돌아오게 해 주셔야 돌아온다는 뜻입니다. 그리고 하나님도 얼굴 빛을 비추어달라고 합니다. 여기서 얼굴 빛을 비추는 것은 하나님의 말씀을 듣게 하시는 것입니다.

여기서 '하나님의 얼굴 빛을 비추는 것'이 왜 그렇게 중요할까요? 하나님의 얼굴 빛을 비춘다는 것은 허락의 의미가 있습니다. 하나님께서 포로된 이스라엘 자손들을 다시 자녀로 받아 주시는 것입니다. 일단 하나님의 말씀이 비춰면 그들의 강퍅한 마음이 녹아지게 되며 성난 마음은 죽어지고 하나님을 사랑하는 마음이 생기게 됩니다. 결국 하나님의 말씀이 덜 비취게 되면 사람의 마음이 사나워질 수밖에 없습니다. 결국 하나님의 말씀이 비취는 것이 하나님의 회복의 시작입니다. 하나님의 말씀을 들으면 우리가 바른 하나님의 자녀의 위치에서 얼마나 벗어나 있는가 하는 것을 깨닫고 하나님께 부르짖게 됩니다. 그러면 하나님의 성령이 그들에게 부어지게 되는 것입니다.

현재 이스라엘 백성들의 상태

하나님의 우리 밖으로 뛰쳐나갔던 이스라엘 열 지파는 어떻게 되었습니까? 그들이 처음에는 잘 믿는 것 같았습니다. 그러나 결국 전쟁에 지게 되었고 노예로 잡혀가고 말았습니다.

> "만군의 하나님 여호와여 주의 백성의 기도에 대하여 어느 때까지 노하시리이까? 주께서 저희로 눈물 양식으로 먹이시며 다량의 눈물을 마시게 하셨나이다" (80:4-5).

하나님은 이스라엘 백성들의 기도를 듣지 아니하셨습니다. 그들이 하나님께 부르짖을 때에 하나님은 귀를 막아버리셨습니다. 그 이유가 무엇입니까?

그들이 하나님의 말씀을 듣지 않음으로 너무나도 부정하고 더러운 자들이 되어버렸기 때문입니다. 우리가 하나님의 말씀을 들어야 죄를 이길 수가 있습니다. 그렇기 때문에 말씀 중심으로 신앙 생활을 해야 하나님을 깊이 가까이 할 수 있고 기도 응답을 많이 체험하게 되는 것입니다. 그러나 은사 중심으로 신앙 생활하면 자기 최면에 사는 경우가 많습니다. 그래서 하나님의 은혜는 이미 떠났는데도 자기는 하나님의 능력을 믿는 것입니다.

삼손은 성령의 사람이었습니다. 그런데 성령의 능력이 얼마나 강한지 그를 통하여 어느 누구도 감당할 수 없는 괴력이 나타났습니다. 그런데 삼손은 말씀을 별로 가까이 하지 않았습니다. 그래서 자꾸 성령의 은사 중심으로 사역을 했습니다. 그 결과가 무엇입니까? 무서운 죄에 빠져서 하나님이, 성령이 떠났는데도 삼손은 그것을 알지 못했습니다.

우리가 하나님의 응답을 받는 기도를 하려면 다른 데로 돌아오면 안되고 하나님의 말씀으로 돌아와야 합니다. 복을 받는데 가장 중요한 원리가 하나님의 복이 임하는 데 있어야 하는 것입니다. 그곳이 어디입니까? 하나님의 말씀을 듣고 하나님의 뜻에 순종하는 곳입니다. 그래서 다른 것으로는 하나님의 능력을 끌어올 수가 없습니다. 하나님의 말씀을 붙잡는 것이 가장 안전하고 말씀을 붙들고 기도를 해야 하나님의 응답을 얻을 수가 있습니다.

지금 이스라엘 백성들은 '눈물 양식'을 먹고 있습니다. 이것은 이 세상에서 너무나도 많은 고생을 하고 있다는 뜻입니다. 얼마나 눈물을 많이 흘리는지 눈물이 코로도 들어가고 입으로도 들어갑니다. 아마도 국을 먹을 때에는 국물에 눈물이 많이 떨어져서 그야말로 눈물이 섞인 국물을 마시게 되는 것입니다. 아마 처음부터 못 살았다면 이렇게 많은 눈물이 흐르지는 않을 것입니다. 그러나 처음에는 아주 호화롭게 잘 살다가 완전히 망하게 되었을 때 얼마나 많은 눈물이 흐르겠습니까? 북쪽 이스라엘은 국력이 남쪽 유다의 다섯배였습니다. 그리고 유다보다 군사력도 훨씬 더 강했고 생활 수준이나 문화 수준도 훨씬 높았습니다. 그러다가 졸지에 나라가 망하는 바람에 전세계에 노예로 팔려갔으니까 얼마나 많은 눈물이 났겠습니까?

"우리로 우리 이웃에게 다툼거리가 되게 하시니 우리 원수들이 서로 웃나이다. 만군의 하나님이여 우리를 돌이시키고 주의 얼굴빛을 비취사 우리로 구원을 얻게 하소서" (80:6-7).

왜 이웃에게 다툼거리가 되게 하십니까? 서로 이스라엘 백성들을 더 놀리기 위하여 다투는 것입니다. 이스라엘 백성들이 이제 깨닫는 것이 무엇입니까? 사람이 완전히 자유로울 수는 없다는 것입니다. 둘 중의 하나의 멍에는 메야 합니다. 즉 하나님의 말씀의 멍에를 메든지 아니면 인간의 노예의 멍에를 메든지 둘 중의 하나입니다. 이스라엘 백성들은 하나님의 말씀의 멍에를 메기 싫어했습니다.

우리가 하나님의 말씀을 들으면 자기 욕심대로 아무 것도 할 수 없습니다. 그 대신 또 서로에 대하여 사랑의 의무를 지게 됩니다. 그렇게 하든지 아니면 노예가 되어서 다량의 눈물을 마시든지 둘 중 하나를 택해야지 아무 멍에도 메지 않는 것은 불가능한 일입니다. 그런데 이스라엘 백성들이 이제 깨닫는 것이 말씀의 멍에를 메는 것이 훨씬 더 좋다는 것입니다. 내 마음이나 내 기질대로 하지 못해서 그렇지 이것이 얼마나 존귀한 것입니까? 그러나 자기 기질대로 날뛰었을 때 결국 사람 밑에 들어가서 짓밟히는데 완전히 노예의 생활을 살게 되더라는 것입니다. 그래서 다시 하나님의 말씀 밑에 들어 갈테니까 우리에게 하나님의 얼굴 빛을 비추어 달라고 합니다.

하나님의 포도나무

이스라엘 백성들은 하나님의 포도나무였습니다. 여기서 포도나무라고 하는 것은 포도나무의 특성을 두고 하는 말입니다. 포도나무는 재목으로는 아무 데도 쓸 수가 없습니다. 즉 포도나무의 외모는 전혀 볼품이 없습니다. 그러나 포도나무의 특징은 그 열매의 독특한 맛에 있습니다. 특히 그 포도로 만든 포도주나 포도즙은 다른 어떤 과일도 따라올 수 없는 특별한 향기와 맛이 있습니다. 바로 이것은 우리 믿는 자들이 하나님의 말씀에 순종할 때 나타나는 독특한 맛을 나타냅니다.

하나님께서 이스라엘 백성들을 애굽에서 이끌어내셔서 가나안 땅에 심으신 것은 포도나무가 더 많은 열매를 맺도록 하기 위해서였습니다.

> "주께서 한 포도나무를 애굽에서 가져다가 열방을 쫓아내시고 이를 심으셨나이다. 주께서 그 앞서 준비하시므로 그 뿌리가 깊이 박혀서 땅에 편만하며 그 그늘이 산들을 가리우고 그 가지는 하나님의 백향목 같았으며 그 가지가 바다까지 뻗고 넝쿨이 강까지 미쳤거늘"(80:8-11).

하나님께서 이스라엘 백성들을 가나안 땅에 심을 때 하나님이 먼저 준비하셨기 때문에 그들은 가나안 땅에 쉽게 적응할 수가 있었습니다. 그래서 그 뿌리가 깊이 내리고 가지가 땅에 가득했습니다. 이것은 이스라엘이 물질적으로 복을 받고 참으로 번창했던 것을 나타냅니다. 얼마나 그 가지가 좋은지 레바논의 백향목과 같았고 그 가지가 바다를 넘고 강을 넘었습니다. 이것은 이스라엘의 상업적인 영향력이 지중해 바다와 유브라데스 강을 넘었다는 뜻입니다. 그러나 하나님께 중요한 것은 나무 줄기나 뿌리가 아니고 열매였습니다. 포도나무 줄기가 굵으면 얼마나 굵겠습니까? 사람들이 포도나무에서 바라는 것은 오직 열매입니다. 그런데 이스라엘이라는 포도나무는 이상하게 가나안 땅에 옮겨 심으면서 열매를 맺지 않았습니다. 열매를 맺는다 하더라도 거의 들포도 수준의 열매를 맺을 뿐이었습니다. 그 이유가 어디에 있습니까? 하나님께서 왜 자기들을 이 가나안 땅에 심으셨는지 그 이유를 생각지 않고 인간적인 욕심에 빠졌기 때문입니다.

그래서 우리는 하나님께서 복을 주실 때 잘 생각을 해야 합니다. 하나님께서 복 주시는 것이 세상적으로 잘되라는 것인지 아니면 더 믿음 생활을 잘하라는 것인지 생각을 해야 합니다. 우리는 하나님께서 복을 주시면 주실수록 더 조심해서 신앙적인 열매를 맺는 일에 더 힘을 써야 합니다.

그러나 잎사귀만 무성하고 가지는 번창했지만 열매가 없을 때 하나님은 포도원을 버리셨습니다.

"주께서 어찌하여 그 담을 헐으사 길에 지나는 모든 자로 따게 하셨나이까? 수풀의 돼지가 상해하며 들짐승이 먹나이다"(80:12-13).

만약 우리가 '하나님 어찌하여 담을 허무셔서 지나가는 자로 따먹게 하셨습니까?' 라고 묻는다면 하나님께서는 당장 '그것을 몰라서 묻느냐?' 말씀하실 것입니다. 왜냐하면 그 포도들이 상품가치가 없는 것들이기 때문입니다. 돼지나 들짐승들이 먹을 정도의 들포도이지 하나님이 찾는 열매가 아니었고 포도원으로서의 가치가 없었다는 것입니다.

우리가 어떻게 하면 극상품의 포도를 맺게 됩니까? 하나님의 깊이 있는 말씀을 듣고 그 말씀에 우리의 욕망을 쳐 복종시킬 때 최고의 포도가 맺히게 됩니다. 이 세상이 진부한 이유가 어디에 있습니까? 사람들이 모두 자기 욕심을 죽이지 않기 때문입니다. 그러나 성도들이 자기 욕심을 하나님의 말씀에 쳐 복종시킬 때 이 세상 어디에서도 찾아볼 수 없는 향기나는 믿음의 열매가 맺히게 되어 있습니다.

이제 본문은 다시 이 포도나무를 기억해 달라고 기도를 합니다.

"만군의 하나님이여 구하옵나니 돌이키사 하늘에서 굽어보시고 이 포도나무를 권고하소서. 주의 오른손으로 심으신 줄기요 주를 위하여 힘있게 하신 가지니이다. 그것이 소화되고 작벌당하여 주의 면책으로 인하여 망하오니"(80:14-16).

여기서 '포도나무를 권고하소서' 라는 것은 기억해 달라는 것입니다. 포도원은 다 파괴되었고 포도나무들은 작별되어 불에 다 타버렸습니다. 이것을 불쌍히 여겨달라는 것입니다. 하나님께서 여기에 심으셨기 때문에 하나님이 원하시기만 하면 다시 열매맺게도 하실 수 있다는 것입니다. 어떻게 하면 다시 열매를 맺게 하실 수 있습니까? 아예 이 포도들은 이스라엘을 들포도라고 생각하시고 기왕 심은 것이니까 버리지 마시고 참포도나무에 접붙이는 것입니다. 그러면 다시 열매를 맺을 수 있을 것입니다.

"주의 우편에 있는 자 곧 주를 위하여 힘있게 하신 인자의 위에 손을 얹으소서"(80:17).

여기서 이 시의 극치가 되는 부분이 나타납니다. 즉 이 시를 쓴 성도는 하나님의 보좌 우편에 있는 분을 알고 있습니다. 바로 그 분이 그리스도이신 것입니다. 즉 인간의 힘으로는 아무리 이스라엘이라 해도 열매를 맺을 수 없으니까 보좌 우편에 계신 그리스도에게 힘을 주셔서 다시 이스라엘에 은혜를 달라는 것입니다. '주를 위하여 힘있게 하신 분' 입니다. 이 분은 원래 힘이 있는데 더 힘있게 하시면 어떻게 됩니까? 그는 더욱더 능력이 있게 될 것입니다. 그는 인간의 모든 죄를 다 사하신 그리스도를 나타냅니다. 그의 머리에 손을 얹으시라는 것은 사명을 주시라는 것입니다.

"그리하면 우리가 주께서 물러가지 아니하오리니 우리를 소생케 하소서. 우리가 주의 이름을 부르리이다”(80:18).

다른 공로로는 우리 죄인들이 하나님께 나아갈 수 없지만 그리스도의 보혈의 공로로는 능히 나아갈 수 있기 때문에 이제는 결코 물러서지 않겠다는 것입니다. 우리가 열매를 맺는 방법은 가지가 나무에 붙어 있는 것입니다. 이 세상에 아무리 뛰어다녀도 열매를 맺을 수가 없습니다. 그러나 가지가 나무에 붙어 있으면 저는 과실을 많이 맺을 것이라고 했습니다. 우리는 하나님 앞에서 물러서면 안됩니다. 그리고 끝까지 그리스도를 의지함으로 우리의 욕망을 죽이고 하나님의 아름다운 향기가 우리의 삶을 통하여 나타나기를 바랍니다.

네 입을 넓게 열라

81.

우리 능력 되신 하나님께 높이 노래하며
야곱의 하나님께 즐거이 소리할지어다
시를 읊으며 소고를 치고 아름다운 수금에 비파를 아우를지어다
월삭과 월망과 우리의 절일에 나팔을 불지어다
이는 이스라엘의 율례요 야곱의 하나님의 규례로다
하나님이 애굽 땅을 치러 나가시던 때에
요셉의 족속 중에 이를 증거로 세우셨도다
거기서 내가 알지 못하던 말씀을 들었나니
이르시되 내가 그 어깨에서 짐을 벗기고
그 손에서 광주리를 놓게 하였도다
네가 고난 중에 부르짖으매 내가 너를 건졌고
뇌성의 은은한 곳에서 네게 응답하며
므리바 물 가에서 너를 시험하였도다(셀라)
내 백성이여 들으라 내가 네게 증거하리라
이스라엘이여 내게 듣기를 원하노라
너희 중에 다른 신을 두지 말며 이방신에게 절하지 말찌어다
나는 너를 애굽땅에서 인도하여 낸 여호와 네 하나님이니
네 입을 넓게 열라 내가 채우리라 하였으나
내 백성이 내 소리를 듣지 아니하며
이스라엘이 나를 원치 아니하였도다
그러므로 내가 그 마음의 강퍅한대로 버려두어
그 임의대로 행케 하였도다
내 백성이 나를 청종하며 이스라엘이 내 도 행하기를 원하노라
그리하면 내가 속히 저희 원수를 제어하며
내 손을 돌려 저희 대적을 치리니
여호와를 한하는 자는 저에게 복종하는체 할지라도
저희 시대는 영원히 계속하리라
내가 또 밀의 아름다운 것으로 저희에게 먹이며
반석에서 나오는 꿀로 너를 만족케 하리라 하셨도다

Sing for joy to God our strength; shout aloud to the God of Jacob!
Begin the music, strike the tambourine, play the melodious harp and lyre.
Sound the ram's horn at the New Moon, and when the moon is full,
on the day of our Feast;
this is a decree for Israel, an ordinance of the God of Jacob.
He established it as a statute for Joseph when he went out against Egypt,
where we heard a language we did not understand.
He says, "I removed the burden from their shoulders;
their hands were set free from the basket.
In your distress you called and I rescued you,
I answered you out of a thundercloud;
I tested you at the waters of Meribah. Selah
"Hear, O my people, and I will warn you--
if you would but listen to me, O Israel!
You shall have no foreign god among you;
you shall not bow down to an alien god.
I am the LORD your God, who brought you up out of Egypt.
Open wide your mouth and I will fill it.
"But my people would not listen to me; Israel would not submit to me.
So I gave them over to their stubborn hearts to follow their own devices.
"If my people would but listen to me, if Israel would follow my ways,
how quickly would I subdue their enemies
and turn my hand against their foes!
Those who hate the LORD would cringe before him,
and their punishment would last forever.
But you would be fed with the finest of wheat;
with honey from the rock I would satisfy you."

우리는 우리 민족의 과거에 위대했던 날을 국경일로 정해서 잊지 않으려고 합니다. 그 대표적인 국경일 중 중 하나가 3·1절입니다. 3·1절은 일본제국이 우리나라를 강점하고 합병했을 때 나라의 관료들은 썩어서 나라를 팔아먹었지만 국민들은 철저하게 비폭력으로 우리나라의 독립을 원한다는 의지를 밝힌 것입니다. 결국 그 정신이 꺾어지지 않고 살아서 우리나라가 독립을 하게 되었고 결국 오늘까지 오게 된 것입니다. 그래서 3·1절은 우리 민족의 자존심이요, 우리 민족의 의지입니다.

그런데 이스라엘 백성들에게 중요한 날은 출애굽의 날이었습니다. 이 출애굽은 애굽에서 노예로 있던 이스라엘 백성들을 하나님께서 큰 계획을 가지고 구원하신 것입니다. 그래서 출애굽은 이스라엘 백성들이 존재하는 기초요, 이스라엘 백성들에 대한 하나님의 의지요, 능력이었던 것입니다. 하나님께서는 이스라엘 백성들이 예배 때마다 출애굽의 체험을 찬송으로 하나님께 영광을 돌리게 하셨습니다. 왜냐하면 만약 이스라엘 백성들이 출애굽의 정신을 놓쳐버린다면 그들은 이 세상에서 살아야 할 이유도 없으며, 다른 나라들을 이길 능력도 없기 때문입니다. 하나님께서는 출애굽을 통하여 이 세상의 우상을 섬기지 않고 오직 하나님만 섬기는 한 백성을 창조하신 것입니다. 그리고 그들이 오직 하나님의 능력만을 의지할 때 이 세상의 어떤 악의 세력도 다 이길 수 있도록 하나님께서 약속을 하셨습니다. 그래서 이스라엘 백성들은 출애굽을 통하여 하나님께서 영광을 돌리고 또 출애굽을 통하여 다시 한번 하나님의 능력을 재충전하는 것이 지극히 당연하고 옳은 것이었습니다.

이것은 오늘날 마치 우리 그리스도인들과 예수님의 십자가의 관계와 같은 것입니다. 우리가 하나님의 백성이 된 것은 오로지 예수님의 십자가 때문입니다. 예수님께서 십자가 위에서 처참하게 죽으셨기 때문에 우리는 하나님의 죄 용서를 받고 새로운 삶을 살게 되었습니다. 원래 십자가라는 것은 가장 처참한 사형틀입니다. 마치 교도소에 있는 사형수들의 올가미와 같은 것입니다. 그러나 그것보다 수십 배 수백 배 더 고통스럽고 비참한 사형틀입니다. 그런데 저희들이 그 사형틀을 사랑하는 이유는 그 사형틀이 오늘 우리를 하나님의 백성이 되게 했기 때문입니다. 그뿐만이 아닙니다. 이 십자가는 지금도 우리의 능력입니다. 지금도 우리가 십자가만 붙들면 다시 우리의 믿음이 순수해질 수 있고, 지금도 우리가 십자가만 붙들면 모든 죄의 유혹을 뿌리칠 수가 있습니다. 교회가 십자가를 붙들어야 다시 힘을 낼 수 있고 부흥의 역사를 불러일으킬 수 있습니다.

하나님을 찬송하라

우리는 보통 예배라고 하면 내가 하나님의 위로를 받는 시간으로 생각하기가 쉽습니다. 그래서 나는 점잖게 앉아 있으면 하나님께서 오셔서 나의 상처난 마음을 닦아주시고 위로해 주시며 또 좋은 말씀으로 먹여주셔서 나를 배부르게 해주시는 시간으로 생각하는 것입니다. 물론 예배에 이런 것이 있는 것은 사실입니다. 그런데 우리의 신앙이 자라면 자랄수록 예배라고 하는 것은 내가 위로를 받는 시간이 아니라 내가 하나님을 섬기는 시간이구나 하는 것을 깨닫게 됩니다. 예배를 영어로 '서비스' 라고 하는데 이것은 바로 우리 성도들이 하나님을 섬겨드리는 시간이라는 뜻입니다.

그래서 우리는 최고의 자세로 하나님을 모셔야 하고 하나님을 섬겨드려야 합니다. 그 중에서 가장 중요한 것이 찬송입니다. 하나님께서는 이스라엘 백성들이 예배 때마다 어려운 위기에서 그들을 건져

주신 하나님을 찬송하게 하셨습니다. 그 중에서 특히 애굽에서 노예 생활을 하던 이스라엘 백성들을 크신 능력으로 건져주신 하나님을 찬양하게 하셨습니다. 이것은 공연히 이스라엘 백성들의 과거를 들추어내어서 그들을 부끄럽게 하려는 것이 아닙니다. 이스라엘 백성들에게 출애굽의 체험은 하나님의 최고의 능력을 경험한 것이었습니다. 이스라엘 백성들이 그것을 노래하면 노래할수록 동일한 능력이 그들에게 임하게 됩니다.

> "우리 능력되신 하나님께 높이 노래하며 야곱의 하나님께 즐거이 소리할지어다. 시를 읊으며 소고를 치며 아름다운 수금에 비파를 아우를지어다"(81:1).

이스라엘 백성들이 부르는 찬송의 주제가 무엇입니까?

'우리의 능력되신 하나님' 입니다. 하나님이 우리의 능력이시라는 것을 어떻게 이해할 수있을까요?

예를 들어서 군대에서는 주력부대라는 것이 있습니다. 어느 부대는 주력부대가 탱크 부대라고 합시다. 그 부대는 전쟁을 할 때 바로 그 탱크 부대를 가장 앞세울 것이며 탱크의 막강한 힘으로 적을 쳐부술 것입니다. 그러나 만약 그 부대가 탱크 부대를 구석에 쳐박아 놓고 전혀 사용하지 않고 고물 취급을 한다면 그 부대는 절대로 전쟁에서 이길 수 없을 것입니다.

마찬가지로 하나님이 우리의 능력이시라면 하나님이 우리의 주력부대이며, 우리의 최강의 능력이라는 것입니다. 그래서 당연히 이스라엘 백성들이 적에게 자랑을 할 때에는 하나님을 자랑해야 하는 것입니다.

그러나 이것이 실제로 어려운 일입니다. 왜냐하면 하나님의 능력은 눈에 보이지 않기 때문입니다. 우리는 이와 비슷한 한 사건을 히스기야의 경험에서 찾아볼 수 있습니다.

히스기야가 죽을 병에 걸렸다가 기도로 나았을 때 바벨론에서 사신들이 왔습니다. 그때 히스기야는 하나님을 자랑하지 못했습니다. 그 대신 히스기야는 왕궁의 보물 창고 안에 있는 보물들을 보여주면서 자랑을 했습니다. 히스기야가 하나님을 자랑하지 못한 이유는 바벨론 사람들은 하나님을 모르기 때문에 하나님을 자랑한다 하더라도 자기만 우습게 될 것이라고 생각한 것입니다. 그러나 이사야 선지자는 히스기야를 책망했습니다. 이사야 선지자는 왕이 당연히 하나님을 자랑했어야 한다는 것입니다.

그래서 그 사신들에게 '사실은 내가 죽을 병에 걸렸는데 이스라엘의 하나님이 나를 살리셨고 그 증거로 바로 이 해시계의 일영표가 15도나 뒤로 물러가게 하셨다' 라고 이야기를 했더라면 바벨론 사람들은 '정말 이스라엘에는 전지전능하신 하나님이 지키고 있구나' 라고 생각해서 다시는 공격할 생각을 하지 못했을 것입니다.

우리도 하나님을 나의 능력으로 자랑하지 못합니다. 왜냐하면 우리가 하나님을 자랑하면 다른 사람들은 우리를 괜히 광신자로 취급을 할까 두렵기 때문입니다. 그런데 우리가 나를 구원하신 하나님을 자랑함으로써 좀 광신자 취급을 받고 다른 사람에게 우습게 여김을 받는 것이 그렇게 부끄러운 것이 되겠습니까? 그러니까 우리는 우리의 주력부대는 뒤로 감추어 놓고 쓸데없는 자기 힘으로 자랑하면서 세상과 싸우려고 하니까 이기지 못하는 것입니다.

누가 우리에게 묻기를 '당신의 가장 강한 힘은 어디에 있소?' 라고 묻는다면 '내가 섬기는 하나님이요' 라고 대답할 수 있어야 합니다.

'하나님을 높이 노래하는 것' 이 어떤 것일까요? 하나님에 대하여 아주 고음으로 노래를 부르는 것입니다. 아주 고음으로 노래를 부르려면 온 몸에 있는 에너지를 다 모아서 아주 조심스럽게 집중해서 소리를 내어야 합니다. 소리가 퍼지면 절대로 고음이 나올 수가 없습니다. 힘을 모두 다 모아서 아주 조심스럽게 집중해서 소리를 내어야 아름답고 힘이 있는 고음이 나올 수 있습니다. 그러면 그 소리를 듣는 모든 사람들의 마음에 감동이 됩니다.

그리고 '즐거이 소리를 하라' 고 했습니다. 이것은 하나님을 찬송하는 데는 기쁨이 있어야 하는 것입니다. 아주 큰 기쁨으로 힘있는 고음의 찬송을 부르자는 것입니다. 노래를 부르는 사람의 눈과 얼굴에는 기쁨이 충만하고 온 힘을 다하여 높은 고음으로 하나님을 노래할 때 사실 그것보다 더 아름다운 모습은 있을 수가 없습니다.

우리 인간이 할 수 있는 가장 아름다운 것이 하나님께 찬송을 부르고 기도하는 것입니다. 우리가 엄숙하게 두 손을 모으고 기도하는 모습일 것입니다. 그것은 어느 누구도 접근할 수 없는 거룩한 순간입니다. 그리고 또 하나는 눈과 얼굴에 기쁨이 충만하여 온 마음으로 하나님을 노래하는 모습입니다. 여기서 벌써 마귀는 패배했고 우리는 시험을 이긴 것입니다. 우리가 이런 노래를 부를 수 있다는 것 자체가 이미 믿음이고 우리는 이 믿음으로 이미 응답을 받았습니다.

> "시를 읊으며 소고를 치며 아름다운 수금에 비파를 아우를지어다. 월삭과 월망과 우리의 절일에 나팔을 불지어다. 이는 이스라엘의 규례요 야곱의 하나님의 규례로다"(81:2-4).

여기서 월삭과 월망은 월초와 그믐을 의미하는데 어떤 분은 유월절 절기를 의미한다고 하기도 하고, 어떤 분은 장막절의 절기를 의미한다고 하기도 합니다. 사실 히스기야 때 있었던 가장 큰 일이 무엇인가 하면 그동안 유다 백성들이 중단했던 유월절 절기를 다시 지킨 것입니다. 그때 자기들만 지킨 것이 아니라 이미 망한 이스라엘의 여러 지방의 사람들도 초청하여 함께 거창한 유월절을 지켰습니다. 하나님을 찬양하는 이 일에 시를 읊으며 소고와 수금과 비파와 같은 악기를 동원하는 이유는 이 일이 너무나도 복되고 귀한 일이기 때문입니다. 그러니까 이스라엘 백성들이 하나님의 위대한 출애굽을 찬양할 때에는 그들이 가지고 있는 악기는 재능을 조금이라도 아낄 필요가 없었던 것입니다.

알지 못하는 말씀

오늘 본문은 하나님께서 출애굽 때 이스라엘 백성들을 구원하러 가실 때 성도는 알지 못하는 말씀을 들었다라고 밝히고 있습니다.

> "하나님이 애굽 땅을 치러 나가시던 때에 요셉의 족속 중에 이를 증거로 세우셨도다. 거기서 내가 알지 못하던 말씀을 들었나니 이르시되 내가 그 어깨에서 짐을 벗기고 그 손에서 광주리를 놓게 하였도다"(81:5-6).

여기서 '하나님이 애굽 땅을 치러 나가신다'는 것은 전쟁하러 가시는 것을 말합니다. 하나님께서는 이스라엘 백성들을 건지기 위한 전쟁을 하셨습니다.

그때 무슨 말씀을 하셨는데 '내가 알지 못하던 말을 들었다'는 것입니다. 그 말이 무엇인가 하면 '어깨에서 짐을 벗기고 그 손에서 광주리를 놓게 하신다'는 것입니다. 우리는 이 말이 모를 것이 무엇이 있겠습니까? 어깨에서 짐을 벗기고 손에서 광주리를 놓는다는 것은 노예 생활을 그만두게 하신다는 뜻입니다.

그런데 이것을 '알지 못하는 말'이라고 하는 이유는 두 가지로 해석할 수 있습니다. 하나는 하나님께서 모세를 애굽의 바로에게 보내실 때만해도 이스라엘 백성들은 자신들이 감히 바로의 지배에서 벗어난다는 사실을 믿지 못했다는 것입니다. 왜냐하면 그 당시 애굽의 바로는 세계에서 가장 강한 왕이었고 어느 누구도 바로를 이길만한 힘을 가진 왕은 없었습니다. 이스라엘 백성들이 바로 그 바로의 노예로 있는데 누가 감히 이스라엘 백성들을 바로의 손에서 건져내며 그들의 멍에를 벗기고 그들의 손에서 광주리를 놓게 하셨습니까? 그것은 상상할 수도 없는 불가능한 일이었습니다. 그런데 하나님께서 이스라엘 백성들을 도우러 오신 것은 바로 그 불가능한 일을 행하게 위해서였습니다.

두 번째는 하나님께서 모세를 애굽의 바로에게 보내실 때에 모세 자신도 하나님께서 그렇게 큰 능력을 많이 행하실 줄 몰랐다는 뜻입니다. 하나님께서 모세에게 주신 능력은 두 가지였습니다. 하나는 지팡이가 뱀이 되게 하는 것이고, 다른 하나는 물이 피가 되게 하는 것이었습니다. 그런데 그 두 가지 능력을 다 썼는데도 바로는 이스라엘 백성들을 보낼 생각을 추호도 하지 않고 있었습니다. 그 다음부터는 모세도 알지 못하는 일들이 일어나기 시작했습니다. 그 다음에 개구리들이 올라왔습니다. 파리 떼가 몰려오고, 메뚜기 떼가 날아왔습니다. 우박이 내리치는데 불이 섞인 우박이었습니다. 이런 것들을 모세가 알지 못하는 일들이었습니다. 결국 나중에는 애굽의 장자들까지 다 죽고 그 뒤에는 홍해까지 갈라졌습니다. 그러니까 우리는 감히 하나님의 능력을 제한하거나 예측하려고 해서는 안 됩니다. 그것은 마치 바닷물을 바가지로 퍼서 담으려는 것과 같습니다. 가장 미련한 것이 하나님의 능력을 미리 내가 예측하려고 하는 것입니다. 그런 예측은 언제나 틀릴 수밖에 없습니다. 왜냐하면 하나님의 지혜와 능력은 무궁무진하기 때문입니다.

그런데 문제는 우리가 그 엄청난 지혜와 능력을 나의 것으로 만들 수는 없습니까? 얼마든지 가능합니다. 그런데 그 방법은 오직 하나밖에 없습니다. 그것은 오로지 하나님의 말씀대로 사는 수밖에 없습니다. 모세처럼 자기는 죽어지고 하나님의 손에 붙잡힌 마른 막대기가 되는 것입니다.

하나님께서 우리에게 많은 연단을 주시는 이유가 무엇입니까? 그만큼 우리 자신의 고집을 버리고 하나님의 손에 붙잡히라는 것입니다. 우리가 하나님의 손에 붙잡힌 막대기가 된다면 무궁무진한 하나님의 능력이 우리를 통하여 나타나게 되어 있습니다.

> "네가 고난 중에 부르짖으매 내가 너를 건졌고 뇌성의 은은한 곳에서 네게 응답하며 므리바 물가에서 너를 시험하였도다"(81:7).

여기서 '뇌성의 은은한 곳'이라고 하는 것은 바로 시내산을 의미합니다. 이스라엘 백성들이 시내산에서 하나님의 말씀을 받을 때 그들은 말씀의 능력을 체험했습니다. 그것은 바로 뇌성이었고 지진이었습니다. '은은한 뇌성'이라는 것은 평소에 시내산에서는 자주 천둥소리가 났던 것 같습니다. 그런데 이스라엘 백성들이 하나님의 음성을 들을 때에는 산이 진동을 했습니다. 지진이 일어났던 것입니다. 강도 7 정도의 지진이 일어났다고 생각해 보십시오.

이것은 하나님의 말씀이 이 정도 능력이 있다는 것입니다. 그리고는 이스라엘 백성들은 물이 없는 광야를 걸어야만 했습니다. 그런데 한 두 사람도 아니고 많은 사람들이 물을 마시지 못하고 걸어갈 때 불평이 나오지 않을 수가 없습니다. 그들은 므리바에서 하나님을 원망했고 하나님은 그 자리에서 모세로 하여금 반석을 쳐서 물이 나오게 하셨습니다. 그러니까 이스라엘 백성들의 문제는 바로 여기에 있습니다. 실컷 고생을 다 해놓고 끝에 가서 마무리를 잘하지 못한 것입니다. 조금만 더 견디면 하나님의 능력을 체험할 수 있는데 마지막에 늘 좌절하고 불신앙에 빠졌던 것입니다.

사실 저희들이 걸어온 길을 생각해보면 므리바의 반석으로 연결되어 있다는 것을 깨닫게 됩니다. 사실 우리는 살아오면서 너무나도 자주 하나님을 배반하고 하나님께 원망과 불평을 한 것을 알게 됩니다. 그런데 그럴 때마다 하나님께서는 우리를 심판하시지 않고 오히려 우리에게 긍휼을 베푸시고 우리를 어려움에서 건져주신 것입니다. 그런데 우리의 숙제는 실컷 고생한 후의 약간의 마무리가 늘 걸림돌이 되는 것입니다. 이제 거의 다 하나님의 시간이 되었고 하나님의 때가 되었는데 그 직전에 언제나 불만을 폭발시킴으로 하나님을 거역했던 것입니다. 그런데 믿음은 바로 그때 필요한 것입니다. 우리 힘으로 도저히 견딜 수 없는 그 순간을 이기는 것이 믿음입니다.

하나님의 요구

하나님께서 이스라엘 백성들을 위대한 능력으로 구원하신 데는 이유가 있습니다. 그 이유가 무엇입니까? 절대로 다른 신을 섬기지 말라는 것입니다.

> "내 백성이여 들으라. 내가 네게 증거하리라. 이스라엘이여 내게 듣기를 원하노라. 너희 중에 다른 신을 두지 말며 이방신에게 절하지 말지어다"(81:8-9).

바로 이것이 이스라엘 백성들이 존재하는 목적입니다. 이 세상의 다른 민족들은 하나님을 모릅니다. 그래서 그들은 하나님께 돌아가야 할 영광을 자기 자신에게 돌리거나 산이나 바다나 강과 같은 다른 피조물들에게 돌리고 있습니다. 인도 사람들을 보십시오. 그들은 세계에서 신앙심이 가장 깊은 사람들입니다. 그러나 그들에게는 소가 신이며 강이 신입니다. 일본 사람들에게는 너무나도 많은 신들이 있습니다.

우리나라 축구 대표팀같은 경우에도 보면 한심한 것이 처음 대표팀을 시작할 때에 돼지머리를 놓고 고사를 지냈습니다. 다른 것은 몰라도 국가 대표팀이 하는 짓이 고사를 지내고 외국인 감독이 그 돼지의 입에 돈을 물려주는 것을 사진에서 봤습니다. 그리고 우리나라 응원팀 이름이 '붉은 악마' 입니다. 물론 상대팀에게 두려움을 주기 위해서 '악마' 라는 이름을 빌려 왔는지 모르지만 '악마' 라는 이름을 함부로 빌려오는 것이 아닙니다. 이것은 게임이 이기기 위해서는 무슨 짓이라도 하겠다는 뜻입니다. 쉽게 말해서 우리의 영혼을 팔아서라도 이기고 보겠다는 의미가 될 수도 있습니다.

그래서 하나님께서는 오직 이스라엘 백성들에게 하나님의 존재를 가르쳐주시고 하나님의 진리를 맡겨주셨습니다. 하나님께서 이스라엘 백성들에게 주신 것은 두 가지입니다. 하나는 온 세상을 창조하신 인격적인 하나님입니다. 그리고 두 번째는 하나님께서 우리 인간들을 어떻게 생각하고 계시며 어떻게 우리를 구원하시려고 하는가 하는 것입니다.

사람들은 다른 것은 몰라도 이 세상을 창조하신 하나님은 일단 받아들입니다. 우리나라에 온 최초의 선교사들이 전도할 때 사람들은 '야소교' (기독교)를 서양 귀신이라고 불렀습니다. 그런데 그들은 어떻게 전도를 했는가 하면 '기독교는 서양 귀신이 아니고 하늘과 땅과 바다를 만드시고 당신을 만드신 하나님을 믿는 것이다' 라고 전했습니다. 그런데 서양 귀신이라고 하면 싫어하던 사람들도 하늘과 땅과 사람을 만드신 하나님이라면 믿게 되었습니다. 왜냐하면 우리에게 가장 궁금한 것이 바로 이것이었기 때문입니다. 고아들에게 자기 부모가 살아 있다는 말보다 더 중요한 말이 어디에 있습니까? 물론 부모가 우리를 낳으셨지만 실제로 우리를 만드신 분은 하나님이시고 하나님이 우리의 아버지가 되십니다.

그리고 그 하나님께서 우리에게 생각하고 계신 것이 무엇입니까? 우리는 모두 죄에 빠져 있으며 그 죄를 용서함 받아야 하나님이 백성이 될 수 있다는 것입니다. 그 죄의 용서를 믿는 방법은 오직 믿음입니다. 즉 예수께서 내 죄를 대신하여 죽으셨다는 것을 믿으면 됩니다. 그러면 그 후에는 어떻게 살아야 합니다. 우리는 한번 믿으면 그 다음에도 믿음입니다. 하나님께서 나의 모든 삶을 다 책임지실 줄 믿고 두려워하거나 불안해 하지 말고 오직 믿음으로 살아가야 합니다.

그래서 우리는 다른 사람들이 우상을 섬기고 세상적인 방법으로 큰 복을 받았다는 말에 절대로 속아넘어가면 안 됩니다. 우리는 절대로 우상에게 절을 해서는 안 됩니다. 그것은 우리의 죽음입니다. 우리는 이미 믿음의 길을 들어섰기 때문에 모든 것을 하나님으로부터 공급을 받아야 합니다. 물론 하나님께서 내가 원하는 대로 주시지 않을 수도 있습니다. 그러나 하나님께서 주시지 않는 것은 하나님의 능력이 부족해서 그런 것이 아니라 다른 것을 주시려고 하시는 것입니다.

"나는 너를 애굽 땅에서 인도하여 낸 여호와 네 하나님이니 네 입을 넓게 열라 내가 채우리라 하였으나"(81:10).

참으로 놀라운 말씀입니다. 하나님께서는 우리에게 필요한 모든 것을 다 채워주십니다. 그래서 우리가 하나님을 향하여 입을 넓게 열면 열수록 우리의 입을 다 채워주신다는 것입니다.

입을 넓게 열면 입에 먹을 것을 가득 채워주는 모습을 생각해 보셨습니까? 우리가 이것을 짐승의 세계에서 자주 볼 수 있을 것입니다. 알에서 부화된 지 얼마 되지 않는 새끼들은 어미 새가 가까이 오면 입을 있는 대로 크게 벌리고 소리를 짹짹거리면서 소리를 질러댑니다. 그러면 어미 새는 새끼 입에다 물고 온 벌레들을 넣어줍니다. 맹수의 예를 들어보면 맹수들도 새끼들은 사냥을 할 수가 없습니다. 그래서 배가 고프다고 낑낑거리면 어미는 배고파하는 새끼에게 젖을 물려주어서 실컷 젖을 빨게 하든지 아니면 사냥한 먹이를 주어서 배부르게 먹게 할 것입니다.

그러니까 '네 입을 넓게 열라' 는 말은 우리가 아무 것도 할 수 없는 어린 아이라는 것을 전제로 하시는 말씀입니다. 자기 스스로 사냥도 할 수 없고 먹이도 구할 수 없는 상태인데 우리가 할 수 있는 것은 입만 크게 벌리라는 것입니다. 그러면 하나님께서 모든 필요한 것을 다 물고 와서 우리 입을 가득 채워주시겠다고 말씀하십니다.

그런데 새 새끼나 짐승의 새끼들은 어미가 먹을 것을 가지고 오면 입을 있는대로 크게 벌리고 자기에게 먹을 것을 달라고 소리를 지르는데 이상하게 사람 아이들은 어머니가 먹을 것을 주면 고개를 돌리면서 입을 다물어버립니다. 그렇게 하는 이유가 무엇입니까? 다른 달콤한 맛을 보았기 때문입니다.

"내 백성이 내 소리를 듣지 아니하며 이스라엘이 나를 원치 아니하였도다" (81:11).

하나님께서는 이스라엘 백성들이 입만 크게 벌리면 무엇이든지 채워주시려고 준비하셨는데 이스라엘 백성들이 하나님을 원치 않았다고 말씀하고 있습니다. 그러면 그들이 원한 것이 무엇입니까? 그들은 굳이 하나님의 백성처럼 살고 싶지 않았던 것입니다. 그들이 원한 것은 그냥 이방인처럼 사는 것이지 하나님의 능력있는 삶을 따라가기를 원치 않았습니다.

그러니까 하나님의 백성이 되려면 한가지 조건이 필요한데 이것은 이미 평범하게 살 생각은 버려야 한다는 것입니다. 왜냐하면 하나님이 평범하시지 않은데 어떻게 우리가 평범하게 살 수가 있겠습니까? 예를 들어서 어떤 여자가 별난 남자와 결혼을 했으면 그는 더 이상 평범할 수가 없는 것입니다. 아무리 평범하고 싶어도 남편 때문에 별난 인생을 살 수밖에 없습니다.

하나님께서 이스라엘 백성들에게 원하시는 두 번째가 무엇입니까? 그것은 눈에 보이는 것을 믿지 말고 하나님의 말씀만 믿고 따라가는 것입니다.

"내 백성이 나를 청종하며 이스라엘이 내 도를 행하기를 원하노라"(81:13).

하나님이 원하시는 것은 앞으로 내가 어떻게 될 것인가 생각하지 말고 오직 하나님의 말씀만 믿고 따라오라는 것입니다. 그러면 어떻게 됩니까?

세 가지를 약속하십니다.

첫째는 원수들을 물리쳐주시겠다고 하십니다.

"그리하면 내가 속히 저희 원수를 제어하며 내 손을 돌려 저희 대적을 치리니"(81:14).

하나님의 백성들은 양떼이기 때문에 자신을 방어할 수가 없습니다. 하나님께서 방어해주시겠다고 약속하셨습니다.

두 번째는 우리의 시대가 계속되게 해주시겠다고 하십니다.

"여호와를 한하는 자는 저에게 복종하는 체 할지라도 저희 시대는 영원히 계속 하리라"(81:15).

여기서 '여호와를 한하는 자'는 것은 하나님을 미워하는 자라는 뜻입니다. 그들은 엉터리로 거짓되게 복종하는 체할 것입니다. 이것은 악한 자들이 언젠가는 배반하고 복수를 한다는 뜻입니다. 그러나 의인의 시대는 계속 됩니다. 왜냐하면 하나님께서 계속 지켜주시고 능력을 주시기 때문입니다.

세 번째는 가장 좋은 것으로 먹이십니다.

"내가 또 밀의 아름다운 것으로 저희에게 먹이며 반석에서 나오는 꿀로 너를 만족케 하리라 하셨도다"(81:16).

밀의 아름다운 것이라는 것은 극상품 밀을 말합니다. 최고로 좋은 밀을 주십니다. 그리고 반석에서 흘러나오는 최고의 꿀로 먹이시겠다고 하십니다. 그것은 이 세상에서도 우리에게 가장 좋은 양식을 주시고 가장 존귀한 복을 주시겠다는 것입니다.

82.

82:1-8

하나님의 재판

하나님이 하나님의 회 가운데 서시며
재판장들 중에서 판단하시되
너희가 불공평한 판단을 하며
악인의 낯 보기를 언제까지 하려느냐(셀라)
가난한 자와 고아를 위하여 판단하며
곤란한 자와 빈궁한 자에게 공의를 베풀지며
가난한 자와 궁핍한 자를 구원하여
악인들의 손에서 건질지니라 하시는도다
저희는 무지무각하여 흑암 중에 왕래하니
땅의 모든 터가 흔들리도다
내가 말하기를 너희는 신들이며
다 지존자의 아들들이라 하였으나
너희는 범인 같이 죽으며
방백의 하나 같이 엎더지리로다
하나님이여 일어나사 세상을 판단하소서
모든 열방이 주의 기업이 되겠음이니이다

God presides in the great assembly;
he gives judgment among the "gods":
"How long will you defend the unjust
and show partiality to the wicked? Selah
Defend the cause of the weak and fatherless;
maintain the rights of the poor and oppressed.
Rescue the weak and needy; deliver them from the hand of the wicked.
"They know nothing, they understand nothing.
They walk about in darkness;
all the foundations of the earth are shaken.
"I said, 'You are "gods"; you are all sons of the Most High.'
But you will die like mere men; you will fall like every other ruler."
Rise up, O God, judge the earth, for all the nations are your inheritance.

어느 사회든지 간에 법정은 가장 신성한 곳으로 생각합니다. 왜냐하면 법정의 권위가 무너지면 더 이상 그 사회의 정의를 세울 수 있는 곳이 없기 때문입니다. 그러나 많은 경우에 법관들이나 검사들이 뇌물이나 정치권력에 휘말리는 바람에 제 기능을 상실하는 것을 많이 보게 됩니다.

누구든지 죄를 지으면 검사에게 불려가서 조사를 받게 됩니다. 그 때 죄인을 조사하는 것은 전적으로 검사의 소관입니다. 그 앞에는 가난한 자나 부자나 지식이 있는 자나 무식한 자나 모두 엄한 조사를 받아야 합니다. 그리고 죄를 지은 사람을 얼마 동안 감옥에 있게 할 것이냐 하는 것을 결정하는 것은 전적으로 판사가 결정하는 일입니다. 판사의 결정 하나로 어떤 사람의 생명이 왔다 갔다 하기도 하고 또 어떤 사람의 자유가 몇 년 또는 몇십 년씩 박탈되기도 하는 것입니다.

오늘 본문에는 재판관을 '엘로힘' 이라고 부르고 있습니다. 이것은 하나님이라는 뜻입니다. 재판관을 '엘로힘' 이라고 부르는 것은 하나님께서 이 세상의 재판관들에게 절대적인 하나님의 권한을 주셨다는 뜻입니다. 그런데 그런 특권을 주신 이유가 어디에 있을까요? 그것은 그들로 하여금 이 세상에 하나님의 공의를 세우도록 하기 위해서입니다. 다시 말해서 이 세상에서 부자나 권력이 있는 사람들의 편을 들어주지 말며 가난한 자나 무식한 자를 억울하게 하지 말라는 뜻입니다.

전에 어떤 판사가 사표를 쓰고 산에 들어가 중이 되었습니다. 그 이유는 그가 살인범이라고 해서 사형을 선고한 사람이 있었는데 나중에 진범이 잡힌 것입니다. 그러나 그때는 이 판사가 이미 사형 선고를 내려 사형을 집행해서 죽은 후였습니다. 그 판사는 자신의 오심으로 한 사람의 무고한 생명이 죽었다는 것에 양심의 가책을 느끼고 산에 들어가서 중이 된 것입니다.

어느 사회든지 재판관들은 대체로 양심적으로 공정한 판결을 내리려고 애를 쓸 것입니다. 왜냐하면 재판관은 누구든지 자신의 사명이 매우 중요하다는 것을 잘 인식하고 있기 때문입니다. 그러나 실제로 그렇지 못할 때도 있습니다. 우선 정치 권력자가 악한 사람이어서 자신의 자리를 지키기 위하여 법을 악용할 때입니다. 그럴 때에는 악한 통치자의 말에 따라 판결을 내리지 않으면 자기 자리를 잃게 됩니다. 그러니까 자기 자리를 잃지 않으려면 양심에 반하여 통치자의 뜻을 따라가게 되는 것입니다. 또 다른 경우는 재판관이 뇌물을 좋아할 때입니다. 재판관은 자기가 다른 사람의 어려운 문제를 재판하고 죄를 심판하는 위치에 있다는 사명감 자체로 만족을 해야 합니다. 왜냐하면 그것은 아무나 할 수 있는 일이 아니고 하나님께서 특별히 맡기신 일이기 때문입니다. 그러나 재판관이 그것으로 만족하지 못하고 돈까지 챙기려고 할 때에 그는 이미 타락한 재판관이 될 수밖에 없는 것입니다.

유다 사회의 재판관의 역할

오늘 본문에서 유대 사회에 공정하지 못한 재판이 이루어지고 있는 것에 대하여 하나님께서 재판장들을 책망하시는 내용입니다. 그러나 이 책망이 단순한 개인적인 책망이 아니고 공적인 성격을 띤 심판에 대한 책망이라는 점이 중요합니다.

"하나님이 하나님의 회 가운데 서시며 재판장 중에서 판단하시되"(82:1).

여기서 하나님이 하나님의 회에서 일어서시는 것은 유다 사회의 재판장들을 하나님께서 직접 심문하시고 재판하시는 것을 말합니다. 특히 그들의 죄명은 불공평한 판단을 하며 가난하고 어려운 자들을 돕지 않고 건져주지 않는 것이었습니다.

원래 유대 사회에는 가장 공정해야 하는 것이 재판이었습니다. 왜냐하면 유대 사회는 일반 세상과 달리 하나님의 교회였기 때문입니다. 그래서 유대 사회의 재판은 법으로 윽박지르는 것이 아니라 상담으로 풀어주는 것이며, 할 수 있는대로 상대방들의 피해를 최소한도로 줄이는 방향에서 해결해주는 것이 재판관의 임무였습니다. 그러니까 재판관은 높은 곳에 앉아서 법으로 호령을 하고 사람들을 죄인으로 두들겨 잡는 것이 아니라 본인들의 이야기를 충분히 듣고 가장 바람직한 쪽으로 해결해주는 것이 유대의 재판이었습니다.

가장 대표적인 것이 솔로몬의 재판입니다. 우리가 잘 아는 바와 같이 두 사람의 창기가 있었는데 똑같이 아이를 낳았습니다. 그런데 한 여자가 자다가 자기 아이를 깔아서 죽였는데 다른 여자의 아이를 자기 아이라고 주장을 하는 것입니다. 이럴 때 솔로몬은 하나님이 주신 지혜를 사용하여 엄마들에게 공평하게 아이를 모두 다 둘로 자르자는 것입니다. 죽은 아이도 반으로 자르고 산 아이도 반으로 잘라서 주면 공평하다는 것입니다. 그때 죽은 아이의 엄마가 함정에 빠집니다. 죽은 아이의 엄마는 두 아이를 다 반으로 자르자는 말에 동의를 합니다. 왜냐하면 기왕 자기 아이는 죽었기 때문에 손해 볼 것이 없기 때문입니다. 그런데 산 아이의 엄마는 자기 아이를 죽이게 할 수가 없으니까 아이를 포기하겠다고 합니다. 그래서 솔로몬은 모성애를 이용해서 진짜 아이의 엄마를 찾아주었습니다. 이것이 이스라엘의 재판이었습니다. 그러니까 재판이라는 것이 죄인을 불러다가 때리고 고문하는 재판이 아니라 상대방의 이야기를 충분히 들어주고 그 다음에 하나님의 지혜로 바른 길을 제시하는 것이었습니다.

그런데 유다의 후기로 넘어가면서 재판이 흐려지기 시작했습니다. 대표적인 것이 유다 지도자들의 말을 잘 듣지 않는 자들을 죽이는 재판이 되기 시작한 것입니다. 하나님의 바른 말을 전하는 선지자들이나 의인들을 많이 끌어와서 재판석에서 죽였습니다. 그리고 재판관들이 뇌물을 좋아하게 되었습니다. 그래서 재판관들이 돈이 많은 사람들의 뇌물을 받고 가난한 자들에게 억울한 판결을 내렸습니다. 이것은 바로 많은 가난한 자들이 노예로 팔려 가야 하는 것을 의미했습니다. 유다의 재판관이 이렇게 변질되고 타락하게 된 이유가 어디에 있을까요?

우선 유다의 왕이 나라 정치를 공정하게 다스리고 절대로 어떤 사람의 편을 들어주면 안되는데 왕이 모든 것을 장악하지 못한 것입니다. 왕이 정직하고 공평하면 그 주위에 의인들이 많이 모이게 되어 있습니다. 그러면 윗물이 맑으면 아랫물도 맑다고 자연스럽게 재판이 공정해지게 되어 있습니다. 그런데 왕이 흐리멍텅하고 입장이 분명하지 못해서 사람들의 주장에 따라서 흔들리게 되면 정직하지 못한 자들이 많이 설치게 되어 있습니다. 그리고 어느 사회든지 무시할 수 없는 강자들이 있습니다. 유다 왕은 그런 세력들을 장악을 해야지 그런 세력에 질질 끌려 다니면 안됩니다. 그러나 왕이 그런 세력을 이기지 못해서 끌려 다니게 되면 재판이 공정해질 수가 없는 것입니다.

유다 사회의 재판관의 역할은 유다 사회에서 공법이 강같이 흐르게 하는 것이었습니다. 옛날에 농사를 지을 때보면 논에 물을 대는 것이 아주 중요한 일이었습니다. 그런데 어떤 사람이 물을 엉뚱한 곳으로 따돌리거나 아니면 보를 쌓아서 물의 흐름을 막을 수가 있습니다. 그러면 밑에서는 아무리 물을 기다려도 물이 오지 않습니다. 그

때 엉뚱한 곳으로 흐르는 물길을 바르게 흐르게 하고 불법으로 쌓은 이기적인 보를 허물어서 물이 바로 흐르게 하는 것이 재판관의 할 일입니다. 아무리 유다 사회라 하더라도 사람들은 다 죄성을 가지고 있기 때문에 이기적으로 편을 만들고 또 부당한 관례들을 만들어서 하나님의 공의가 흐르지 못하게 합니다. 그때 그 모든 이기심들이나 편당을 다 허물어서 하나님의 공의가 온 사회에 흐르게 할 책임이 재판관들에게 있었습니다.

오늘 본문은 유다 사회 말기에 해당되는 것 같습니다. 그때 재판관들은 공정하게 판결하지 않고 사람들의 얼굴 봐주기를 했습니다. 그래서 부자들이나 권력자들은 관대하게 봐주고 가난하고 궁핍한 자들은 엄하게 판결을 했습니다. 그것에 대하여 하나님께서 책망하시는 내용입니다.

하나님의 판결

하나님께서는 이 세상에서 되어지는 일들에 대하여 무관심하시지 않고 모든 것을 다 보고 계시며 알고 계십니다. 그래서 이 세상에서 잘못된 재판을 하는 재판관들을 하나님이 직접 심판하십니다.

> "하나님이 하나님의 회 가운데 서시며 재판장들 중에서 판단하시되 너희가 불공평한 판단을 언제까지 하며 악인의 낯 보기를 언제까지 하려느냐" (82:1-2).

여기서 '하나님의 회'가 무엇이냐 하는 것이 문제가 됩니다. 여기서 '하나님의 회'라고 하는 것은 사람들의 눈에는 보이지 않지만 하나님의 보좌 앞에서 이루어지는 천사들이나 성도들이 참가하는 하나님의 회의를 말하는 것 같습니다. 오늘 본문에는 '재판장 중에서 판단하신다' 고 했는데 실제로 원문에는 '엘로힘' 으로 되어 있습니다. 즉 '하나님들' 로 되어 있는 것입니다. 그래서 번역하는 사람들이 '하나님' 이 여럿 있을 수 없으니까 이 세상의 재판장들로 의역을 한 것입니다.

그래서 오늘 본문은 두 가지 의미로 해석할 수 있습니다.

우선 첫째는 하나님께서 이 세상의 재판장들을 하나님의 보좌에서 불의하다고 재판하시는 것입니다. 하나님께서 그들의 재판 결과에 대하여 인정하시지 않으시는 것입니다. 그렇게 되면 어떻게 됩니까? 이것은 마치 고등법원에서 판결을 내린 것을 대법원에서 잘못 판결을 내렸다고 해서 원심을 깨고 다시 돌려보내는 것과 같습니다. 그러면 그들은 그 재판을 다시 해야 하는 것입니다. 그러나 이 세상의 재판관들이 그렇게 합니까? 절대로 그렇게 하지 않습니다. 그 대신 힘으로 밀어붙일 것입니다. 그러면 어떻게 됩니까? 그들은 정면으로 하나님께 반역하는 것이 됩니다. 그들의 대적은 그들이 잘못 판단한 가난한 사람들이 아니고 하나님이 되시는 것입니다.

그리고 두 번째는 하나님께서 그들을 '엘로힘' 이라고 부르신 것입니다.

이것은 하나님께서 재판관들을 이 세상에서 어느 누구도 범접할 수 없는 신적인 권한을 주셨다는 것입니다. 그래서 그들은 얼마든지 하나님의 율법과 양심에 따라 판단할 수 있으며 그들의 말은 그대로 신적인 권위를 가지게 됩니다. 그런데 유다의 재판관이 무엇이 답답하다고 사람들을 두려워해서 돈많은 사람들에게 쩔쩔매고 권력을 가진 자들에게 굽신거리느냐는 것입니다.

사람들 위에 있는 것이 엘로힘인데 하나님께서 그만한 권한을 주셨으면 하나님의 마음을 가지고 가장 공명정대하게 인간의 힘에 의하여 이리 저리 끌려다닐 필요가 없습니다. 그러면 그것은 엘로힘이 아니고 바보 엘로힘이 되는 것입니다. 다시 말해서 하나님을 바보 취급하는 것밖에 안되는 것입니다.

하나님께서 유다의 재판장들을 책망하시는 이유가 무엇입니까?

> "가난한 자와 고아를 위하여 판단하며 곤란한 자와 빈궁한 자에게 공의를 베풀지며 가난한 자와 궁핍한 자를 구원하여 악인들의 손에서 건질지니라 하시니라"(82:3-4).

유다 사회는 구약 시대의 교회였습니다. 그래서 세상 나라와는 그 원리가 완전히 달랐습니다. 같은 이스라엘 백성들 사이는 형제요 자매였습니다. 우리가 아무리 형편이 좋지 못해도 형제나 자매를 노예로 팔지는 않습니다. 그리고 조카들이 고아가 되거나 형수가 과부가 되면 어떻게 해서든지 좀 봐주어야 합니다. 그래서 법대로 하면 당연히 빚을 갚지 못했으니까 종으로 팔려가야 하지만 같은 형제나 자매들이니까 조금씩만 양보해서 팔려가지 않도록 조정을 해 주는 역할을 재판관들이 했어야 한다는 것입니다. 물론 돈을 손해본 사람들은 비정하게 해서라도 자신의 손해본 돈을 만회하려고 하겠지요. 그러나 재판관은 약한 자 편에 서서 조정을 해 주어야 하고 만일 가난한 자들이 찾지 못한 법적인 권리가 있으면 그것을 찾아주라는 것입니다.

그런데 그렇게 하지 못하게 막는 것이 있습니다. 그것은 다른 나라는 그렇게 하지 않는다는 것입니다. 다른 나라에서는 가난한 자는 전혀 인권이 인정을 받지 못했습니다. 그러니까 돈있는 사람들은 자꾸 다른 나라의 예를 끌고 와서 무엇 때문에 우리가 가난한 자들 때문에 이렇게 골치를 썩어야 하고, 무엇 때문에 가난한 자들에게 발목을 잡혀서 발전이 더디어야 하느냐 할 때 재판관들이 우리나라는 다른 나라와 다르다는 것을 설득을 해야 하는 것입니다.

하나님의 말씀을 맡은 자

만일 우리 사회가 기독교 국가라고 한다면 사회 정의에 대한 기독교인들의 책임은 지금보다 훨씬 높아지게 될 것입니다. 만약 우리 사회가 남미처럼 천주교인들이 90 퍼센트인데 모두 가난하게 살고 극소수가 나라의 모든 부를 다 차지하고 있다면 그것은 분명히 공정하지 못한 것입니다. 그래서 해방 신학이 탄생하게 된 것입니다.

그러나 일단 우리 사회는 기독교 국가가 아니기 때문에 이 사회의 정의를 교회가 책임을 지지 않습니다. 그 책임을 모두 국가가 지게 되어 있습니다.

우리 사회가 가장 경제적으로 가장 불공정했던 때가 정치와 경제가 유착이 되었을 때입니다. 그래서 대기업은 정치가들에게 정치자금을 대어주고 그 대신 권력자들은 대기업에 엄청난 금융 혜택을 주었는데 그 결과를 우리는 아직도 톡톡히 치루고 있는 것입니다. 그런데 지금은 대기업들이 은행의 돈을 다 가져가지 못하니까 은행에는 돈이 남아돌고 있다고 합니다.

그래도 세상이 많이 투명해지게 되었는데 그것이 사실은 사람들이 한 것이 아니고 그리스도께서 하신 것입니다. 세상을 개혁하는 것을 사람들이 하는 것 같지만 그리스도가 아니면 권력자들을 그 자리에서 내리치셔서 쫓아내실 수 있는 분이 아무도 없습니다. 그래서 우리는 사회가 불의할 때 그리고 부정과 부패가 만연될 때 그리스도께 이 모든 것을 바로잡아 주시도록 기도해야 합니다.

오늘 본문의 시가 유명해지게 된 것은 예수님과 유대인들의 논쟁에서 예수님께서 오늘 본문의 시를 인용하셨기 때문입니다.

"예수께서 대답하시되 너희 율법에 기록한 바 내가 너희를 신이라 하였노라 하지 아니하였느냐 성경은 폐하지 못하나니 하나님의 말씀을 받은 사람들을 신이라 하셨거늘 하물며 아버지께서 거룩하게 하사 세상에 보내신 자가 나는 하나님의 아들이라 하는 것으로 너희가 어찌 나를 참람하다 하느냐?" (요 10:34-36)

오늘 본문 말씀은 예수님과 유대인들 사이의 심한 논쟁을 기록하고 있습니다. 그 내용은 예수님께서 자신을 하나님의 아들이라고 하니까 유대인들로 예수님을 돌로 치려고 하였습니다. 즉 사람이 자신을 하나님의 아들이라고 하니까 신성 모독죄라고 해서 즉결심판을 하려고 한 것입니다.

그때 예수님께서 아주 어려운 말씀을 하셨습니다. 그것이 무엇인가 하면 율법도 하나님의 말씀을 맡은 자를 '신'이라고 하였다는 것입니다. 즉 오늘 본문처럼 재판장을 '엘로힘'이라고 불렀다는 것입니다. 그러니까 예수님의 말씀은 사람에게 대하여 '엘로힘'이라고 부른다고 해서 모두 다 신성 모독죄가 된다거나 불가능한 것은 아니라는 것입니다. 왜냐하면 하나님께서 그 사람에게 신적인 능력을 주신 것은 사실이기 때문입니다.

그 예 중의 하나가 하나님께서 모세를 바로에게 보내시면서 '내가 너로 바로에게 신이 되게 하겠다' (출 7:1)입니다. 이것은 모세가 신이 된다는 뜻은 아닙니다. 그러나 적어도 바로에게는 모세가 신처럼 위대하게 보일 것이며 모세의 모든 말이 하나님의 말씀으로 그대로 이루어질 것이라는 것을 의미하는 것입니다. 그리고 또 다른 예가 하나님의 말씀을 맡은 자를 율법이 '엘로힘'이라고 부른 것입니다. 우리 성경에 번역을 하기는 재판관이라고 번역을 했지만 실제로는 신들이라는 뜻입니다. 이것은 하나님께서 율법으로 재판하는 재판장들에게 신성불가침의 권한을 주셨다는 것입니다. 누구든지 그들의 권한을 침범하면 하나님께서 절대로 용서하시지 않는다는 뜻입니다. 그 대신 재판장들은 하나님의 율법과 양심에 따라 두려운 마음으로 판단을 해야 합니다.

그런데 예수님은 그 권한을 주신 장본인이시며 장차 온 세상을 심판하실 분이신데 왜 자기를 하나님의 아들이라고 주장하지 못하느냐 하는 것입니다.

이미 예수님에게 더 중요한 것은 재판의 문제가 아니었습니다. 그리고 누가 엘로힘으로 불리우느냐 아니냐가 아니었습니다. 하나님의 말씀을 맡은 자들이 사실은 하나님으로부터 절대적인 권한을 받은 엘로힘인데도 불구하고 하나님의 말씀을 바로 나타내지 않는 것입니다. 그렇다면 그들은 하나님의 회에서 영원한 죄인으로 정죄될 수 밖에 없는 것입니다.

예수님께서 바리새인들을 정죄하시기를 "화있을진저 외식하는 서기관들과 바리새인들이여 너희는 천국문을 사람들 앞에서 닫고 너희도 들어가지 아니하고 들어가려 하는 자도 들어가지 못하게 하는도다"(마 23:13)고 하셨습니다.

오늘 우리 사회의 불의는 결과적으로 나타난 것입니다. 우리 사회에서 하나님의 공의를 실현하는 가장 중요한 것은 바른 말씀을 선포라는 것입니다.

하나님의 복음은 마치 하나님의 사랑의 댐을 터트리는 것과 같습니다. 어차피 이 세상은 완전히 공의로운 세상이 될 수는 없습니다. 왜냐하면 죄가 있고 욕심이 있는 이상 완전히 공의로운 세상이 될 수가 없습니다. 그러나 보다 정의롭고, 보다 공평한 사회가 되기 위한 노력은 할 수가 있습니다. 그런데 그 모든 힘이 어디에서 나오는가 하면 하나님의 진리에서 나옵니다.

교회에서 바른 복음이 선포가 되면 교인들이 스스로 진리를 깨닫기 시작합니다. 스스로 진리를 깨닫는 사람들을 다른 사람이 속이려고 해도 속일 수가 없습니다.

물론 우리는 사회의 불의에 대해서도 관심을 가져야 합니다. 그러나 더 무서운 것이 무엇인가 하면 교회 안의 잘못된 권위주의로 인한 속박입니다.

하나님의 진리가 밝혀지지 못하면 교인들이 스스로 자신이 어떤 존재인지 알지 못합니다. 그래서 엉터리 같은 카리스마에 속박이 되어서 노예와 같이 두려워하는 마음으로 신앙 생활을 하는 것입니다. 이런 잘못된 사슬을 끊고 그리스도인들이 하나님과 바른 관계에 설 때 큰 부흥의 역사가 교회에 나타나게 됩니다. 그러면 이 사랑의 물결이 세상에도 영향을 미쳐서 모든 불의를 몰아내고 보다 정의로운 사회로 만들어지게 되는 것입니다.

악한 재판장에 대한 하나님의 심판

우선 성경은 하나님을 두려워하지 않은 악한 재판장이 사회에 가져오는 결과가 무엇인가 말씀하고 있습니다.

> "저희는 무지무각하여 흑암 중에 왕래하니 땅의 모든 기초가 흔들리도다. 내가 말하기를 너희는 신들이며 다 지존자의 아들들이라 하였으나 너희는 범인같이 죽으며 방백의 하나같이 엎더지리로다"(82:5-7).

하나님께서는 말씀을 맡은 자들에게 최고의 권위를 주셨습니다.

그래서 그들을 신들이라 부르고 지존자의 아들들이라고 하셨습니다. 이것은 하나님의 말씀을 맡는다는 것이 그만큼 존귀한 일인 것을 말합니다. 그런데 그들은 '무지무각' 하였습니다. 이것은 하나님의 말씀을 밝히지도 아니하고 자신의 양심도 죽인 것입니다. 그러니까 어떤 결과가 나타나게 됩니까? 그들이 흑암 중에 왕래하며 땅의 기초가 흔들리는 것입니다. 즉 그들은 온 세상을 어둡게 하였고 그리고 모든 기초가 흔들리게 만들었다는 것입니다. 그리고 그들의 죽음이 결코 존귀한 죽음이 되지 못했습니다. 하나님께서 그들을 심판하셔서 비참하게 죽게 하시겠다는 뜻입니다.

그래서 우리가 기억해야 할 것이 무엇인가 하면 일단 하나님의 진리를 밝히고 봐야 한다는 것입니다. 어떤 분들은 우리가 당장 그 말씀대로 살지 못하기 때문에 진리를 밝히면 죄책감에 빠지게 된다고 합니다. 그러나 우리가 진리를 밝혀야 하는 것은 말씀대로 백 퍼센트 다 행할 수 있기 때문은 아닙니다. 환한 대낮이라고 해서 사람들이 죄를 짓지 않는 것은 아닙니다. 그러나 캄캄한 밤보다는 훨씬 범죄를 저지르는 가능성이 낮아지게 될 것입니다.

성경의 진리가 선포되었지만 사람의 마음은 하루아침에 변하는 것은 아닙니다. 이 핑계 저 핑계대면서 아주 천천히 설득이 되어집니다.

진리가 바로 선포되면 어떻게 됩니까?

> "하나님이여 일어나사 세상을 판단하소서. 모든 열방이 주의 기업이 되겠음이니이다"(82:8).

온 세상은 하나님의 통치 아래 있습니다. 그런데 마귀가 진리를 감추는 바람에 온 세상이 사탄의 영역이 되고 만 것입니다. 그래서 우리는 두려워하지 말고 진리를 자꾸 드러내어야 하며 이것을 생명처럼 붙들어야 합니다.

그러면 우리가 하나 더 생각해야 하는 문제가 진리와 가난한 자에 대한 관계입니다. 우리는 진리만 붙들면 되느냐 아니면 가난한 자도 도와야 하느냐 하는 것입니다. 오늘 본문에도 고아나 과부를 구원하며 악인의 손에서 건져주라고 말씀하고 있습니다.

오랫동안 기독교 세계 안에서 논쟁이 되었던 것이 기독교는 영혼 구원이냐 사회 구원이냐 하는 것이었습니다. 즉 우리는 하나님을 모르는 사람들에게 전도를 해서 예수믿게 하고 천국을 가게 하는 것이면 충분한가 아니면 어려운 사람들을 도와주어서 가난과 궁핍에서 건져내고 인간다운 삶을 살 수 있도록 도와주어야 하는가 하는 것입니다. 우리는 양쪽 모두 다 해야 하는 것으로 결론을 내리고 있습니다. 어느 하나만 취하고 다른 것은 버려서는 안 됩니다. 즉 진리도 밝혀야 하고 우리가 할 수 있는 범위 안에서 도울 수 있는 자를 도와주어야 합니다. 그러나 구제가 진리를 능가할 정도가 되어서는 안 됩니다. 초대 교회에서도 가난한 자를 돕는 것은 아주 중요한 것으로 생각을 했습니다. 그래서 은혜를 받은 교인들 중에는 자기 재산을 팔아서 어려운 자를 돕도록 내어놓는 자들도 있었습니다.

예수님께서는 의를 위하여 핍박을 받는 자를 도우라고 말씀을 하셨습니다. 우리는 다른 사람을 구제하고 돕는데 아주 적극적이어야 합니다. 집에서 쌀을 퍼서 가난한 사람에게 주는 것이 예사가 되어야 하고 돈이 남으면 어려운 사람들에게 주는 것이 예사로 되어야 합니다. 그렇게 하지 않으면 어려운 자들을 보고서도 마음 문을 닫아버리는 아주 강퍅한 자가 되고 말 것입니다. 우리가 하나님의 진리를 들어도 행동으로 나타나는 데는 시간이 걸릴 것입니다. 그러나 그것 때문에 진리를 붙들고 드러내는 것을 두려워해서는 안될 것입니다.

83.

83:1-18

이스라엘을 지키시는 하나님

하나님이여 침묵치 마소서
하나님이여 잠잠치 말고 고요치 마소서
대저 주의 원수가 훤화하며 주를 한하는 자가 머리를 들었나이다
저희가 주의 백성을 치려하여 간계를 꾀하며
주의 숨긴 자를 치려고 서로 의논하여
말하기를 가서 저희를 끊어 다시 나라가 되지 못하게 하여
이스라엘의 이름으로 다시는 기억되지 못하게 하자 하나이다
저희가 일심으로 의논하고 주를 대적하여 서로 언약하니
곧 에돔의 장막과 이스마엘인과 모압과 하갈인이며
그발과 암몬과 아말렉이며 블레셋과 두로 거민이요
앗수르도 저희와 연합하여 롯 자손의 도움이 되었나이다(셀라)
주는 미디안인에게 행하신 것 같이,
기손 시내에서 시스라와 야빈에게 행하신 것 같이
저희에게도 행하소서
그들은 엔돌에서 패망하여 땅에 거름이 되었나이다
저희 귀인으로 오렙과 스엡 같게 하시며
저희 모든 방백으로 세바와 살문나와 같게 하소서
저희가 말하기를 우리가 하나님의 목장을
우리의 소유로 취하자 하였나이다
나의 하나님이여 저희로 굴러가는 검불 같게 하시며
바람에 날리는 초개 같게 하소서
삼림을 사르는 불과 산에 붙는 화염 같이
주의 광풍으로 저희를 쫓으시며
주의 폭풍으로 저희를 두렵게 하소서
여호와여 수치로 저희 얼굴에 가득케 하사
저희로 주의 이름을 찾게 하소서
저희로 수치를 당하여 영원히 놀라게 하시며
낭패와 멸망을 당케 하사
여호와라 이름하신 주만 온 세계의 지존자로 알게 하소서

O God, do not keep silent; be not quiet, O God, be not still.
See how your enemies are astir, how your foes rear their heads.
With cunning they conspire against your people;
they plot against those you cherish.
"Come," they say, "let us destroy them as a nation,
that the name of Israel be remembered no more."
With one mind they plot together; they form an alliance against you--
the tents of Edom and the Ishmaelites, of Moab and the Hagrites,
Gebal, Ammon and Amalek, Philistia, with the people of Tyre.
Even Assyria has joined them to lend strength to the descendants of Lot. Selah
Do to them as you did to Midian,
as you did to Sisera and Jabin at the river Kishon,
who perished at Endor and became like refuse on the ground.
Make their nobles like Oreb and Zeeb,
all their princes like Zebah and Zalmunna,
who said, "Let us take possession of the pasturelands of God."
Make them like tumbleweed, O my God, like chaff before the wind.
As fire consumes the forest or a flame sets the mountains ablaze,
so pursue them with your tempest and terrify them with your storm.
Cover their faces with shame so that men will seek your name, O LORD.
May they ever be ashamed and dismayed; may they perish in disgrace.
Let them know that you, whose name is the LORD--
that you alone are the Most High over all the earth.

이 세상에서

하나님의 백성들과 세상 사람들의 관계는 마치 물과 기름의 사이와 같습니다. 그만큼 생각하는 것이 철저하게 다를 수가 없습니다. 그래서 예수님께서는 제자들에게 말씀하시기를 내가 세상에 평화를 주러 왔다고 생각하지 말라고 하셨습니다. 예수님이 이 세상에 오신 것은 검을 주러 오신 것이고, 아버지와 아들이, 어미와 딸이, 며느리가 시어머니와 불화하게 함이라고(마 10:34,35) 하셨습니다.

우리에게 놀라운 것은 하나님을 안다는 것이 우리를 과거와 전혀 다른 사람으로 만들어 놓는 것입니다. 우리가 하나님을 알기 전에는 이 세상에서 눈에 보이는 것이 모든 것이고 가족이 최고인 줄만 알았습니다. 그런데 하나님을 알고 나니까 사람이 완전히 딴 사람이 되어버리는 것입니다. 우리에게는 더 이상 이 세상에 있는 것들이 최고의 가치를 가지지 못합니다. 이제는 우리에게는 하나님이 더 중요한 것입니다. 그러니까 무엇보다 가장 가까운 식구 사이에 미움과 갈등이 일어나게 됩니다. 예를 들어서 어떤 부부가 서로 신앙이 다르다고 합시다. 놀라운 것은 신앙만 다른데도 모든 사고방식에 있어서 근본적인 차이가 있습니다. 아이를 키우는 것이나 여가를 보내는 것이나 번 돈을 쓰는데 있어서 모든 부분에서 차이가 발생합니다. 그러니까 서로 포기하지 않는 이상 싸움이 일어나지 않을 수가 없습니다.

그런데 이것은 개인의 문제만이 아닙니다. 하나님을 아는 단체와 하나님을 모르는 단체 사이에 이런 갈등이 일어나게 되고 심지어는 나라 사이에도 갈등이 일어나게 되는 것입니다.

그런 의미에서 이스라엘은 적들에 에워싸여 있다고 말할 수 있습니다. 이스라엘은 신앙적으로 마치 섬과 같았습니다. 이스라엘 주위에 있는 모든 나라들은 하나님을 모르는 나라들이었고 하나님에 대하여 적대적인 나라들이었습니다. 여기서 이스라엘 백성들이 살아남을 수 있었던 것은 오직 하나님께서 그들을 눈에 보이지 않는 손으로 지켜주셨기 때문입니다.

대개의 경우에는 이스라엘과 주위 나라 사이에는 사소한 갈등이나 분쟁이 끊임없이 있었습니다. 그런데 어느 한 순간에 악의 세력들이 이스라엘을 완전히 이 세상에서 없애버리기 위하여 대대적으로 공격을 할 때가 있었습니다. 그때는 과연 이스라엘이 살아남을 수 있느냐 없느냐가 결정되는 중요한 시점입니다. 이때 하나님께서는 이스라엘 백성들을 도우셔서 놀라운 승리를 거두게 하셨습니다.

오늘 본문의 시는 언제 지어졌는지 알 수가 없습니다. 그런데 오늘 본문은 사사기 때 있었던 두 번의 큰 원수의 세력의 공격을 언급하고 있습니다. 그러니까 왕국 시대에 외세의 큰 공격에서 다시 한번 하나님께서 이스라엘을 지켜주시기를 간구하는 시로 생각할 수 있습니다. 어떻게 생각하면 예루살렘을 공격했던 앗수르군의 공격에서 건져달라는 기도로 생각할 수 있습니다.

하나님을 미워하는 자들

우리 주위에는 여러 가지 이유로 하나님을 좋아하지 않는 사람들이 많이 있습니다. 그들이 하나님을 그토록 싫어하는 이유가 무엇일까요? 그 이유는 하나님이 최고의 하나님이시기 때문입니다. 이 사람들은 자기들이 최고가 되고 싶은데 자기들보다 더 높은 최고의 신이 있기 때문에 하나님에 대하여 적대심을 가지는 것입니다. 즉 그들은 자기들이 하나님만 이기면 자기들이 최고의 존재가 된다고 생각하는 것입니다.

"하나님이여 침묵하지 마소서. 하나님이여 잠잠하지 말고 고요치 마소서. 대저 주의 원수가 훤화하며 주를 한하는 자가 머리를 흔들었나이다"(83:1-2).

여기서 '주를 한하는 자'라고 하는 것은 하나님을 미워하는 사람들을 말합니다. 그들이 하나님을 향하여 훤화한다고 했는데 여기서 훤화하는 것은 조롱하는 소리를 크게 내는 것을 말합니다. 그리고 머리를 흔드는 것도 하나님을 조롱하는 태도입니다. 그들이 하나님을 향하여 욕을 하고 머리를 흔들면서 조롱하는 것은 자기들은 하나님을 인정하지 않으며 자기들이 최고라고 생각한다는 뜻입니다.

예전에 어떤 사람에게 예수를 믿으라고 전도하면 '예수를 믿을 바에야 내 주먹을 믿겠다'라고 말하는 사람들이 있었습니다. 그 사람들은 눈에 보이지 않는 것은 인정하지 않겠으며 특히 하나님께서 자신들의 삶을 간섭하는 것도 인정하지 않겠고 결국 자기들이 최고라는 것입니다.

결국 이 사람들이 생각하는 것은 하나님의 존재를 인정치 않고 내 인생을 내 마음대로 살겠다는 것입니다. 그래서 그들은 하나님의 존재를 생각나게 만드는 모든 것을 미워합니다. 하나님을 믿는 사람들을 적대시합니다. 그 이유는 하나님을 믿는 사람들을 보면 이상하게 자꾸 마음이 불편해지기 때문입니다. 무엇인가 하나님을 믿는 사람들을 만나면 자신들이 정죄를 당하는 느낌이 들기 때문입니다.

그래서 이 악한 자들이 노리는 것이 무엇입니까?

"저희가 주의 백성을 치려하여 간계를 꾀하며 주의 숨긴 자를 치려고 서로 의논하여"(83:3).

하나님을 믿지 않는 자들은 일단 하나님의 백성을 이기는 것이 하나님을 이기는 것이라고 생각합니다. 그래서 어떻게 해서든지 하나님의 백성들을 이기려고 합니다. 왜냐하면 믿지 않는 자들도 믿는 자 뒤에는 하나님의 힘이 있다는 것을 알기 때문입니다. 그래서 이 사람들을 이기면 하나님을 이긴 것이라고 생각하는 것입니다.

특히 오늘 본문에 보면 '주의 숨긴 자'를 치려고 의논한다고 했습니다. 하나님께서 감추어 놓은 자는 어떤 사람을 말합니까? 하나님께서 환난 가운데서 특별히 보호하시는 자를 말합니다.

그러니까 이스라엘이라고 해서 모두 다 진짜 이스라엘은 아닌 것입니다. 그 중에는 가짜 이스라엘도 많이 있습니다. 하나님께서는 이 진짜 이스라엘 백성들은 어려운 환난 가운데서 숨겨놓으셔서 보호하시는 것입니다.

그런데 놀라운 것은 하나님을 믿지 않는 자들도 이것을 안다는 것입니다.

그래서 그들도 가짜 이스라엘을 아무리 많이 죽인다고 해도 소용이 없다는 것을 압니다. 그래서 하나님께서 감추어 놓으신 진짜 이스라엘을 찾아서 죽이려고 음모를 꾸민다는 것입니다.

예수님께서 십자가를 지시기 전에도 마귀는 베드로나 다른 제자들의 영혼을 밀 까부르듯이 청구했다고 말씀하셨습니다. 이미 그들은 가룟 유다의 영혼은 삼켰습니다. 그런데 그것으로 만족하지 못하고 진실한 제자들을 멸망으로 잡아가기 위하여 집요하게 그들을 요구했는데 예수님께서 제자들을 위하여 기도하였다고 말씀하셨습니다.

그러니까 악한 사탄의 세력도 모든 신자가 다 착실한 신자가 아니라는 것을 아는 것입니다. 그래서 쭉정이 같은 신자들 백 명을 쓰러뜨리는 것보다는 참 신자 한 사람을 쓰러뜨리는 것을 더 큰 승리로 생각을 하는 것입니다.

그리고 이들은 참된 신자들을 꺾는 것으로 만족하지 못하고 아예 이 세상에서 하나님의 백성들을 없애버리는 것을 목적으로 합니다.

> "말하기를 가서 저희를 끊어 다시 나라가 되지 못하게 하여 이스라엘의 이름으로 다시는 기억되지 못하게 하자 하나이다"(83:4).

그래서 우리는 두 가지를 경험하게 되는데 하나는 마귀가 진정한 신앙을 가진 자들은 이 세상을 살 수 없도록 만들어 놓는 것입니다. 그래서 양심적으로 하면 사업도 할 수가 없습니다. 왜냐하면 다른 사람들은 사업을 할 때 모두 부정한 방법을 쓰고 술을 먹이는데 그렇게 하지 않으면 물건이 좋아도 거래를 하려고 하겠습니까? 진급을 하거나 직장 생활을 하는 데도 어려움이 있고 결혼도 신앙적으로 하려고 하면 뜻대로 잘 되지 않습니다. 그래서 사회생활을 신앙 양심대로 모든 것을 하려고 하면 너무나도 많은 제약들이 생깁니다. 그때 무슨 생각이 드는가 하면 내가 신앙적으로 살면 도저히 이 세상에 살아남을 수가 없구나 하는 생각이 드는 것입니다. 그런데도 만일 우리가 살아남을 수 있다면 그것은 전적으로 하나님의 지키심이요 보호하심입니다.

거기에다가 사탄은 진정한 교회가 이 세상에 세워지는 것을 그렇게 싫어합니다. 그래서 교회가 하나님의 말씀대로 믿으려고 하면 교회 안팎으로 얼마나 많은 반대와 시련이 있는지 모릅니다. 그래서 교회 밖에서도 많은 좋지 않은 소문을 퍼트리기도 하고 아주 적극적으로 교회를 반대하고 핍박하는 자가 나타나기도 합니다. 그리고 교회 안에도 많은 분열이 있고 다툼이 생깁니다. 이것이 모두 하나님의 말씀을 바로 붙들려고 할 때 나타나는 현상입니다. 그냥 평범하게 모든 것이 좋다는 식으로 믿으면 이런 일이 일어나지 않습니다. 진리가 없는 교회는 모든 사람들이 좋아합니다. 왜냐하면 자기 양심과 부딪치지 않기 때문입니다. 그러나 오직 하나님의 말씀만 붙들고 믿음으로 살아가려고 하면 개인적으로도 도저히 살아갈 길이 보이지 않을 때가 있고 교회도 도저히 존재할 수 없는 어려움들이 자꾸 생깁니다. 이것이 바로 오늘 본문에서 '이스라엘의 이름으로 다시는 기억되지 못하게 하자'는 것입니다. 악한 마귀는 이 세상에서 하나님을 섬기는 자들을 완전히 몰아내어서 마귀의 세상으로 만들자고 합니다. 그런데 놀라운 것은 믿음으로 사는 자들이 살아남는 것입니다. 그리고 하나님의 말씀만 붙드는 교회가 부흥을 하는 것입니다. 그 이유가 어디에 있습니까? 하나님께서 진실로 살아계시며 믿는 자들을 도우시고 지키시기 때문입니다.

그래서 성도들은 이런 기도를 드립니다.

1절, "하나님이여 침묵하지 마소서. 하나님이여 잠잠하지 말고 고요치 마소서." 이것은 하나님이 살아계신 것을 나타내시라는 것입니다.

어떻게 하나님이 살아계신 것을 나타낼 수 있습니까? 그것은 하나님의 백성들이 부흥하는 것입니다. 악한 자들이 그렇게 방해하고 몰아내려고 해도 잘 되는 것을 보면 하나님이 계신 것을 알게 될 것입니다. 그래서 하나님께서는 악한 자들이 믿는 사람들을 이기지 못하도록 보호하십니다. 그리고 진리를 붙드는 교회가 끝까지 보존되어서 하나님의 진리를 드러낼 수 있게 하십니다.

악한 자들의 연합

오늘 본문에는 이스라엘 백성들을 치고 멸망시키는데 마음을 같이 한 족속들의 이름이 기록되어 있습니다.

"저희가 일심으로 의논하고 주를 대적하여 서로 언약하니 곧 에돔의 장막과 이스마엘인과 모압과 하갈인이며 그발과 암몬과 아말렉이며 블레셋과 두로 거민이요 앗수르도 저희와 연합하여 롯의 자손의 도움이 되었나이다"(83:5-8).

이 나라와 족속들은 다른 일에는 일체 연합이 되지 않는 사람들입니다. 그런데 놀라운 것이 하나님의 백성들을 치는 데는 놀랍게도 일치단결을 하는 것입니다. 예수님께서는 '사탄의 나라도 스스로 분쟁하지는 않는다' (마 12:26)고 말씀하셨습니다. 그것은 사탄의 나라가 자기들끼리 서로 싸우지 않고 늘 평화롭다는 뜻이 아닙니다. 오히려 자기들끼리도 물고 뜯고 합니다. 그러나 이상한 것은 하나님의 백성들을 공격하고 해치는 데는 놀라울 정도로 일치가 되는 것입니다.

그것은 조금도 이상한 것이 아닙니다. 왜냐하면 열등의식을 가진 사람들끼리나 피해의식을 가진 사람들끼리는 금방 서로 통하게 되어 있습니다. 왜냐하면 그들은 하나님의 백성들의 자신감이나 고상함에 의하여 자기들 스스로 상처를 입었다고 생각하기 때문입니다. 그래서 불만 세력들은 언제든지 서로 통하게 되어 있고 굉장히 빨리 연합되게 되어 있습니다.

이런 악한 세력들끼리의 연합을 통하여 성도들이 기억해야 할 것이 있습니다.

우선 첫째는 우리가 믿음을 가지고 고상한 것도 좋지만 우리가 교만하면 이런 악의 세력들은 더욱 성도들을 미워하게 되는 것입니다. 이 세상에서 교만한 사람을 좋아하는 사람은 아무도 없습니다. 특히 우리 하나님의 백성들은 그리스도의 신부들입니다. 신부는 신부 그 자체만 해도 너무나도 아름답고 눈부시게 아름다운데 거기에다가 교만하고 잘난 체까지 한다면 사람들은 누구나 다 싫어하게 되어 있습니다. 그래서 우리가 그리스도인들이라는 사실 자체만으로도 우리들은 너무나도 존귀한 사람들인 것입니다. 우리는 이 세상이 알지 못하는 너무나도 많은 축복을 받은 사람들입니다. 하나님을 믿지 않는 사람들이 믿는 사람들을 보면 아마 결혼식 날의 신부처럼 보일 것입니다. 그런데 우리가 그런 우리의 모습을 알지 못하고 교만하기까지 하면 그것은 '다된 국에 코 빠뜨리는 격'이 되는 것입니다. 우리 그리스도인들의 최고의 면류관은 겸손입니다. 이것은 마치 웨딩 드레스 위의 면사포와 같습니다. 그래서 그리스도인의 최고의 미덕은 겸손이며, 이것을 갖추었을 때 세상은 비로소 그리스도인이나 교회에 대하여 경탄을 하게 되는 것입니다.

그리고 두 번째로 교회는 하나님을 모르는 자들이 하나님을 욕할 수 있는 기회를 주지 말아야 합니다. 하나님을 모르는 자들은 모두 믿는 자들에 대하여 입이 근질근질한 사람들입니다. 그들은 어떻게 해서든지 하나님의 백성들의 흠집을 내고 하나님의 이름을 훼방하기 위하여 몸부림을 치는 자들입니다. 그들은 너무나도 많이 없는 이야기들을 만들어서 퍼뜨립니다. 그럼에도 아무리 악한 말을 지어내어서 퍼뜨려도 성도들이나 교회에 악영향을 주지 못합니다. 왜냐하면 그것이 사실이 아니기 때문입니다.

그런데 그 비난들이 근거가 있는 비난일 때가 있습니다. 그것은 하나님의 백성들이 진짜 그런 죄를 지었을 때입니다. 이럴 때는 이미 하나님의 이름이 원수들에게 크게 훼방을 받게 되어 있습니다. 그러면 원수들이 하나님의 백성들을 짓밟기 시작합니다. 왜냐하면 하나님께서 성도들을 징계하시기 위하여 악한 자들을 잡아매고 있던 끈을 풀어버리시기 때문입니다. 우리가 성경 사사기를 보면 이스라엘 백성들이 잘못을 하는 바람에 원수들에게 많은 고통을 받고 박해를 받는 것을 볼 수 있습니다. 이것은 결국 하나님의 백성들이 말씀대로 살지 않았기 때문입니다. 그것은 이스라엘 백성들에게도 불행이지만 악한 나라는 더 불행합니다. 왜냐하면 그들은 하나님의 백성들을 공격하면서 더 마음이 강팍해지기 때문입니다.

오늘 본문에 나오는 모압이나 블레셋이나 에돔이나 앗수르 등 다른 나라들은 결국 이스라엘 백성들이 죄를 지었기 때문에 하나님께서 불러 들이신 것입니다.

여기서 우리가 알 수 있는 것이 무엇입니까? 하나님의 백성들이 자기 자신을 잘 지키는 것이 결국 다른 사람들로 하여금 죄짓지 않게 하는 길입니다.

다윗이 밧세바와 간음으로 범죄했을 때 나단 선지자는 이미 그가 이방에 훼방거리가 되었다고 말을 했습니다. 결국은 그가 범죄한 사실이 온 세상에 알려지게 되면서 그만큼 하나님의 나라가 조롱을 당하고 원수들에게 웃음거리가 되었다는 뜻입니다. 그러면 어떻게 됩니까? 교회가 세상의 빛이 되어야 하는데 오히려 조롱거리가 되니까 그 상처가 치유될 때까지 진리의 빛을 드러내지 못하게 되는 것입니다.

우리가 처음 이런 것을 잘 알지 못할 때에는 모든 것을 열심히 하기만 하면 좋은 줄 알고 열심을 다해서 하나님의 일을 합니다. 그러나 어느 정도 신앙적으로 성장하다보면 열심히 봉사한다고 하면서도 허점이 많았다는 것을 알게 됩니다. 그리고 하나님의 일을 하면서도 죄나 유혹에 빠질 경우도 여러 번 있다는 것을 알게 됩니다. 그런데 이것이 평신도이거나 중요한 직분을 맡지 않았을 때는 묻어 넘어갈 수도 있는데 중요한 위치에 있게 되면 그런 사소한 실수나 잘못이 하나님의 교회에 큰 시험거리가 될 수가 있습니다. 그러니까 별 생각없이 한 말과 행동이 엄청난 비난 거리가 될 수도 있고 특히 자기 자신을 지키지 못해서 죄와 유혹에 빠질 때 하나님의 교회는 치명적인 손상을 입게 되는 것입니다. 그래서 어느 정도 철이 들고나면 자신의 분량을 넘어서 많은 일을 하는 것이 절대로 좋지 않다는 것을 알게 됩니다. 어떻게 하든지 자기를 지키려 하고 할 수 있는대로 기도를 많이 하게 됩니다. 왜냐하면 기도 외에는 사탄의 시험을 이길 수 있는 방법이 없기 때문입니다. 그리고 많은 일을 해서 다른 사람을 기쁘게 하다가 죄에 빠지는 것보다는 남들을 다소 실망시키는 일이 있더라도 자기 자신을 잘 지켜서 유혹에 빠지지 않는 것이 남을 돕는 일이라는 것을 깨닫게 될 것입니다.

최후의 결전

이 세상 악의 세력들이 하나님의 백성들을 미워하거나 시기하는 것으로 끝내지 않고 어느 날 하나님의 백성들의 씨를 말리기 위하여 대대적인 공격을 할 때가 있습니다. 이것이 바로 사상 최대의 전투가 되는 것입니다. 이것은 역사상 한번만 있는 것이 아니라 시대마다 혹은 개인에게도 있을 수가 있습니다. 그러니까 하나님의 백성들을 완전히 멸망을 시키려고 작정을 하고 대대적인 공세를 펴는 것입니다. 사사기에는 이스라엘 백성들에게 이런 경험이 대표적인 것이 두 번 있었습니다. 한번은 드보라 때에 북쪽에 있는 시스라의 철병거 구백 승이 공격을 했을 때입니다. 그리고 다른 한번은 기드온 때 미디안 병사들 13만 명 가량이 공격을 해 왔을 때입니다.

> "주는 미디안인에게 행하신 것 같이, 기손 시내에서 시스라와 야빈에게 행하신 것 같이 저희에게도 행하소서. 그들은 엔돌에서 패망하여 땅에 거름이 되었나이다. 저희 귀인으로 오렙과 스엡 같게 하시며 저희 모든 방백으로 세바와 살문나 같게 하소서" (83:9-11).

여기서 중요한 것은 '저희에게 하소서' 라고 했는데 '저희' 가 어떤 사람들인지 드러나지 않고 있습니다. 그러나 분명한 것은 완전히 이스라엘 백성들의 씨를 말리기 위하여 대대적으로 공격해 온 것은 분명합니다. 아마도 히스기야 때 예루살렘을 멸망시키기 위하여 포위했던 앗수르 군대 십팔만 오천 명일 수도 있습니다.

하나님께서 이스라엘 주변 나라로 하여금 하나님의 백성들을 공격하게 할 때에는 오직 한 경우밖에 없습니다. 그것은 하나님께서 주의 백성들을 연단하시기 위하여 악한 자들에게 붙이실 때입니다. 특히 하나님의 백성들은 지나치게 하나님의 은혜를 많이 받으니까 버릇이 없어져서 하나님의 은혜의 소중함을 알지 못하고 교만하기 쉽습니다. 교만이 빠져나가는 방법은 하나밖에 없습니다. 그것은 고난의 연단을 통한 눈물로 교만이 빠져나가는 수밖에 없습니다. 눈물을 흘리지 않고 교만이 빠져나가는 방법은 없습니다.

그러나 하나님의 허락도 없이 악한 세력들이 하나님의 백성들을 공격할 때가 있습니다. 그때는 하나님이 전혀 허락하지 않았는데 악한 자들이 하나님의 백성들을 업신여기고 아예 이 세상에서 멸종시키려고 완전한 준비를 해서 공격할 때입니다. 그때는 하나님의 백성들이 멸망할 때가 아니고 악한 자들이 망할 때입니다. 왜냐하면 그들이 하나님을 대항하여 사력을 다하여 싸우려고 일어선 것이기 때문입니다.

드보라 때 이스라엘은 아무 힘이 없었습니다. 더욱이 사사는 여사사였습니다. 그리고 그들에게는 병거가 하나도 없었습니다. 그런데 야빈의 부하 시스라는 철병거를 구백 승이나 끌고 이스라엘의 씨를 완전히 말리려고 쳐들어왔습니다. 그러나 하나님은 우리가 생각지도 못한 비를 내리셔서 철병거는 물속에 깊이 가라앉혔습니다. 그냥 병거도 무거운데 철병거였으니 얼마나 무겁겠습니까? 시스라의 병거는 진흙 속에 처박혀서 전혀 사용할 수 없었고 이스라엘 백성들은 큰 승리를 거두었습니다. 그들은 엔돌에서 패하여 땅의 거름이 되었습니다. 군대가 모두 땅 속에서 묻혀서 썩어버린 것입니다.

그리고 또 다른 하나가 기드온 때입니다. 기드온이 하나님의 감동으로 바알제단을 파괴했을 때 이스라엘 백성들은 은혜를 받기 시작했습니다. 그런데 놀라운 것이 이스라엘 백성들이 은혜를 받고 부흥의 역사가 일어나면 사탄의 세력은 반드시 대대적인 공격을 한다는 것입니다. 그때 하나님께서는 기드온의 삼백 용사가 오로지 횃불과 나팔로 미디안 족속 십삼만 명을 죽인 것입니다. 그때 오렙과 스엡이라는 유명한 미디안 용사가 있었는데 오렙은 오렙바위에서 죽이고 스엡은 스엡 포도주틀에서 죽였습니다. 그리고 요단강을 건너 도망을 쳤던 세바와 살문나는 기드온의 삼백 용사가 끝까지 추격하여 잡아와서 죽였습니다.

그래서 악한 자들이 하나님의 백성들을 총공격하는 날은 그들의 심판날이 되는 것입니다. 그래서 예루살렘을 에워싸던 앗수르 군대 십팔만 오천 명도 하룻밤 사이에 모두 죽임을 당했습니다. 마틴 루터를 소환했던 보름스 회의장도 결국 사탄의 세력들이 패배하는 장소가 되었습니다. 아무도 종교개혁의 물고를 돌릴 수가 없었습니다.

악한 자의 욕심과 결과

악한 자들이 노리는 것이 무엇입니까?

"저희가 말하기를 우리가 하나님의 목장을 우리의 소유로 취하자 하였나이다" (83:12).

그들이 노리는 것은 두 가지입니다. 하나는 하나님의 목장을 황폐화시키는 것입니다. 이것은 하나님의 목장에 은혜가 임하지 못하게 방해를 하거나 아니면 악한 자들을 선동해서 서로 다투게 하는 것입니다. 더 궁극적으로 원하는 것은 하나님의 목장을 이 세상에서 없애 버리는 것입니다. 그것을 여기서는 하나님의 목장을 자기들이 취하자고 하는 것입니다. 그러나 그들이 하나님의 소유를 손대려고 하는 것 자체가 엄청난 죄악인 것을 알아야 합니다. 결국 그들에게 돌아가는 것이 무엇입니까?

우선 첫째로 그들은 초개나 검불같이 됩니다.

"나의 하나님이여 저희로 굴러가는 검불같게 하시며 바람에 날리는 초개같게 하소서" (83:13).

검불이나 초개는 전혀 뿌리를 내리지 못하는 것입니다. 어려운 때를 당하면 가장 먼저 뿌리부터 마르게 되어 있습니다.

두 번째는 한순간에 불에 타서 없어져 버립니다.

"삼림을 사르는 불과 산에 붙는 화염같이 주의 광풍으로 저희를 쫓으시며 주의 폭풍으로 저희를 두렵게 하소서" (83:14-15).

이런 검불이나 초개는 불이 한번 붙으면 한순간에 타서 재가 되어 버리는데 광풍이 불면 아무 흔적조차 없게 됩니다. 아무 것도 건지는 것이 없는 것입니다.

그리고 세 번째는 그 얼굴에 수치가 돌아가게 됩니다.

"여호와여 수치로 저희 얼굴에 가득하게 하사 저희로 주의 이름을 찾게 하소서. 저희로 수치를 당하여 영원히 놀라게 하시며 낭패와 멸망을 당하게 하사 여호와라 이름하신 주만 온 세계의 지존자로 알게 하소서"(83:16-18).

결국 모든 영광은 하나님께 돌아갈 수밖에 없습니다. 하나님을 대항하던 모든 자들은 수치를 당하게 됩니다. 그리고 하나님의 이름만 지존자로 남게 되는 것입니다.

84.

84:1-12

너무나도 아름다운 하나님의 성전

만군의 여호와여
주의 장막이 어찌 그리 사랑스러운지요
내 영혼이 여호와의 궁정을 사모하여 쇠약함이여
내 마음과 육체가 생존하시는 하나님께 부르짖나이다
나의 왕, 나의 하나님, 만군의 여호와여 주의 제단에서
참새도 제 집을 얻고 제비도 새끼 둘 보금자리를 얻었나이다
주의 집에 거하는 자가 복이 있나이다
저희가 항상 주를 찬송하리이다(셀라)
주께 힘을 얻고 그 마음에 시온의 대로가 있는 자는 복이 있나이다
저희는 눈물 골짜기로 통행할 때에
그곳으로 많은 샘의 곳이 되게 하며
이른 비도 은택을 입히나이다
저희는 힘을 얻고 더 얻어 나아가
시온에서 하나님 앞에 각기 나타나리이다
만군의 하나님 여호와여 내 기도를 들으소서
야곱의 하나님이여 귀를 기울이소서(셀라)
우리 방패이신 하나님이여
주의 기름 부으신 자의 얼굴을 살펴보옵소서
주의 궁정에서 한 날이 다른 곳에서 천날보다 나은즉
악인의 장막에 거함보다 내 하나님 문지기로 있는 것이 좋사오니
여호와 하나님은 해요 방패시라 여호와께서 은혜와 영화를 주시며
정직히 행하는 자에게 좋은 것을 아끼지 아니하실 것임이니이다
만군의 여호와여 주께 의지하는 자는 복이 있나이다

How lovely is your dwelling place, O LORD Almighty!
My soul yearns, even faints, for the courts of the LORD;
my heart and my flesh cry out for the living God.
Even the sparrow has found a home, and the swallow a nest for herself,
where she may have her young--a place near your altar,
O LORD Almighty, my King and my God.
Blessed are those who dwell in your house;
they are ever praising you. Selah
Blessed are those whose strength is in you,
who have set their hearts on pilgrimage.
As they pass through the Valley of Baca, they make it a place of springs;
the autumn rains also cover it with pools.
They go from strength to strength,
till each appears before God in Zion.
Hear my prayer, O LORD God Almighty;
listen to me, O God of Jacob. Selah
Look upon our shield, O God;
look with favor on your anointed one.
Better is one day in your courts than a thousand elsewhere;
I would rather be a doorkeeper in the house of my God
than dwell in the tents of the wicked.
For the LORD God is a sun and shield;
the LORD bestows favor and honor;
no good thing does he withhold from those whose walk is blameless.
O LORD Almighty, blessed is the man who trusts in you.

공부하는 학생들이 가장 사모하는 곳이라면 미국의 하바드 대학교이나 영국의 옥스퍼드 대학 같은 곳입니다. 우선 그곳의 교수들은 세계 최고 수준이며, 그곳의 도서관은 세계 최고의 장서들을 갖추고 있을 것입니다. 그리고 그런 곳에서 공부하고 우리나라에 오면 어느 누구도 무시하지 못하고 최고의 실력자로 대우해 줄 것입니다. 그래서 공부하는 사람들은 그런 좋은 대학에 장학금을 받고 유학하는 것을 다른 어떤 것보다 마음속으로 간절하게 사모할 것입니다.

우리가 마음속으로 가장 사모하는 곳이 어디입니까? 그것은 사람들마다 좋아하는 것에 따라서 사모하는 곳이 다 다를 것입니다.

아마도 쇼핑하는 것을 가장 좋아하는 사람들은 서울의 명동의 최고로 큰 백화점에서 좋은 물건이 허다하게 많은 데서 물건들을 고르는 것을 좋아할 것이며, 골프를 좋아하는 사람들은 잔디가 좋고 부킹하기 편한 골프장에서 골프치는 것을 가장 원할 것입니다. 여행을 좋아하는 사람들은 아직 가보지 않은 새로운 곳에 대한 정보를 얻고 그런 곳을 여행하는 것을 사모할 것이며, 등산하는 사람들은 아무도 오르지 않은 산이 있다면 그런 곳을 정복하는 것을 가장 사모할 것입니다.

그러면 우리 그리스도인들이 가장 사모하는 곳은 어디입니까? 그곳은 성전입니다. 오늘 본문에서 성도들은 하나님의 성전을 얼마나 사모하는지 영혼이 쇠약하여질 정도로 성전을 사모한다고 합니다. 그리고 성도들은 얼마나 성전에 있는 것이 좋은지 다른 것들은 다 잊어버리게 되는 것입니다. 그리고 그들은 하나님의 성전에서 문지기로 있는 것이 악인의 장막에서 편히 사는 것보다 더 낫다고 고백을 하고 있습니다.

이스라엘 남자들은 일년에 세 번 절기 때에 하나님의 성전에 의무적으로 올라가게 되어 있었습니다. 물론 모든 이스라엘 백성들이 하나님의 성전을 그렇게 좋아했는지는 알 수가 없습니다. 그러나 하나님의 은혜를 체험한 성도들은 이 세상의 어떤 것보다 하나님의 성전을 사모하게 되는데 이것을 다른 사람들은 절대로 이해할 수가 없습니다.

무엇 때문에 주의 백성들이 하나님의 성전을 그토록 사랑하게 됩니까?

그 이유는 우선 거기에는 하나님의 죄 용서가 있습니다. 우리는 죄 용서를 통하여 과거의 옛 모습을 벗어버리고 새 사람으로 변하게 됩니다. 그리고 거기에는 위대한 하나님의 말씀이 있습니다. 이 하나님의 말씀을 들으면 하나님을 알게 됩니다. 모든 진귀한 보물이 하나님 안에 다 있다는 것을 알게 됩니다. 그리고 하나님의 성전에서 흘러 넘치는 은혜로 우리는 늘 새로워지게 되어 있습니다. 이 세상의 대학이나 백화점에서 쇼핑하는 것이나 높은 산에 등산하는 것은 한 순간에 만족감을 주고 끝나는 것이지만 하나님의 성전에서 받은 은혜는 영원히 없어지지 않는 복입니다.

하나님의 성전의 아름다움

오늘 본문은 하나님의 성전의 아름다움을 찬양하는 것으로 시작하고 있습니다.

"만군의 여호와여 주의 장막이 어찌 그리 사랑스러운지요. 내 영혼이 여호와의 궁정을 사모하여 쇠약함이여 내 마음과 육체가 생존하시는 하나님께 부르짖나이다" (84:1-2).

우선 하나님의 백성들은 무엇 때문에 하나님의 성전을 이토록 사랑합니까? 성전의 건물이 그토록 아름답기 때문입니까? 그렇지는 않은 것 같습니다. 왜냐하면 처음에는 '주의 장막' 이라고 했다가 그 다음에는 '주의 궁정' 이라고 표현하고 있기 때문입니다. 하나님의 성전은 오랫동안 장막으로 있었습니다. 그러다가 나중에 솔로몬 때에 돌과 나무로 된 웅장한 성전으로 재건축된 것입니다. 하나님의 백성들이 주의 성전을 사모하는 것은 장막의 웅장함이나 성전 건물의 화려함 때문은 아닌 것 같습니다.

중요한 것은 '생존하시는 하나님' 을 만날 수 있기 때문입니다.

여기에 보면 '여호와의 궁정을 사모하여 쇠약함이여' 라고 말을 하고 있습니다. 이것은 성도가 성전에 너무나도 올라가고 싶은데 어떤 사정으로 올라가지 못해서 병이 나게 되었다는 것입니다.

사람은 너무너무 하고 싶은 것이 있는데 할 수 없게 되면 낙심해서 병이 나게 되어 있습니다. 학생들 중에는 너무나도 대학에 가고 싶은데 가정 형편 때문에 가난해서 대학 진학을 포기해야 하는 사람들이 있습니다. 그러면 학생은 너무나도 낙심이 되어서 병이 나서 드러누워 버리게 되는 것입니다.

이 성도는 어떤 이유인지 모르지만 성전에 올라갈 수 없었던 것 같습니다. 그래서 그는 지금 너무 낙심해 병이 나서 누워있는 것입니다.

그러면 무엇 때문에 하나님의 백성들이 성전을 그렇게 사모하는 것입니까?

우선 가장 중요한 것이 성전 예배에서 내가 지은 죄를 사함을 받을 수 있다는 것입니다. 성전 예배에는 우리가 이 세상에서 지은 모든 죄를 하나님 앞에서 용서받게 합니다.

죄 용서라는 것은 다른 사람은 아무 상관이 없는 것입니다. 중요한 것은 바로 그 당사자입니다. 어떤 사람이 큰 죄를 지었습니다. 아직 그 죄가 다른 사람들에게는 알려지지 않았는데 그 마음은 얼마나 죄의식으로 큰 가책을 받고 있는지 모릅니다. 그는 매일 마치 큰 쇠뭉치로 마음을 내리 누르는 것 같습니다.

이것을 아모스서에는 '곡식 단을 가득 실은 마차가 흙을 누름 같다'(암 2:13)라는 말씀과 같다고 하고 있습니다. 만약 어떤 사람이 잘못되어서 짐을 잔뜩 실은 마차에 깔리게 되었다고 생각해 보십시오. 누군가가 꺼내어줄 수 있는 것도 아니고 마차 바퀴는 점점 가슴을 눌러오고 숨은 쉴 수가 없습니다.

마찬가지로 죄를 지은 사람은 어떤 방법으로도 양심의 가책을 피할 수가 없습니다. 술을 마시면 잠시 죄의식을 잊을 수 있을지 몰라도 점점 더 목을 더 조여오는 죄의 올가미를 피할 수가 없습니다. 그런데 하나님 앞에 나아가면 어떻게 됩니까? 하나님의 그 불꽃같은 눈 앞에 모든 죄를 다 토해내게 됩니다. 성전에 있는 그 불꽃은 마치 하나님의 눈동자와 같습니다. 내 속에 숨어 있는 죄를 하나님은 다 알고 계시며 그것을 다 토해내라고 말씀하십니다. 그래서 하나님 앞에서 내 모든 죄를 다 토하여 내고 믿음의 제사를 드리면 내 모든 죄를 하나님께서 다 가져가 버리십니다. 그것은 제사를 드리는 자기 자신이 느낄 수가 있습니다. 그동안 그 고통스럽던 마음은 사라지고 마음이 그렇게 기쁘고 감사할 수가 없습니다. 특히 죄의 값이라는 것이 얼마나 비참합니까? 모든 사람들 앞에서 끌려가야 하며 죄의 심문을 받아야 하고 그리고 비참한 처벌을 받아야 합니다. 그런데 하나님 앞에서는 그런 비참함 없이 오직 믿음으로 내 모든 죄를 용서받을 수가 있습니다. 이것은 우리가 완전히 한번 죽었다가 다시 살아나는 것과 같은 체험입니다.

만일 예를 들어서 어떤 사람이 암에 걸려서 사형선고를 받았는데 어떤 좋은 의사를 만나서 완치되었다면 얼마나 감격스럽겠습니까? 사람이 죽어야 하는데 다시 살게 된다는 것이 그 본인에게 얼마나 기쁘고 귀한 일인지 모릅니다. 우리는 모두 하나님의 성전에서 다 죽었다가 다시 살아나는 것입니다. 그것은 과거와 같은 모습으로 다시 사는 것이 아니라 흰 눈과 같이 그리고 흰 양털과 같은 모습으로 완전히 새 사람으로 다시 태어나는 것입니다. 우리는 죄인으로 죽고 의인으로 다시 사는 것입니다.

이제는 더 이상 어느 누구도 다시는 나의 과거의 죄를 들추어 내거나 공격할 수도 없고 부끄럽게 할 수도 없습니다. 완전히 새 사람으로 태어나는 것입니다. 얼마나 짜릿하고 멋진 일입니까?

그리고 두 번째는 우리는 성전에서 살아 계신 하나님을 경험하게 됩니다.

'내 영혼과 육체가 생존하시는 하나님께 부르짖나이다.'

우리가 하나님을 경험한다는 것은 그냥 어떤 좋은 사람을 만나는 정도가 아닙니다. 이것은 마치 은혜의 물 속에 한번 푹 잠기는 것과 같습니다.

아마도 나이드신 분들은 뜨거운 온천물에 푹 담그는 것을 굉장히 좋아할 것입니다. 왜냐하면 그 뜨거운 물에 푹 잠겨서 땀을 흠뻑 흘리면 나와 뜨거운 온천물이 하나가 되기 때문입니다.

우리가 성전에서 하나님의 말씀을 들을 때 바로 그런 일이 일어나게 됩니다. 처음에는 말씀 '따로', 나 '따로' 입니다. 그러다가 점점 그 하나님의 말씀이 나에게 적용되기 시작하는데 나의 깊은 부분을 찌르기 시작합니다. 어떤 때에는 어루만져 주시기도 하시고 어떤 부분은 아주 고통스럽게 수술을 하시기도 하십니다. 하나님의 말씀 하나 하나가 성령의 감동을 통하여 나에게 살아있는 말씀으로 와닿게 될 때 그 안에서 깊은 하나님과의 일치를 경험하게 되는 것입니다.

그때는 설교를 들으면서도 잠시 설교하는 사람을 잊어버리게 됩니다. 하나님과 일대일로 만나면서 하나님의 음성을 육성으로 듣는데 얼마나 넘치는 사랑으로 말씀을 하시는지 푹 잠깁니다. 그때에는 마치 십만 볼트의 전류에 감전되는 것과 같은 것입니다.

또한 성전예배에서 참으로 귀한 모든 것이 하나님 안에 다 있다는 것을 깨닫게 됩니다. 지금까지 세상에 붙들려서 열심히 뛰어다녔던 것들은 모두 엉터리들이고 각양 귀한 것이 하나님 안에 있음을 발견하게 됩니다.

예를 들어서 어떤 사람이 영화광이었다고 합시다. 그러나 그는 더 이상 영화를 예전처럼 좋아하지 않습니다. 왜냐하면 사실 영화라고 하는 것이 사람의 눈을 속이는 것에 불과하기 때문입니다. 실제로 촬영하는 세트장을 보면 얼마나 엉터리인지 모릅니다. 그래서 그만 영화가 시시해집니다. 그리고 문학을 엄청나게 좋아했다고 합시다. 하나님의 은혜를 한번 받은 후 좋아하던 소설들을 다시 한번 읽어보면 아무 것도 아니라는 것을 알게 됩니다. 왜냐하면 그 소설가들이 자기들도 모르는 것들을 장황하게 설명하고 있는 것을 보게 되면서 지루하게 느껴지게 됩니다.

옛날에는 세계 유명한 대학에서 공부하는 것을 그렇게 사모했다고 합시다. 그러나 하나님을 만난 후에는 그 많은 지식들이 사람들을 바꾸지 못하며 사람의 죄 문제를 해결하지 못한다는 것을 알게 됩니다.

그러니까 나를 완전히 변화시켰고 다른 믿음의 형제들을 변화시킨 하나님의 성전을 너무나도 사모하는 것입니다. 얼마나 사모하는지 영혼이 다 상할 정도입니다. 무슨 일이 있어서 예배를 빠지게 되면 도대체 내가 없을 때 어떤 말씀이 선포되었으며 그때 어떤 은혜가 임했을꼬 하는 생각을 하면 마음이 타들어 가는 것입니다. 혹시 그 사람이 군복무를 한다든지 아니면 출장을 가게 되어 장기적으로 예배를 빠지게 되면 예배 시간이 너무나도 그리워서 혼자 울기도 하고 너무나도 그곳이 보고 싶어서 몸부림을 치게 되는 것입니다.

세 번째로 성전에는 하나님의 놀라운 응답이 있습니다. 우리가 어려운 일을 당했을 때 그 답을 세상에서 열심히 찾습니다. 아는 사람을 찾아가기도 하고 또 관계되는 사람을 붙들고 사정하기도 합니다. 또 자기 나름대로 해결해보려고 인간적인 노력을 많이 해봅니다. 그러나 도저히 풀리지 않는 어려운 문제들이 있습니다. 이런 경우에는 마치 짐승이 덫에 걸려든 것 같습니다. 아무리 몸부림을 쳐도 그 어려움에서 빠져나갈 수 없고 또 몸부림을 치면 칠수록 더욱 더 올무가 죄여오게 됩니다. 그 어려움들이 어디서 풀리는가 하면 하나님의 성전에서 기도하는 가운데 풀려집니다.

그 이유가 어디에 있습니까? 우리의 어려움에는 푸는 순서가 있습니다. 그런데 그 첫 번째 단추를 잘못 풀면 그 다음 단추는 아무리 풀어도 결코 풀리지 않습니다. 그 첫 번째 단추가 무엇인가 하면 하나님과의 관계로 신앙적인 것이 먼저 풀려야 하는 것입니다. 이것은 마치 옛날 밀가루 부대를 풀 때 처음 매듭을 잘 풀면 저절로 매듭이 풀어지는 것과 같습니다. 신앙적인 문제가 풀려야 다른 문제들이 풀릴 수가 있습니다.

우리에게 닥치는 어려움들은 우리로 하여금 하나님을 찾으라고 생기는 것입니다. 그런데 하나님께 돌아올 생각은 하지 않고 자꾸 자기 힘으로 풀려고 하면 아무리 애를 써도 해결은 안됩니다. 우리가 어려움을 통하여 하나님을 전적으로 의지하면 하나님께서는 사진 한 장을 주십니다. 그것이 무엇인가 하면 자신의 문제를 풀 수 있는 설계도입니다. 이것은 마치 어려운 수학 문제를 푸는 풀이와 같습니다. 이것은 자신의 문제에 대한 전체적인 그림입니다. 이것이 있어야 다시는 똑같은 실패에 빠지지 않게 되는 것입니다.

그리고 네 번째 중요한 것은 하나님의 성전에는 나와 똑같이 말씀으로 변화된 성도들이 있습니다. 이 사람들은 모두 평범하고 쓸모없는 돌들이었는데 하나님의 성전에 나옴으로 정금으로 변화된 자들이며 하나님의 보석으로 변하고 있는 자들입니다. 그 한 사람 한 사람이 얼마나 귀한지 모릅니다.

그들이 말하는 것이나 섬기는 것이 얼마나 귀하고 아름다운지 그들을 보기만 해도 기쁘고 즐겁습니다. 그리고 함께 대화를 나누는 가운데 위로가 있고 축복이 있으며 하나님의 응답이 있습니다. 그러니까 이 세상 어디서 이런 인간 보배들을 만나겠으며 이 세상 어디에서 나의 어려운 문제에 대한 응답을 얻을 수 있겠습니까? 그리고 이 세상 어디에서 하나님 안에 있는 그 모든 보배들을 찾을 수 있겠습니까? 이 세상 어디에서 그 끔찍한 죄의 속박에서 벗어나서 새 사람으로 태어날 수 있겠습니까? 그러니까 성전의 체험이 있는 사람은 이 세상 어느 무엇보다 성전을 더 사모하게 됩니다.

변화된 새로운 눈

사람에게 있어서 가장 귀한 것은 새로워질 수 있다는 것입니다. 특히 사람의 마음이나 감정이 새로워질 수 있다면 이 세상 모든 것을 새로운 눈으로 볼 수 있을 것입니다.

어떤 사람들은 새로워지기 위해서 가구 배치를 자주 바꾸는 분들도 있고, 어떤 분들은 자주 방에 꽃을 꽂아두기도 합니다. 아니면 여행을 하든지 등산을 하기도 합니다. 물론 이런 것들이 일시적으로 우리의 마음을 신선하게 할 수도 있습니다. 그러나 이 모든 것들은 뜨거운 여름에 아이스바를 하나 먹는 정도에 불과합니다. 우리를 진짜 시원하게 하는 것은 따로 있습니다. 그것은 바로 성령의 은혜입니다.

우리가 성령의 은혜를 한번 받으면 우리의 감정과 생각과 모든 의지가 다 새로워집니다. 그래서 은혜를 받은 후에는 보는 모든 것이 새롭게 느껴집니다. 풀잎 하나, 작은 돌 하나도 새롭게 보이고, 늘 보던 강아지까지도 새 강아지처럼 보입니다.

이 성도는 그런 눈으로 성전에 있는 새들을 보게 되었습니다. 물론 그 전에는 늘 무심하게 보았던 새들이며 이런 새가 성전에 사는 줄 생각지도 않았습니다. 그런데 은혜를 받은 후에는 이 모든 것들이 새로운 모습으로 눈에 들어왔습니다.

> "나의 왕 나의 하나님 만군의 여호와여 주의 제단에서 참새도 제 집을 얻고 제비도 새끼 둘 보금자리를 얻었나이다"(84:3).

하나님의 성전에 제사장들만 살고 레위족들만 있는 줄 알았는데 여기에 새들도 제사장들처럼 보금자리를 틀고 있었습니다. 제비들은 아예 여기서 새끼를 키우고 있었습니다. 그런데 하나님께서는 이런 새들에게 '너희는 제사장이 아니니까 성전에서 나가라' 고 하시지도 않고 특히 제비들에게 '성전에서 아기 새를 키우면 안된다. 여기는 보육원이 아니거든. 그리고 제비 새끼들이 너무 불경건하게 시끄럽단 말이야' 라고 하시지도 않으시는 것입니다.

이 성도는 하나님의 그 넓은 품에서 무한정으로 사람들을 품으시는 것을 보았습니다. 하나님께서는 부족하다고 쫓아내지 아니하시고, 못났다고 배척하지 아니하시며, 무식하다고 괄시하시지도 않으십니다. 하나님은 특별히 부족한 자들을 더 챙기시고 초청하십니다.

하나님께서는 어떤 사람을 가장 좋아하십니까? 자기가 가장 부족하다고 생각하는 사람을 최고로 좋아하시고 자기가 가장 죄가 많다고 생각하는 사람들을 가장 많이 사랑하십니다.

예수님께서 어떤 바리새인의 집에 초청되어 가셨을 때 그 바리새인은 예수님을 별로 정성껏 영접하지 않았습니다. 발 씻을 물도 드리지 않고 머리에 기름도 바르지 않고 존경의 키스도 하지 않았습니다. 이것은 얼마나 예수님을 무시하는 초청이며 오히려 자기가 예수님같은 사람을 상대해 준다는 식이었습니다. 그런 초청은 사람을 참으로 기분 나쁘게 하는 초청입니다. 그런데 그때 한 여자가 예수님께 와서 눈물로 발을 적시고 머리털로 예수님의 발을 닦았습니다. 그리고 비싼 향유를 예수님의 머리에 부었습니다. 바리새인은 이 여자의 돌발적인 행동을 아주 불쾌하게 생각했습니다. 그때 예수님께서는 바리새인에게 물어보셨습니다. 어떤 사람이 오백 데나리온 빚을 진 자가 있고 어떤 사람은 오십 데나리온 빚을 진자가 있는데 둘 다 빚을 면제시켜 준다면 누가 더 이 사람을 사랑하겠느냐고 하셨습니다. 그 바리새인은 많은 돈을 탕감받은 자라고 대답을 했습니다. 그때 예수님께서는 이 여자가 이렇게 감사를 하는 것은 그의 많은 죄가 사하여졌기 때문이라고 하시면서 사함받은 것이 적은 자는 적게 사랑한다고 말씀하셨습니다(눅 7:47).

그러니까 하나님 앞에서는 죄가 많으면 많을수록 더 환영받으며 더 많이 부족한 사람이 더 큰 은혜를 받게 되어 있습니다. 그 대신 죄가 없다고 생각하는 사람들은 성전의 가치를 잘 모를 것입니다.

> "주의 집에 거하는 자가 복이 있나이다. 저희가 항상 주를 찬송하리이다" (84:4).

여기서 '주의 집에 거하는 자' 는 어떤 사람을 말할까요? 어떤 사람은 목회자일 것이라고 합니다. 왜냐하면 목회자는 항상 성전에서 성경을 보면서 기도하면서 살기 때문이라는 것입니다. 그래서 더 하나님을 가까이 하기 위해서 직장을 내던지고 목사가 되려고 하는 분들이 있는지 모릅니다.

혹 어떤 분은 모든 자신의 일을 다 제쳐두고 주야로 성전에서 기도와 말씀으로 생활하는 분들도 계십니다. 저는 그것도 귀한 일이라고 생각합니다. 그러나 더 중요한 것은 성전을 중심으로 생활하는 사람을 말합니다. 더 구체적으로 말하면 예배 중심으로 신앙 생활을 하며, 하나님 중심으로 신앙 생활을 하는 사람을 말합니다. 그런 사람은 언제나 하나님을 찬송하게 되어 있습니다. 왜냐하면 하나님께서 늘 그와 함께 하셔서 기쁨을 주시고 힘을 주시기 때문입니다.

오늘 많은 사람들은 생활할 때 예배나 교회가 중심이 아닙니다. 모든 것을 자신의 편의 중심으로 하고 교회는 일주일에 한번씩 예배드리러 가는 것 쯤으로 생각합니다. 그러면 찬송할 일이 아무래도 적을 것입니다.

성전을 가까이 하는 자에게 주시는 축복

예배에서 하나님을 찾고 하나님을 가까이 하는 자들에게 대하여 하나님께서는 아주 귀한 복을 약속하십니다.

그 첫째로 그런 사람의 마음에는 시온의 대로가 있습니다.

"주께 힘을 얻고 그 마음에 시온의 대로가 있는 자는 복이 있나이다"(84:5).

이런 사람은 하나님께로 난 대로가 있습니다. 여기서 '대로'라는 것은 고속도로를 말합니다. 우리나라에서 고속도로를 건설하려면 많은 노력과 시간과 자본이 듭니다. 특히 최근에 건설한 중앙고속도로는 많은 산과 골짜기를 터널로 뚫고 다리로 연결시킨 대공사였습니다. 그런데 한번 다리가 만들어지면 어떻습니까? 거의 무제한적인 차량 통행이 가능한 것입니다.

하나님과 우리와의 관계도 마찬가지입니다. 우리가 하나님과 관계를 바로 한다는 것은 결코 쉬운 일이 아닙니다. 경건이라는 것은 하루아침에 되지 않습니다. 마치 고속도로를 건설하듯이 평소에 꾸준히 도로를 만들고 터널을 뚫고 다리를 세워야 고속도로가 만들어지는 것이지 어려운 일이 닥친 후에 터널을 뚫고 다리를 세우려면 이미 늦은 것입니다.

그래서 사도 바울은 '육체를 위하여 심는 자는 육체로부터 썩을 것을 거두고 성령으로 심는 자는 성령으로 영생을 거둔다' (갈 6:8)라고 말씀하셨습니다. 그러니까 어려운 일이 닥친 후에 허겁지겁 금식기도한다, 철야 기도한다 해도 대로를 만들기는 너무 늦은 것입니다. 물론 하나님께서는 그런 다급한 기도도 들어주십니다. 그러나 그것은 한번 하늘에서 공수를 해주시는 것이지 대로가 열리는 것은 아닙니다. 하나님과 나 사이에 대로가 열리려면 꾸준하게 하나님의 말씀을 가까이 하고 기도 생활을 해야 합니다. 그러면 하나님의 능력이 무한정으로 나에게 공급되게 됩니다.

두 번째는 인생의 어려운 고비를 지날 때에 많은 위로를 받게 됩니다.

> "저희는 눈물 골짜기로 통행할 때에 그곳으로 많은 샘의 곳이 되게 하며 이른 비도 은택을 입히나이다"(84:6).

우리는 사람이기 때문에 언제나 평탄한 길을 걷는 것은 아닙니다.

우리가 살다보면 광야같이 메마른 곳을 걸어가야 할 때도 있습니다. 그럴 때 어떤 일이 일어납니까? 반석에서 샘물이 솟는 기적이 일어납니다. 눈물 골짜기는 고통스러운 시기를 말합니다. 그때 하나님께서 많은 은혜의 샘을 주십니다. 그리고 이른 비까지 내립니다. 이것은 생각지 않은 하나님의 도우심을 말합니다. 길이 없는 곳에 길이 생기기도 하고 마른땅에서 생수가 솟는 기적이 일어납니다. 그리고 하나님께서 나를 일일이 챙겨주시는 것을 경험하게 될 것입니다.

그리고 세 번째는 더 큰 힘을 주셔서 끝까지 견디게 하십니다.

"저희는 힘을 얻고 더 얻어 나아가 시온에서 하나님 앞에 각기 나타나리이다"(84:7).

하나님께서 이런 사람들에게는 힘을 한번만 주시는 것이 아니라 자꾸 자꾸 힘을 주십니다. 그래서 결국 자신이 걸어갈 길을 끝까지 다 마치고 하나님 앞에 서게 되는 것입니다. 바로 이것이 성공적으로 자신의 삶을 다 마친 것입니다. 사도 바울이 고백했듯이 '나의 달려갈 길을 다 마친 것' (딤후 4:7)입니다. 사람들 중에서 자기의 길을 끝까지 잘 달린 사람들이 많지 않습니다. 처음에는 대단하게 달리는 것 같더니 나중에는 결국 곁길로 가든지 지쳐서 믿음의 경주를 포기해버리는 것입니다. 그 이유가 무엇입니까? 뒷힘이 모자라기 때문입니다. 사람의 힘으로 하는 것은 오래 갈 수가 없습니다. 왜냐하면 얼마가지 않아서 힘이 바닥나고 말기 때문입니다. 그러나 하나님이 주시는 힘은 끝이 없습니다. 그래서 그 어려운 믿음의 경주를 끝까지 완주하게 되는 것입니다.

하나님께 드리는 기도

이제 이 성도는 확신을 가지고 하나님께 기도를 드립니다. 아마도 나름대로의 어려움을 가지고 있는 것 같습니다. 그럼에도 하나님께서 자신의 기도를 거절하지 않을 줄 압니다.

"만군의 하나님 여호와여 내 기도를 들으소서. 야곱의 하나님이여 귀를 기울이소서"(84:8).

여기서 '야곱의 하나님'이라고 하는 것은 부족한 야곱을 그대로 받으셨던 하나님이시라는 뜻입니다. 그래서 '하나님께서 나도 이 부족한 모습 이대로 받으실 줄 믿습니다'라는 믿음의 표현입니다.

"우리 방패이신 하나님이여 주의 기름 부으신 자의 얼굴을 살펴보옵소서"(84:9).

여기서 이 기도하는 사람이 적의 공격을 받고 있다는 것을 알게 됩니다. 그리고 그가 성전에 갈 수 없었던 이유도 악한 자에게 포위되었기 때문에 갈 수 없었음을 알게 됩니다. 더욱이 그가 하나님의 기름부음을 받은 왕이란 것을 알게 됩니다. 그렇다면 이 시를 쓴 사람이 다윗일 가능성도 높습니다.

그런데 자기 얼굴을 살펴 달라는 것입니다. 그 얼굴이 어떻습니까? 너무나도 성전을 사모하여 병든 모습이었습니다. 이제 더 이상 영적으로 채움받지 못하면 금방 쓰러질 수밖에 없는 한계점에 도달한 모습입니다. 환자로 치면 중환자인 것입니다.

"주의 궁정에서 한 날이 다른 곳에서 천 날 보다 나은 즉 악인의 장막에 거함보다 내 하나님 문지기로 있는 것이 좋사오니 여호와 하나님은 해요 방패시라. 여호와께서 은혜와 영화를 주시며 정직히 행하는 자에게 좋은 것을 아끼지 아니하실 것임이니이다"(84:10-11).

하나님의 전이 이렇게도 좋다는 것입니다. 이 세상에서 호의호식하는 것보다 하나님의 전에 있겠다는 것입니다. 사실 어떤 사람은 특급 호텔에 자면서도 고민하고 갈등하는 사람들이 있습니다. 우리가 진정으로 하나님의 은혜를 깨닫기 전에는 특급 호텔에 자는 것을 소원하고 외국에 여행하는 것을 소원하고 유명한 대학교에 가서 공부하는 것을 소원할 것입니다. 그러나 하나님의 은혜를 한번 체험하고 나면 그런 것으로는 사람을 바꿀 수 없다는 것을 깨닫게 됩니다. 가장 중요한 것은 하나님의 말씀이 샘 솟듯이 솟아나는 성전이며 하나님은 그런 사람들에게 해가 되어주시고 방패가 되어주시며 가장 좋은 것을 아끼지 않을 것이라고 약속하셨습니다.

85:1-13

하나님의 구원의 묘수

85.

여호와여 주께서 주의 땅에 은혜를 베푸사
야곱의 포로 된 자로 돌아오게 하셨으며
주의 백성의 죄악을 사하시고
저희 모든 죄를 덮으셨나이다(셀라)
주의 모든 분노를 거두시며 주의 진노를 돌이키셨나이다
우리 구원의 하나님이여 우리를 돌이키시고
우리에게 향하신 주의 분노를 그치소서
주께서 우리에게 영원히 노하시며 대대에 발분하시겠나이까
우리를 다시 살리사 주의 백성으로 주를 기뻐하게 아니하시겠나이까
여호와여 주의 인자하심을 우리에게 보이시며
주의 구원을 우리에게 주소서
내가 하나님 여호와의 하실 말씀을 들으리니
대저 그 백성, 그 성도에게 화평을 말씀하실 것이라
저희는 다시 망령된데로 돌아가지 말지로다
진실로 그의 구원이 그를 경외하는 자에게 가까우니
이에 영광이 우리 땅에 거하리이다
긍휼과 진리가 같이 만나고 의와 화평이 서로 입맞추었으며
진리는 땅에서 솟아나고 의는 하늘에서 하감하였도다
여호와께서 좋은 것을 주시리니 우리 땅이 그 산물을 내리로다
의가 주의 앞에 앞서 행하며 주의 종적으로 길을 삼으리로다

You showed favor to your land, O LORD;
you restored the fortunes of Jacob.
You forgave the iniquity of your people and covered all their sins. Selah
You set aside all your wrath and turned from your fierce anger.
Restore us again, O God our Savior, and put away your displeasure toward us.
Will you be angry with us forever?
Will you prolong your anger through all generations?
Will you not revive us again, that your people may rejoice in you?
Show us your unfailing love, O LORD, and grant us your salvation.
I will listen to what God the LORD will say;
he promises peace to his people, his saints--but let them not return to folly.
Surely his salvation is near those who fear him,
that his glory may dwell in our land.
Love and faithfulness meet together;
righteousness and peace kiss each other.
Faithfulness springs forth from the earth,
and righteousness looks down from heaven.
The LORD will indeed give what is good,
and our land will yield its harvest.
Righteousness goes before him and prepares the way for his steps.

얼마 전 중국에서 25명의 북한 탈북자들이 인권단체의 도움을 받아서 북경에 있는 스페인 대사관에 뛰어 들어가서 자기들을 한국에 갈 수 있게 해 달라고 요청을 했습니다. 사실 이 사람들은 아무 자격없이 중국에 들어온 불법 체류자들이어서 바로 북한으로 추방될 수밖에 없는 사람들이었습니다. 그러나 중국이 법대로 한다고 이 사람들을 강제로 붙잡아서 북한으로 보내면 스페인측도 가만히 있지 않을 것이고 또 올림픽을 앞두고 있는 중국의 이미지에도 큰 손실을 가져올 것입니다. 그렇다고 해서 아무런 법적인 근거도 없이 이 사람들을 한국에 보내면 북한과의 외교 마찰이 생기게 될 것입니다. 그래서 중국이 취한 것은 이 사람들이 불법 체류자들이니까 추방을 시키되 제3국으로 추방을 시켰습니다. 결국 자기들이 원하는 한국에 가도록 구원을 베풀어준 셈입니다. 이것이 일종의 외교적인 묘수풀이인데 스페인도 다치지 않고 북한과도 껄끄럽지 않으면서 25명의 탈북자도 살려주는 것입니다. 전에는 이런 것이 인정이 되지 않아서 외국 대사관에 뛰어들었던 어떤 한 가족 식구가 무려 한 달이 넘도록 그 대사관에서 불안에 떨면서 지내야 했던 적이 있었습니다.

우리가 하나님의 구원을 받는데 있어서 가장 큰 어려운 문제는 바로 법적인 문제였습니다. 즉 우리는 분명히 하나님 앞에서 죄인이기 때문에 하나님께서 아무런 근거없이 우리를 구원하실 수가 없습니다. 하나님께서는 모든 것을 바르게 해결하시는 분이십니다. 모든 것을 의롭게 법대로 처리하시는 분이십니다. 그 하나님께서 아무런 자격도 없는 우리들을 불쌍하다고 덜컥 구원하신다는 것은 용납이 되지가 않습니다. 그리고 또 하나는 실제적인 문제인데 즉 우리가 설사 구원을 받았다 하더라도 앞으로 죄를 짓지 않는다고 보장을 할 수가 없습니다. 아니 틀림없이 우리는 또 다시 죄를 지을 수밖에 없습니다. 그렇다면 어렵게 구원받은 우리들은 다시금 하나님의 나라에서 추방될 수밖에 없는 것입니다. 그렇다면 우리가 구원을 받은 의미가 없는 것입니다. 마치 우리는 아무런 자격없이 하나님의 대사관에 불법으로 뛰어들어서 구원해 달라고 요구하는 탈북자들과 같은 사람들입니다. 그런데 하나님께서 무슨 자격으로 우리를 안전하게 구원하실 수가 있으십니까?

오늘 본문의 시는 아마도 유다 백성들이 바벨론 포로에서 돌아온 후에 지은 것으로 생각이 됩니다. 그들이 바벨론 포로에서 돌아오면서 생각하게 된 것이 과연 우리가 포로 생활 70년 한 것으로 하나님 앞에서 우리의 죄값이 다 갚아졌느냐 하는 것입니다. 왜냐하면 그 당시에는 누구든지 노예에서 돌아오려면 노예의 몸값을 지불해야 하는데 아무 돈도 지불하지 않았는데 그들은 일방으로 고레스가 석방해 주어 노예에서 풀려나게 된 것입니다. 거기에다가 그들이 더 불안했던 것은 아무리 바벨론 포로에서 돌아왔다 하더라도 앞으로 그들이 죄를 짓지 않는다는 보장이 없었습니다. 그렇다면 그들은 또 다시 바벨론에 포로되어 갈 수밖에 없을텐데 이것을 어떻게 하냐는 것입니다.

예를 들어서 감옥에 있던 사람은 형기를 완전히 다 마치고 석방이 된 경우가 있는가 하면 형기를 마치기 전에 가석방이 되어서 출소하는 경우도 있습니다. 그런데 형기를 다 마친 사람은 그래도 좀 나은 편인데 가석방이 된 사람은 조금이라도 규칙을 어기는 날에는 그 자리에서 바로 교도소로 다시 붙들려 들어가게 됩니다. 결국 성경이 말씀하는 것이 우리의 죄 용서가 완전한 용서인가 아니면 가석방에 불과한가 하는 것입니다.

여기서 하나님의 구원의 묘수가 나옵니다. 하나님께서는 우리를 구원하시되 사랑과 정의가 완전히 만나게 하십니다. 본문에 그 유명한 표현이 나옵니다. 10절, "긍휼과 진리가 같이 만나고 의와 화평이 서로 입맞추었으며" 입니다. 우리는 법적으로만은 완전히 의로워질 수가 없습니다. 그런데 여기에 하나님의 사랑이 함께 있습니다. 의와 화평이 함께 입을 맞추었습니다. 그렇기 때문에 우리는 다시 죄인의 신분으로 하나님의 은혜에서 추방될 위험은 없는 것입니다.

야곱의 포로된 자를 돌아오게 하심

하나님께서 유다 백성들을 바벨론 포로에서 돌아오게 하신 것은 이들에 대한 죄값을 사하시고 진노를 돌이키셨다는 뜻이었습니다.

> "여호와여 주께서 주의 땅에 은혜를 베푸사 야곱의 포로된 자로 돌아오게 하셨으며 주의 백성의 죄악을 사하시고 저희 모든 죄를 덮으셨나이다. 주의 모든 분노를 거두시며 주의 진노를 돌이키셨나이다"(85:1-3).

여기서 몇 가지 중요한 표현이 나옵니다.

우선 첫째는 '주의 땅에 은혜를 베푸사' 라는 말씀입니다. 이것은 예루살렘이 하나님의 은혜를 잃어버리는 바람에 모든 사람들은 죽고 건물은 불타고 사람들은 포로로 잡혀간 것을 의미합니다. 즉 예루살렘 교회가 교회의 기능을 잃어버리고 폐허가 된 것입니다. 그런데 '주의 땅에 은혜를 베푸사' 라는 것은 무너진 교회를 재건하시겠다는 것입니다. 즉 포로된 자들이 다시 돌아와서 무너진 성전을 복구하고 하나님께 예배드리게 하겠으며 하나님께서는 그들의 예배를 받으시고 그들에게 다시 은혜를 내리시겠다는 것입니다.

교회가 완전히 파괴되었던 곳에 교회가 다시 세워진다는 것은 얼마나 놀라운 일인지 모릅니다. 예를 들어서 한때 교회가 번창했던 소아시아의 여러 도시는 지금의 터키 지역인데 철저한 회교 사회가 되어 있습니다. 그곳에 다시 교회가 세워지고 사람들이 교회에 몰려들기 시작하여 부흥의 역사가 일어난다는 것은 정말 놀라운 은혜가 아닐 수 없습니다. 또 북한의 평안도나 평양은 공산정권이 들어서기 전에 기독교가 아주 번창하던 곳이었습니다. 그런데 지금은 공산 정권에 의하여 교회가 다 파괴되었습니다. 그런 곳에 다시 동네마다 교회가 세워지고 부흥의 역사가 일어난다면 보통으로 복된 일이 아닐 것입니다. 그런데 하나님께서는 70년만에 다시 예루살렘에 교회를 회복시키겠다는 것입니다.

'야곱의 포로된 자를 돌아오게 하시겠다' 고 하십니다. 원래 야곱이라는 것은 이스라엘 자손들을 모두 다 총칭하는 표현입니다. 그런데 주로 변화되지 못했을 때의 이스라엘을 부를 때 야곱이라고 부르는 것입니다. 그러면 유다 백성들이 바벨론에서 칠십 년 동안 포로생활을 하면서 그들이 더 거룩해졌느냐 하면 결코 그런 것이 아니었습니다. 그들은 여전히 야곱이었으며 별로 변한 것도 없었습니다. 그런데 하나님께서 그들을 포로에서 돌아오게 하셔서 다시 예루살렘에 사람이 있게 하시고 교회의 기능을 살리신다는 것입니다. 그들에게 있어서 불안한 것이 무엇입니까? 그것이 과연 진짜 석방이 되는 것인지 아니면 가석방이기 때문에 잠시 나왔다가 죄를 지으면 다시 바벨론으로 끌려가야 하는 것인지를 알 수 없었습니다.

오늘 본문에는 이렇게 표현을 하고 있습니다.

"주의 백성의 죄악을 사하시고 저희 모든 허물을 덮으셨나이다. 주의 모든 분노를 거두시며 주의 진노를 돌이키셨나이다"(85:3-4).

유다 백성들이 이렇게 포로에서 돌아올 수 있었던 것은 하나님께서 그들의 죄를 덮으셨기 때문이며 주의 진노를 돌이키셨기 때문입니다. 그렇지 않으면 어떻게 돌아올 수 있겠습니까?

그런데 불안한 것이 있습니다. 그것이 무엇입니까? 포로에서 돌아온 자들이 너무나도 적은 것입니다. 출애굽 때에는 수백만의 이스라엘 백성들이 한꺼번에 애굽을 떠났는데 지금 포로에서 돌아온 자들은 오만 명 정도밖에 되지 않았습니다. 이것은 그들의 석방이 완전한 석방이 아니고 가석방이며 그들이 다시 죄를 지으면 또 다시 바벨론에 잡아가시려고 하는 것이 아닌가 하는 두려움이 생기는 것입니다. 그래서 그들은 다시 하나님께 기도를 드립니다.

> "우리 구원의 하나님이여 우리를 돌이키시고 우리에게 향하신 주의 분노를 그치소서"(85:4).

즉 우리를 부분적으로만 용서하지 마시고 완전히 용서해 주시며, 앞으로 다시 죄를 범치 않도록 해 주시든지 죄를 지어도 포로가 되지 않도록 완전한 해결을 해 달라는 것입니다.

구원받은 자들의 기도

오늘 본문을 보면 포로에서 돌아온 유다 백성들이 하나님께 기도하는 내용이 나옵니다.

> "주께서 우리에게 영원히 노하시겠으며 대대에 발분하시겠나이까? 우리를 다시 살리사 주의 백성으로 주를 기뻐하게 아니하시겠나이까? 여호와여 주의 인

자하심을 우리에게 보이시며 주의 구원을 우리에게 주소서"(85:5-7).

우선 바벨론 포로에서 돌아온 유다 백성들은 이 구원이 완전한 구원이 아니라는 것을 압니다. 왜냐하면 앞에서도 말씀드린 것처럼 포로에서 돌아온 백성들이 너무나도 적기 때문입니다. 그러니까 이것은 구원의 시작에 불과하며 아직 하나님의 본격적인 구원은 시작되지 않았다는 것입니다. 이것은 다른 말로 표현하면 이스라엘 자손들에 대한 하나님의 진노가 완전히 풀린 것은 아니며 앞으로 하나님의 노가 풀리면서 대대적으로 이스라엘 백성들이 하나님께로 돌아오는 일이 일어나야 하는 것입니다.

그러면 앞으로 우리 인간에 대한 하나님의 진노가 완전히 풀리는 때가 언제입니까? 그리고 언제 모든 하나님의 백성들이 대대적으로 속박에서 풀려나서 하나님께로 돌아오게 됩니까? 결국 약속하신 하나님의 아들이 오셔서 인간의 죄를 완전하게 해결을 하셔야 하는 것입니다.

그래서 유대인들이 바벨론 포로에서 조금 돌아왔다는 것이 그들에게는 굉장히 다행한 일이었습니다. 왜냐하면 그것을 통하여 그리스도에 대한 많은 진리를 생각할 수 있게 되었기 때문입니다.

그리고 또 중요한 것이 무엇인가 하면 우리가 앞으로 죄를 짓지 않을 수 있느냐 하는 것입니다. 우리는 반드시 앞으로도 죄를 지을 것입니다. 그러면 또 다시 우리는 하나님의 구원에서 쫓겨나서 어두운 데서 슬피 울며 이를 갈며 있게 되는 것입니까?

우리에게 가장 충격스러운 사실은 바벨론 포로에서 돌아온 후에 예수님을 거부했던 유대인들이 다시금 주후 70년에 비참한 멸망을 맞이한 것입니다. 유대인들이 우려했던 그 일이 또 다시 벌어지고 만 것입니다. 그들은 한번 멸망당하고 다시는 멸망당하지 않으려고 그렇게 많은 애를 썼는데 결국 로마와 전쟁을 벌림으로 두 번째 예루살렘은 멸망을 당하고 말았습니다. 그 이유가 어디에 있습니까? 하나님께서는 이제 구원에 있어서 혈통주의를 완전히 버리신다는 뜻입니다. 이제는 누구든지 믿는 자들이 하나님의 백성이 되는 것이지 혈통상의 이스라엘 자손이라고 해서 하나님의 백성이 되는 것이 아니며 이제는 더 이상 지역으로서의 예루살렘은 의미가 없다는 것입니다. 이제는 누구든지 주님의 이름을 부르는 자들이 모인 곳이 성전이 되는 것이지 예루살렘에 있는 그 건물로서의 성전은 의미가 없다는 뜻입니다.

이제는 진정으로 하나님의 말씀을 믿는 자 중에서는 앞으로 범죄한다고 해서 다시 버림을 받아 지옥에 던지우는 일은 없을 것입니다.

예수님 당시의 유대인들은 하나님을 믿지 않는 자들이었습니다. 물론 그들 스스로는 하나님의 백성이라고 생각했는지 모르겠지만 하나님 앞에서는 한번도 신자가 되어본 적이 없는 자들입니다. 하나님께서는 그런 자들까지 책임지시지 않습니다.

사도 바울이 로마서에서 "표면적 유대인이 유대인이 아니며 표면적 할례가 할례가 아니라"(롬 2:28)라고 한 말씀과 같습니다. 하나님께서는 진정으로 믿지 않으면서 믿는 척 하는 자들까지 다 구원하셔야 하는 것은 아닙니다. 그러나 진정으로 믿는 자들은 앞으로도 지켜주셔야 그들의 구원이 완전한 구원이 될 수 있을 것입니다.

하나님의 응답

먼저 포로에서 돌아온 자들이 하나님께 부르짖으면서 기도했을 때 하나님께서는 그들의 기도에 응답을 주셨습니다.

"내가 하나님 여호와의 하실 말씀을 들으리니 대저 그 백성, 그 성도에게 화평을 말씀하실 것이라. 저희는 다시는 망령된 데로 돌아가지 말지로다. 진실로 그의 구원이 그의 경외하는 자에게 가까우니 이에 영광이 우리 땅에 거하리이다"(85:8-9).

하나님께서 기도하는 백성들에게 주신 응답은 '화평'이었습니다. 여기서 화평이라는 것은 다시는 죄도 없고 다툼도 없고 심판도 없는 완전한 샬롬의 상태인 것입니다. 완전한 화평이 오려면 일단 죄가 없어져야 합니다. 그리고 죄가 없어지려면 우리 안에서 하나님을 대적하는 본성 자체가 없어져야 합니다. 이것은 우리 힘으로는 불가능한 것입니다.

우리 안에는 선천적으로 하나님께 대하여 대적하는 본성이 있기 때문에 우리 안에 있는 이 본성이 죽기 전에는 절대로 완전한 평화가 있을 수가 없습니다. 그런데 하나님께서는 그 화평을 우리에게 주실 것이며 주의 구원이 참으로 가깝다고 말씀하십니다. 이것은 무엇인가 엄청난 사건이 우리들에게 일어날 것을 예고하시는 것입니다. 그러면서 무엇이라고 말씀을 하십니까?

'저희는 다시는 망령된 데로 돌아가지 말지로다'라고 말씀을 하십니다.

여기서 '망령된 데'가 무엇을 의미합니까? 하나님 외에 다른 것을 붙드는 것을 말합니다. 이 당시 하나님을 경외하는 자손들도 끝까지 하나님을 의지하는 것이 너무나도 어려웠습니다. 그 이유는 너무나도 오랫동안 하나님께서 응답을 주시지 않고 침묵만 지키고 계시기 때문입니다.

그러나 하나님께서 우리들에게 원하시는 것은 아무리 하나님께서 응답을 주시지 않고 우리를 내버려두시는 것 같이 보여도 끝까지 다른 곳으로 가지 말라는 것입니다. 하나님께서 나의 기도를 거절하시면 그 거절당한 그 자리에 계속 있으라는 것입니다.

사람들이 망령된 데를 따라가는 가능성은 두 가지가 있습니다.

하나는 이 세상의 현실적인 복을 따라가는 것입니다. 이 세상을 보면 얼마나 많은 복이 널려 있습니까? 마치 손을 뻗기만 하면 너무나도 좋은 것들이 우리를 기다리고 있는 것 같습니다. 그러나 그것은 우리가 하나님께로 가는데 조금도 도움이 되지 못할 뿐 아니라 오히려 많은 걸림돌이 됩니다. 이 세상 것에 집착하는 동안 우리는 하나님께로 갈 수가 없습니다.

그리고 또 다른 하나는 하나님이 응답을 하시지 않기 때문에 우상에게 달려가기 쉽습니다. 여기서 우상은 자기 자신의 느낌이고 감정입니다. 사람들은 이미 돌로 만든 것이나 은이나 금으로 만든 것이 아무 것도 아니라는 것을 알고 있습니다. 그럼에도 불구하고 그것을 좋아하고 자기 문제를 해결해 줄 것이라고 믿는 이유가 무엇입니까? 자기가 그렇게 믿기 때문입니다. 사람들은 자신의 감정을 믿는 것입니다. 그래서 기독교 안에서 그릇된 신비주의가 많습니다. 왜 그런 잘못된 신비주의가 많은가 하면 하나님의 응답은 더디기 때문에 자신의 열심으로 스스로 응답을 받는 것입니다. 이것이 일종의 자기 암시입니다. 자기 자신을 그렇게 믿도록 만들어서 하나님의 뜻이라고 생각하는 것입니다.

하나님께서 우리에게 요구하시는 것은 우리가 하나님의 문을 두드리는데 응답이 없다고 해서 금방 떠나지 말고 그 문 앞에 장사진을 치고 기다리라는 것입니다.

얼마 전 경기도에서는 중고등학생들의 전학 신청을 받는데 선착순으로 받는다고 하니까 부모들이 교육청 앞에서 밤을 새우면서 줄을 서서 기다렸습니다. 그들은 문을 두드렸는데 응답이 없다고 해서 집으로 돌아가지 않았습니다. 왜냐하면 문을 열어주지 않는다고 해서 집으로 돌아가 버리면 다른 사람들이 먼저 신청을 해버리기 때문입니다.

어떤 학생은 우표 수집을 하는데 새벽 시간에 우체국 앞에 와서 줄을 서서 기다립니다. 그들은 우체국의 문이 열리지 않았다고 해서 집으로 돌아가지 않았습니다. 왜냐하면 우체국에서 새 우표를 파는 것은 틀림이 없고 참고 기다리기만 하면 그 원하는 우표를 살 수 있기 때문입니다.

우리는 하나님의 응답을 기다리는데 있어서 끈질김이 필요합니다. 한두 번 기도했는데 응답이 없다고 해서 세상적인 방법으로 따라가거나 아니면 자기 감정에 빠지는 그런 망령된 길로 가지 말고 응답이 없어도 계속 하나님의 문을 두들길 때 하나님께서 우리의 기다린 것이 헛되지 않도록 최우선적으로 응답을 주시는 것입니다. 그래서 설사 하나님께서 우리의 기도에 응답하시지 않으신다 하더라도 거절당한 그 자리에서 한 발자국도 움직이지 말고 끝까지 하나님을 기다리는 믿음이 되시기를 바랍니다.

하나님의 구원의 묘수

하나님께서 우리를 구원하시는 데는 두 가지 상반된 조건이 필요합니다. 우선 하나는 하나님의 은혜입니다. 하나님은 우리를 구원하시는데 우리들로부터 아무런 대가를 요구하시지 않고 공짜로 구원을 시켜주셔야 합니다. 왜냐하면 우리는 우리의 구원을 위하여 할 수 있는 능력이나 공로가 아무 것도 없기 때문입니다. 그래서 하나님은 우리로부터 아무런 대가나 자격을 요구하시지 않으십니다. 은혜로 구원하신다는 것은 구원받을 자격이 없고 죄 용서받을 자격이 없는 자를 하나님께서 일방적으로 구원하신다는 것입니다. 그런데 하나님의 은혜는 다른 하나의 심각한 문제를 야기시킵니다. 그것은 바로 정의의 문제입니다. 만일 하나님께서 죄인을 아주 근거없이 구원하신다면 그것은 하나님의 법에 맞지 않고 하나님의 정의에 맞지 않습니다. 하나님의 법을 엄격하게 적용을 하셔서 정의를 살린다면 구원을 받을 수 있는 사람은 아무도 없습니다.

그래서 하나님께서 우리를 구원하시는데 가장 어려운 문제인 어떻게 하면 죄인인 우리를 의롭게 하면서도 하나님의 법을 깨뜨리지 않느냐 하는 것입니다. 이것을 좀더 사도 바울식으로 표현하면 '하나님도 의로우시며 예수 믿는 자도 의롭다' 하시는 것입니다. 이것이 바로 하나님의 구원의 묘수입니다.

여기서 위대한 10절 말씀이 나옵니다.

"긍휼과 진리가 같이 만나고 의와 화평이 서로 입맞추었으며"(85:10).

하나님의 긍휼과 진리가 만나는 곳에 우리의 완전한 구원이 있습니다. 하나님께서는 우리를 무조건 용서하시면서도 하나님의 정의를 깨뜨리지 않는 방법을 생각해 내신 것입니다. 의와 화평이 입을 맞추는 구원을 생각해내신 것입니다. 하나님께서 악한 사탄을 내세우시는 이유가 어디에 있습니까? 사탄이라는 이름이 '참소자'라는 뜻입니다. 즉 하나님이 하시는 구원에 있어서 조금이라도 모순되거나 불의한 것이 있으면 다 찾아내어서 고발을 하라는 것입니다. 그러니까 조금이라도 죄가 있는 사람은 절대로 천국에 들어가지 못하도록 사탄이 불꽃같은 눈으로 다 찾아낼 것입니다.

그렇다면 하나님이 주신 방법이 무엇입니까? 하나님의 사랑하는 독생자 예수 그리스도가 우리 죄를 대신하여 죽는 것입니다. 예수 그리스도의 죽음은 우리 모든 인간들의 죄를 다 대신하고도 남습니다.

우리나라도 빚은 다른 사람이 갚아주어도 전혀 불법이 되지 않습니다. 만일 어떤 아들에게 빚이 일억 원이 있는데 아버지가 대신 갚아 주었다고 불법이 되지는 않습니다. 그런데 옛날에는 형벌도 대신 갚아주는 것이 가능했습니다. 그래서 형 대신 동생이 감옥에 들어가도 유효한 것입니다. 왜냐하면 고대에는 민사와 형사가 구분이 되지 않았기 때문입니다. 그리고 형기를 따질 때에도 철저하게 몸값을 가지고 따졌습니다. 그러니까 건강한 한 사람은 병들고 노쇠한 사람 여러 명과 맞바꿀 수가 있는 것입니다. 그래서 하나님의 아들이 감옥에 들어가면 그 감옥에 있는 죄수들은 다 나와도 됩니다. 왜냐하면 하나님의 아들의 몸값이 그 만큼 세기 때문입니다. 그런데 하나님의 아들이 우리를 대신하여 죽으면 우리의 죄가 영원히 해결되게 되어 있습니다. 하나님의 아들이 대신 죽으셨는데 누가 감히 우리의 죄 값을 따지겠습니까? 그래서 예수 그리스도의 십자가의 죽으심으로 하나님의 공의도 성립이 되고 하나님의 사랑도 만족하는 것입니다. 그래서 우리를 법적으로 전혀 하자가 없는 구원을 얻게 되는 것입니다. 하나님의 사랑과 공의가 우리 구원에서 완전하게 일치되었고 하나님도 의로우시며 우리들도 의롭게 되었습니다.

그러면 우리에게 남는 문제가 있습니다. 그것은 우리가 법적으로는 완전한 구원을 받았는데 실제로 우리 안에는 죄의 본성이 있습니다. 그리고 이것이 충동질을 받으면 언제든지 하나님 앞에서 폭발할 수 있는 것입니다. 이것을 어떻게 합니까? 하나님께서 우리를 진리와 의로 충만하게 하셔서 의롭게 하십니다.

"진리는 땅에서 솟고 의는 하늘에서 하감하였도다"(85:11).

메마른 땅이 있는데 하늘에서 비도 내리고 땅에서도 샘물이 솟는다면 그 땅은 금방 비옥한 땅이 될 것입니다. 사실 우리 인간들의 마음은 그 동안 하나님의 진리와 깨달음이 없어서 늘 메마른 광야와 같았습니다.

우리나라에는 봄만 되면 중국의 고비 사막에서 흙먼지가 바람을 타고 날아와서 흙먼지를 뿌려 놓습니다. 바로 황사 현상입니다. 그런데 그냥 흙먼지가 아니고 중금속에 오염된 흙먼지입니다. 황사가 이렇게 심하게 된 것은 바로 그 고비 사막에 수년째 비가 오지 않아서 그런 것입니다. 이것이 바로 우리 인간들의 마음입니다. 하나님의 진리의 비가 오지 않으니까 마음들이 완전히 말라버려서 온 세상을 오염된 먼지로 가득하게 합니다. 그런데 하나님께서는 그런 마음에 비를 내리고 샘이 솟게 하시는 것입니다.

사실 의가 무엇인지 몰라서 죄를 짓기도 하고 알아도 죄를 이길 수 없어서 죄에 빠지기도 했습니다. 그러나 구원받은 성도들에게는 위아래로 의와 진리가 부어지고 솟아납니다.

진리는 땅에서 솟고 의는 하늘에서 하감합니다. 그러니까 진리는 샘처럼 솟아오르고 의는 하늘에서 비처럼 내립니다. 우리의 마음이 하나님의 진리로 충만하지 않을 수가 없습니다. 실제로 우리는 믿은 후에 의인으로 만들어지는 것입니다.

"여호와께서 좋은 것을 주시리니 우리 땅이 그 산물을 내리로다. 의가 주의 앞에 앞서 행하며 주의 종적으로 길을 삼으리로다"(85:12-13).

좋은 것이 무엇입니까? 그것은 성령의 부으심입니다. 하나님의 성령을 우리 마음에 부으셔서 우리가 예수님처럼 변하게 됩니다. 그리고 땅은 우리를 도와 산물을 돕습니다. 성령의 사람이 이 세상에서 굶어죽지 않는다는 뜻입니다. 그리고 하나님의 의가 우리 앞에 행하기 때문에 언제든지 하나님 앞에 나아가서 기도로 우리의 필요한 것을 채움받을 수 있습니다. 그리고 이 세상에서도 하나님의 종적을 뒤따라가기 때문에 절대적으로 안전합니다. 우리는 하나님의 발자취만 따라가면 절대로 사망의 덫에 걸리지 않을 것입니다.

86.

86:1-17

바른 기도의 자세

여호와여 나는 곤고하고 궁핍하오니
귀를 기울여 내게 응답하소서
나는 경건하오니 내 영혼을 보존하소서
내 주 하나님이여 주를 의지하는 종을 구원하소서
주여 나를 긍휼히 여기소서 내가 종일 주께 부르짖나이다
주여 내 영혼이 주를 우러러 보오니 주여 내 영혼을 기쁘게 하소서
주는 선하사 사유하기를 즐기시며
주께 부르짖는 자에게 인자함이 후하심이니이다
여호와여 나의 기도에 귀를 기울이시고
나의 간구하는 소리를 들으소서
나의 환난 날에 내가 주께 부르짖으리니 주께서 내게 응답하시리이다
주여 신들 중에 주와 같은 자 없사오며 주의 행사와 같음도 없나이다
주여 주의 지으신 모든 열방이 와서 주의 앞에 경배하며
주의 이름에 영화를 돌리리이다
대저 주는 광대하사 기사를 행하시오니 주만 하나님이시니이다
여호와여 주의 도로 내게 가르치소서 내가 주의 진리에 행하오리니
일심으로 주의 이름을 경외하게 하소서
주 나의 하나님이여 내가 전심으로 주를 찬송하고 영영토록
주의 이름에 영화를 돌리오리니
이는 내게 향하신 주의 인자가 크사
내 영혼을 깊은 음부에서 건지셨음이니이다
하나님이여 교만한 자가 일어나 나를 치고
강포한 자의 무리가 내 혼을 찾았사오며
자기 앞에 주를 두지 아니하였나이다
그러나 주여 주는 긍휼히 여기시며 은혜를 베푸시며
노하기를 더디하시며 인자와 진실이 풍성하신 하나님이시오니
내게로 돌이키사 나를 긍휼히 여기소서
주의 종에게 힘을 주시고 주의 여종의 아들을 구원하소서
은총의 표징을 내게 보이소서 그러면 나를 미워하는 저희가 보고
부끄러워하오리니 여호와여 주는 나를 돕고 위로하심이니이다

Hear, O LORD, and answer me, for I am poor and needy.
Guard my life, for I am devoted to you. You are my God;
save your servant who trusts in you.
Have mercy on me, O Lord, for I call to you all day long.
Bring joy to your servant, for to you, O Lord, I lift up my soul.
You are forgiving and good, O Lord, abounding in love to all who call to you.
Hear my prayer, O LORD; listen to my cry for mercy.
In the day of my trouble I will call to you, for you will answer me.
Among the gods there is none like you, O Lord;
no deeds can compare with yours.
All the nations you have made will come and worship before you, O Lord;
they will bring glory to your name.
For you are great and do marvelous deeds; you alone are God.
Teach me your way, O LORD, and I will walk in your truth;
give me an undivided heart, that I may fear your name.
I will praise you, O Lord my God, with all my heart;
I will glorify your name forever.
For great is your love toward me;
you have delivered me from the depths of the grave.
The arrogant are attacking me, O God;
a band of ruthless men seeks my life--men without regard for you.
But you, O Lord, are a compassionate and gracious God,
slow to anger, abounding in love and faithfulness.
Turn to me and have mercy on me;
grant your strength to your servant and save the son of your maidservant.
Give me a sign of your goodness,
that my enemies may see it and be put to shame,
for you, O LORD, have helped me and comforted me.

사람들은 누구나 다 어려우면 하나님의 도움을 받기 위하여 기도를 하고 싶어합니다. 그런데 막상 기도하려고 할 때 어떻게 기도하는 것이 바른 기도인 줄 몰라서 자기 마음대로 기도할 때가 많습니다. 어떤 사람은 보따리를 싸가지고 산에 올라가면 기도가 더 잘 되는 것으로 생각하기도 하고 또 어떤 사람은 무작정 금식을 하면 하나님께서 기도를 잘 들어주실 줄로 생각을 합니다.

그러나 제자들은 예수님이 기도하시는 것을 보았을 때 예수님의 기도는 자기들의 기도와 완전히 다르다는 것을 알았습니다. 그래서 제자들은 예수님께 자기들에게도 기도를 가르쳐달라고 부탁을 했습니다. 예수님의 기도는 그렇게 자연스러울 수가 없었고 그렇게 친밀할 수가 없었습니다. 누군가 정말 가까운 사람과 한없이 대화를 나누듯이 그렇게 기도를 하셨습니다.

우리에게 있어서 기도는 천국문을 여는 열쇠와 같습니다. 우선 우리는 전능하신 하나님 앞에서 말씀을 드릴 수 있는 기회를 얻었다는 자체가 너무나도 귀한 것입니다. 그런데 더 중요한 것은 바른 자세로 기도하는 자의 기도를 하나님께서 들어주신다는 것입니다. 그리고 우리가 믿음으로 기도를 드릴 때 우리의 기도가 충분하지 못할 때에는 하나님께 충분하게 설명을 해주시는 분이 계십니다. 바로 성령님께서 우리의 불충분한 기도를 통역을 해 주십니다. 마치 아이들이 말을 잘하지 못할 때 이상한 방언같은 소리로 말하는데 아이의 엄마는 아이가 무슨 이야기를 하는지 다 알아듣고 통역을 해주는 것과 같습니다.

하나님은 우리의 모든 어려움의 해결자가 되십니다. 우리 속담에 '우물에서 숭늉을 찾는다'는 말이 있습니다. 이것은 엉뚱한 데 가서 아무리 이야기를 해봐야 아무 소용이 없다는 뜻입니다. 바른 문제 해결 능력을 가진 분에게 찾아가서 말을 해야 해결이 됩니다. 그런데 하나님은 우리가 가진 모든 어려움의 해결자가 되십니다. 우리는 하나님 앞에서 바른 방법으로 나아가기만 하면 하나님의 보물 창고 안에서 모든 귀한 것을 응답받을 수가 있는 것입니다.

우리의 어려운 처지에서 기도를 시작함

우리가 기도할 때 항상 주의해야 하는 것이 내 기도를 어디서 시작하느냐 하는 것입니다. 즉 나의 기도를 나의 어려운 처지에서 시작할 것인지 아니면 하나님이 어떤 분이신지 그것을 고백하면서 기도를 시작할 것인가 하는 것입니다. 바른 기도는 나의 처지에서 시작하는 것보다는 하나님이 어떤 분이신지를 고백하면서 기도하는 것이 더 좋습니다. 왜냐하면 하나님이 어떤 분이신지 그것을 깨달으면 깨달을수록 우리는 더욱더 큰 믿음으로 기도를 드릴 수가 있습니다.

그래서 예수님께서는 기도를 '하늘에 계신 우리 아버지'에서 시작하셨습니다. 이것은 우리의 시선을 나의 어려운 처지에 두지 않고 영광의 하나님께 두고 기도를 시작하는 것입니다.

그런데 오늘 본문인 다윗의 기도는 자신의 형편에서부터 기도를 시작하고 있습니다.

"여호와여 나는 곤고하고 궁핍하오니 귀를 기울여 내게 응답하소서"(86:1).

다윗은 자신의 형편이 너무 곤고하고 궁핍하기 때문에 하나님께서 지금 꼭 자신의 기도를 들어주셔야 한다고 말하고 있습니다. 여기서 '곤고하고 궁핍하다'는 것은 마음과 육체가 모두 지치고 상한 상태에 있다는 것입니다. 대개 하나님의 백성들은 육체의 피곤보다는 영적인 고민으로 쓰러질 때가 더 많습니다. 오히려 육체적으로는 아무리 어려워도 잘 견디는데 마음이 상하면 육체도 힘을 잃고 쓰러지게 되는 것입니다.

다윗이 이렇게 자신의 어려운 형편에서부터 기도를 시작하는 것은 그만큼 그의 형편이 대단히 어렵고 다급한 것을 말합니다.

우리는 연약한 인간이기 때문에 어쩔 수가 없습니다. 다른 사람으로부터 깊은 마음의 상처를 받아서 마음이 비통할 때에는 어떻게 합니까? 나의 그 비통한 감정에서부터 기도를 시작할 수밖에 없습니다.

'하나님, 지금 저의 마음은 대단히 슬픕니다. 그리고 너무나도 고통스럽습니다. 하나님, 지금 저를 한번 안아주세요. 그래서 이런 절망적인 현실만 보지 말고 하나님을 바라보면서 기도할 수 있게 해 주세요' 라고 기도할 수 있습니다.

그러나 우리는 너무 오랫동안 자신의 처지만 가지고 기도해서는 안됩니다. 왜냐하면 그렇게 기도하는 것은 신세타령으로 그칠 가능성이 있기 때문입니다.

오늘 본문에서 성도는 아주 다급하게 하나님께 부르짖으면서 기도를 드립니다.

3절에 "주여 나를 긍휼히 여기소서. 내가 종일 주께 부르짖나이다" 라고 말하고 있습니다.

그리고 6,7절에 "여호와여 나의 기도에 귀를 기울여 들으시고 나의 간구하는 소리를 들으소서. 나의 환난날에 내가 주께 부르짖으리니 주께서 내게 응답하시리이다"라고 말하고 있습니다.

그러니까 이 성도는 개인적으로 상당한 어려움에 처해 있어서 하루 종일 부르짖으면서 기도하고 있고 하나님의 응답을 기다리고 있습니다.

그런데 그 부르짖는 사이에 하나님에 대한 자신의 소망을 표현하고 있습니다.

"나는 경건하오니 내 영혼을 보존하소서. 내 주 하나님이여 주를 의지하는 종을 긍휼히 여기소서"(86:2)

"주여 내 영혼이 주를 우러러보오니 주여 내 영혼을 기쁘게 하소서. 주는 선하사 사유하기를 즐기시며 주께 부르짖는 자에게 인자하심이 후하심이니이다"(86:4-5).

그가 하나님께 대하여 이렇게 부르짖을 수 있는 근거가 어디에 있습니까?

그것은 자신이 '경건하기 때문이라' 고 말을 하고 있습니다. 사실 이 세상에 자기 스스로 자신이 경건하다고 말할 수 있는 사람이 어디 있겠습니까? 이 사람이 경건하다는 것은 자기는 전혀 죄가 없다거나 결점이 없다는 뜻이 아닙니다. 이것은 이 사람이 평소에 하나님의 은혜로 자기 욕심대로 살지 않았다는 것입니다. 이것이 대단히 중요합니다. 우리가 어려울 때 하나님의 도우심과 응답을 받으려면 무엇인가 믿음으로 산 것이 있어야 합니다. 그것이 바로 자기 욕심대로 살지 않고 욕망을 죽여가면서 하나님을 두려워하면서 산 것입니다. 이것이 없으면 어려운 환난의 날에 어떻게 하나님 앞에서 부르짖을 수가 있겠습니까? 하나님은 그런 자에게 인자하심이 후하신 하나님이십니다.

그래서 우리가 어려울 때에 즉각적인 하나님의 응답을 받으려면 평소에 자기 욕심대로 살면 안됩니다. 사도 바울은 우리가 심은대로 거둔다고 했습니다. 성령으로 심은 자는 성령으로 영생을 거둘 것이며, 육체로 심은 자는 육체로부터 썩어질 것을 거둔다고 했습니다. 늘 자기 욕심대로 살지 않은 자가 기도할 때 담대할 수 있습니다. 그러면 욕심대로 산 사람은 어떻게 해야 합니까? 이번 기회에 욕심을 버리고 오직 하나님만 붙드는 믿음의 결단이 있어야 응답을 받을 수가 있습니다. 마음에 욕심을 품으면 하나님께서 그 기도를 듣지 않으신다고 했습니다.

하나님에 대한 고백

우리의 기도는 하나님이 어떤 분이신지 그것을 생각하고 자신의 신앙을 고백하는 데서부터 시작이 되어야 합니다. 왜냐하면 위대한 하나님을 깨달으면 깨달을수록 더욱더 하나님을 신뢰할 수 있게 됩니다.

그래서 성경 말씀을 읽고 깨달은 마음으로 기도하는 것이 중요합니다. 왜냐하면 성경 말씀을 통해서 하나님을 깨달으면 깨달을수록 우리의 믿음이 더욱 더 커지기 때문입니다. 믿음이 없으면 어떻게 나의 문제를 상대방에게 맡길 수 있겠습니까? 예를 들어서 환자가 아무리 생각해도 의사가 미덥지 않으면 그 의사의 수술을 받으려고 하지 않을 것입니다. 그런데 그 의사의 경력이나 소문이나 말하는 것을 들을 때 믿음이 가기 때문에 자신의 몸을 맡기는 것입니다. 마찬가지로 우리가 하나님을 알지 못하면 절대로 우리 자신의 문제를 하나님께 맡기지 못하면 하나님께서 돕고 싶어도 도우실 수가 없게 됩니다.

여기서 신앙과 신념이 갈라집니다. 신념이라고 하는 것은 결국 자신의 의지를 믿는 것입니다.

'나는 이 어려움을 이겨낼 수 있다. 나는 결국 해내고 말 것이다' 는 것이 신념입니다. 그런데 신앙이라고 하는 것은 성경 말씀을 통하여 하나님이 얼마나 크고 위대하신 분이신 줄 깨닫는 것입니다. 그리고 하나님이 이 정도로 능력이 있는 분이시라면 이런 어려움은 충분히 해결할 수 있다는 것을 믿는 것입니다. 그러니까 신앙은 '하나님은 하실 수 있다. 그리고 내가 믿는 것이 하나님의 뜻이라면 분명히 이 어려움이 해결될 것이다' 는 것을 믿는 것입니다.

사실 신앙의 가장 어려운 부분이 바로 여기에 있습니다. 신앙은 내가 무엇을 하는 것이 아니고 하나님께 맡기는 것이기 때문에 모든 것이 하나님께 달려있습니다. 그런데 나는 하나님께서 꼭 해결해 주실 줄로 믿었는데 하나님의 마음이 아니면 어쩔 수 없는 것입니다.

저는 과거에 꼭 이것은 하나님의 뜻이라고 믿었는데 결국 그렇게 되지 않았던 적들이 여러 번 있었습니다. 그때마다 얼마나 실망하고 절망을 했는지 모릅니다. 하나님께서 복주시는 것은 신념이 아니고 신앙입니다.

신념이라고 하는 것은 결국 운동 선수들이 순간적인 기록을 세우기 위해서 약물을 먹는 것과 같습니다. 운동 선수들은 자기 힘으로 도저히 극복할 수 없는 그 약간의 한계를 극복하기 위하여 근육을 순간적으로 긴장시키는 약물을 먹습니다. 물론 비슷한 상황에서는 그 약물의 효과도 대단한 것이지요. 그러나 그것은 결국 자기 자신을 속이는 것밖에 되지 않습니다. 어느 수준 이상의 어려움을 당하면 신념으로는 되지 않습니다.

그러나 하나님께서는 겨자씨같은 작은 믿음을 가지고 있으면 '산이 옮기워져서 바다에 빠지는 일' 도 일어나게 하십니다. 그 믿음도 겨자씨만한 믿음입니다. 우리가 하나님을 내 힘으로 끌어올 수만 있다면 마치 원자 폭탄이나 지진의 힘을 나의 힘으로 끌고 올 수 있는 것과 같습니다. 이것은 겨우 약을 한 알 먹고 힘을 내는 것과 근본적으로 다릅니다. 우리가 하나님을 나의 능력으로 끌어오려면 하나님을 바로 알아야 하고 내 자신을 하나님께 맞추어야 합니다.

> "주여 신들 중에 주와 같은 자 없사오며 주의 행사와 같음도 없나이다. 주여 주의 지으신 모든 열방이 와서 주의 앞에 경배하며 주의 이름에 영화를 돌리리이다. 대저 주는 광대하사 기사를 행하시오니 주만 하나님이시니이다"(86:8-10).

이 성도는 하나님에 대한 고백이 무엇입니까?

'신들 중에서 하나님 같은 신이 없다'는 것입니다. 사실 이 당시에 하나님의 이런 고백은 이방인들 중에서는 불가능한 고백입니다. 당시 모든 이방인들은 수많은 신들이 있다고 생각을 했습니다. 그리고 큰 나라의 신은 더 크고 위대하며 작은 나라의 신은 힘이 없고 부족하다고 생각을 했습니다. 그런데 이스라엘 백성들은 참 신은 오직 천지를 만드신 하나님 한 분뿐이시고 다른 모든 것들은 하나님이 만드신 피조물에 불과하다는 것을 믿습니다. 여기서부터 하나님의 백성들은 모순이 생깁니다. 즉 하나님은 눈으로 보기에는 작은 나라의 하나님이신 것 같은데 온 세상을 다스리신다는 것입니다. 거기에 비하여 큰 나라의 신들은 모두 거짓된 것이고 인간들의 상상이 만들어낸 가짜 신이라는 것입니다. 그러니까 하나님의 백성들은 처음부터 성경과 현실 사이의 모순을 느끼지 않을 수가 없습니다. 그 모순을 이길 수 있는 것이 믿음입니다.

그러면 그런 이방신들을 섬기는 나라들이 힘이 있는 이유가 무엇입니까? 그것은 하나님께서 빌려주신 능력을 그들이 찬탈을 하고 있는 것입니다.

이때 하나님의 백성들이 붙들어야 할 것이 무엇입니까? 그것은 우리는 아무리 어려워도 이방신의 힘을 빌리지 않는다는 것입니다. 왜냐하면 하나님이 이 모든 것의 주인이시기 때문에 모든 것의 해결은 하나님의 뜻에 달려있는 것입니다. 우리는 하나님 외에 해답을 알지 못합니다.

그리고 두 번째는 철저하게 하나님을 의지하기만 하면 반드시 이기게 되어 있다는 것입니다. 왜냐하면 하나님께서 악의 세력을 이렇게 키우신 것은 반드시 이유가 있습니다. 그리고 환난을 한번 일으키셨다면 반드시 그 목적을 달성하실 것입니다. 우리는 이 세상에 있는 모든 악을 다 물리칠 힘이 없습니다. 그렇게 하실 분은 오직 그리스도 한 분밖에 없습니다. 그러니 나는 내가 해야 할 일을 하기만 하면 되는 것입니다. 내가 일 해야 할 때가 아니면 기다리기만 하면 됩니다. 그럴 때는 고개를 푹 숙이고 어떤 고난과 모욕이 온다 하더라도 참고 기다려야 합니다. 그리고 내가 할 수 있는 범위 안에서 하나님의 뜻만 이루어드리면 충분한 것입니다. 이것이 믿지 않는 사람들의 의협심과 차이가 있습니다. 믿지 않는 사람의 의협심은 자기와 상관없는 다른 사람들의 불의도 해결하려고 뛰어듭니다. 결국 그는 실패할 수밖에 없습니다. 왜냐하면 우리는 이 세상의 모든 불의와 싸울 수 있는 능력이 없기 때문입니다. 그런 일을 할 수 있는 사람은 영화 람보의 주인공이나 할 것입니다. 그래서 우리는 우리 때가 아닐 때에는 비겁하게 보일지라도 고개를 숙이고 잘 견디어야 합니다. 그러나 나의 때가 되었을 때에는 사자처럼 담대하게 내 앞에 있는 불의의 세력과 싸워서 이겨야 하는 것입니다.

그리고 세 번째로 '여호와는 광대하시다' 고 했습니다. 이것은 하나님의 능력이 미치는 범위가 끝이 없다는 뜻입니다. 하나님은 우리를 돕기 위하여 무슨 수단과 방법이라도 다 쓰실 수 있습니다. 하나님은 우리를 도우시기 위하여 자연의 힘을 이용하실 수도 있고 전혀 생각지도 못했던 사람의 능력을 끌어오실 수도 있습니다. 그러니까 우리는 하나님의 능력을 제한해서는 안됩니다. 그리고 하나님을 믿지 못해서 또 다른 인간의 세력을 끌어들여서는 안됩니다. 이렇게 하는 것이 이중 플레이를 하는 것입니다. 우리는 끝까지 하나님 한 분만 의지하면 되는 것입니다. 하나님은 말씀 한 마디로 없는 것을 있게 하시는 분이십니다. 그러니까 말씀 하나만 붙들고 있으면 무한한 하나님의 능력이 여기서 다 나오게 되어 있습니다.

하나님에 대한 소망

우리가 어려운 가운데 기도를 하면서 자신이 원하는 것이 정확하게 무엇인지 모르는 경우가 많이 있습니다. 그래서 실컷 기도한 후에 하나님께서 그래 무엇을 해 줄까 물어보면 당황해 할 때가 많이 있습니다. 왜냐하면 내 자신에게 정확하게 필요한 것이 무엇인지 모르는 경우가 많기 때문입니다.

예수님께서 여리고 성에서 소경 바디매오에게 '무엇을 해 주기를 원하느냐?' 고 물었을 때 그는 정확하게 자신이 원하는 것을 대답했습니다. '주여, 보기를 원하나이다.' 그는 돈을 원하지도 않았고 자신을 괴롭힌 원수들을 갚아 달라고 하지도 않았습니다. 그가 원한 것은 오직 보는 것이었습니다.

솔로몬이 하나님께 일천 번제를 드렸을 때 하나님께서 솔로몬에게 나타나셔서 '내가 무엇을 하여 주기를 원하느냐?' 고 물으셨을 때 솔로몬은 다른 것을 구하지 않고 '지혜' 를 구했습니다. 이것이 하나님의 뜻과 정확하게 일치했기 때문에 하나님께서는 그가 구하지 않은 것까지 넘치도록 주셨습니다.

우리가 알아야 할 것이 무엇인가 하면 나의 기도가 하나님의 뜻에 정확하게 일치할 때 큰 능력의 역사가 일어나게 된다는 것입니다. 마치 전기의 플러스와 마이너스가 만나면 큰 스파크가 일어나는 것처럼 우리의 기도가 하나님의 뜻에 맞으면 큰 기적이 일어나게 됩니다. 그래서 우리는 기도하는 가운데 섬세한 태도로 하나님의 뜻을 찾아야 합니다.

우리가 나에 대한 하나님의 정확한 뜻을 알기 위해서는 하나님의 말씀 앞에 자기 자신을 두고 자꾸 생각해보는 시간을 가져야 합니다.

아마도 여러분들이 옷을 사러 갔을 때 느끼는 것이 바로 이것일 것입니다. 옷을 사러 가기 전에는 자기에게 맞는 옷을 쉽게 고를 것 같습니다. 그러나 막상 백화점이나 옷을 전문적으로 파는 가게에 가 보면 자기가 생각했던 그런 옷은 이미 유행이 지나서 구경할 수도 없고 모두 다른 스타일의 옷들 밖에 없습니다. 그래서 기껏 생각하고 고른 것이 집에 가서 보면 별로 마음에 들지 않는 것입니다. 그 이유가 어디에 있습니까? 옷을 별로 사보지 않아서 그런 것입니다. 그런데 몇 번 사보면 자기에게 잘 맞는 색깔이 있다는 것을 알게 되고 또 자기에게 어울리는 스타일을 찾게 됩니다.

우리가 기도의 응답을 받기 위해서도 하나님 앞에서 자신의 모습에 대하여 자꾸 생각을 해 보아야 합니다. 즉 '내가 하나님이라면 나에게 원하시는 것이 무엇이며 한 평생 내가 어떤 모습으로 살아가는 것을 원하실까? 그것을 위해서 나에게 정말 필요한 것이 무엇일까?' 하는 것을 자꾸 생각해 보아야 하는 것입니다. 솔로몬은 자기에게 필요한 것은 아버지 다윗같은 전쟁하는 군인이 아니고 말씀과 지혜로 백성들을 다스리는 것이라는 결론을 내렸던 것입니다. 그리고 바디매오같은 소경은 내가 예수님을 만났을 때 가장 나에게 필요한 것은 무엇일까 하는 것을 미리 생각을 하고 있었던 것입니다. 그것은 그가 보는 것이었습니다.

이 성도가 우선 기도한 것은 이 믿음의 길을 끝까지 걸을 수 있게 해 달라는 것이었습니다.

"여호와여 주의 도로 내게 가르치소서. 내가 주의 진리에 행하오리니 일심으로 주의 이름을 경외하게 하소서"(86:11).

이 성도는 어떤 일을 믿음으로 시작을 했습니다. 그런데 중간에 큰 어려움을 겪으면서 더 이상 믿음으로 살 수 없게 되었습니다. 그 마음속에 파고드는 유혹이 무엇인가 하면 믿음의 길을 버리고 인간적인 방법으로 타협하고 싶은 것입니다. 그런데 그가 진심으로 원하는 것은 이런 어려움에 봉착했을 때 하나님의 길은 준비되어 있다는 것을 확인하는 것입니다. 그래서 자신이 믿음의 길에서 탈선하지 않고 끝까지 주의 길로 걸어갈 수 있게 해 달라고 기도하고 있습니다. 사실 열심히 길을 가고 있는데 갑자기 길이 없어져버렸을 때 얼마나 마음이 두렵고 불안합니까? 그런데 이 사람은 이런 어려움 가운데도 하나님의 길은 준비되어 있다는 것입니다. 단지 우리 인간이 너무 미련해서 그 길을 찾지 못하고 있을 뿐입니다.

하나님께서 우리에게 '가라' 고 하시는데 도저히 더 이상 갈 수 있는 길이 없다면 무엇을 생각해야 합니까? 하나님이 틀렸다고 말을 하겠습니까? 아닙니다. 반드시 거기에는 기적이 준비되어 있습니다. 그러니까 우리는 두려워할 이유가 하나도 없는 것입니다.

12~13절이 바로 그것입니다.

"주 나의 하나님이여 내가 전심으로 주를 찬송하고 영영토록 주의 이름에 영화를 돌리오리니 이는 내게 향하신 주의 인자가 크사 내 영혼을 깊은 음부에서 건지셨음이니이다"(86:12-13).

길이 없어도 우리에게 없는 것이지 하나님께는 길이 있습니다. 우리에게 길이 없어 보일 때에도 우리는 하나님을 의지하고 하나님을 찬양하십시다. 그러면 하나님은 우리 영혼을 음부에서 건지셔서 마치 홍해를 건넜던 이스라엘 백성들이 하나님께 승리의 노래를 찬송했던 것처럼 우리들도 찬송하게 될 것입니다.

두 번째는 악한 자에게서 나를 건져달라고 기도를 합니다.

> "하나님이여 교만한 자가 일어나 나를 치고 강포한 자의 무리가 내 혼을 찾았사오며 자기 앞에 주를 두지 아니하였나이다"(86:14).

이 성도가 겪고 있는 어려움은 하나님을 두려워하지 않는 자들의 미움과 공격을 받게 된 것입니다. 그들은 하나님을 두려워하지 않기 때문에 무슨 짓이든지 다 할 수가 있습니다. 온갖 거짓말도 할 것이며 수단과 방법을 가리지 않고 성도를 꺾으려고 할 것입니다.

그럴 때 우리가 기도해야 할 것은 모든 것이 악한 자의 뜻대로 되지 않게 해 달라고 하는 것입니다. 악한 자들이 노력을 실컷 하는데 결국 결정적인 피해는 주지 못하는 것입니다. 악한 자들이 믿는 자들을 향하여 활을 쏘거나 창을 던지는데 심장을 맞추지는 못하는 것입니다. 팔이나 다리를 찌를 수는 있지만 심장을 찌르지 못합니다.

그 대신에 하나님께서는 주를 의지하는 자에 대하여 인자가 한이 없으십니다.

> "그러나 주여 주는 긍휼히 여기시며 은혜를 베푸시며 노하기를 더디하시며 인자와 진실이 풍성하신 하나님이시오니 내게로 돌이키사 나를 긍휼히 여기소서 주의 종에게 힘을 주시고 주의 여종의 아들을 구원하소서"(86:15-16).

여기서 하나님의 '인자'라고 하는 것은 자신의 잘못을 회개하고 하나님께 나아오는 자에 대하여 하나님은 무한히 자비로우신 것을 말합니다. 어쩌면 이 성도가 이런 어려움에 빠지게 된 것이 자신의 죄나 잘못 때문일 수도 있습니다. 그런데 그가 자신의 잘못을 하나님 앞에 고백하고 믿음을 다시 붙잡으면 하나님께서는 그 모든 잘못을 불문하시고 그 모든 어려움을 바꾸어서 복이 되게 하시는 것입니다. 여기에 보면 자신을 '여종의 아들'이라고 말하고 있습니다. 이것은 자기 자신을 지극히 낮추는 것입니다. 즉 나는 하나님 앞에 아무 것도 아니지만 하나님의 자비하심이 너무나도 크시기 때문에 나를 도와달라는 것입니다.

우리가 하나님의 뜻에 맞는 기도를 드린 자체가 위대한 것입니다. 그리고 그런 기도를 드린 자체로 이미 원수는 패망한 것입니다. 마귀가 결사적으로 방해하는 것이 우리로 하여금 이런 믿음의 기도를 드리지 못하게 하는 것입니다. 그러나 우리의 입에서 하나님의 뜻에 일치하는 기도가 드려진 순간 이미 마귀는 패배를 한 것입니다.

"은총의 표징을 내게 보이소서. 그러면 나를 미워하는 저희가 보고 부끄러워하오리니 여호와여 주는 나를 돕고 위로하심이니이다"(86:17).

여기서 하나님의 '은총의 표징'이 무엇이겠습니까? 이것은 두 가지로 나타나게 됩니다. 하나는 하나님께서 나만 알 수 있는 비밀스러운 방법으로 승리를 확신하게 하는 것입니다. 이것이 기드온에게는 양털이었습니다. 기드온은 미디안의 너무나도 큰 적을 눈앞에 두고 아무리 믿음으로 극복을 하려고 해도 극복할 수가 없었습니다. 그래서 그는 자신의 적은 믿음을 하나님께 맡기면서 은총의 표적을 구했습니다. 그랬더니 하나님께서 양털에 이슬이 내리는 것으로 하나님께서 함께 하시는 것을 확인시켜주셨습니다. 그리고 또 하나가 무엇인가 하면 기드온이 아버지의 동네에 있는 우상을 부수었을 때 동네 사람들이 기드온을 죽이려고 왔습니다. 그때 생각지도 못했던 아버지가 기드온을 옹호하셔서 죽지 않게 하신 것입니다. 이런 것들이 내면적으로 하나님께서 나와 함께 하신다는 표징입니다. 그러나 이런 내면적인 확신은 결국 온 세상을 뒤집어엎는 능력으로 나타나게 됩니다. 기드온은 하룻밤 사이에 미디안 용사들을 다 죽게 했습니다. 그리고 난 후에는 어떤 적들도 감히 기드온을 대적할 생각을 하지 못했습니다. 이것이 겉으로 나타난 표적입니다.

하나님께서는 우리들을 원수로부터 두 가지 방법으로 보호하십니다. 하나는 감추시는 방법입니다. 우리는 보잘것없게 하셔서 적으로 하여금 찾아내지 못하게 하십니다. 그 다음에는 탁월성의 원칙입니다. 감히 도전할 수 없는 탁월한 능력을 주셔서 대적하는 적들로 하여금 부끄럽게 하십니다.

우리에게 가장 어려운 전쟁은 역시 기도하는 것입니다. 우리가 하나님 앞에 나아와서 엎드려서 기도한다는 자체가 이미 반은 어려움을 이긴 것입니다. 그리고 우리가 바른 자세로 하나님께 기도하며 하나님의 뜻을 바로 구할 때 이미 우리는 승리했고 원수들은 패망한 것입니다.

87:1-7

모든 것의 근원이 되는 시온성

87.

그 기지가 성산에 있음이여
여호와께서 야곱의 모든 거처보다
시온의 문들을 사랑하시는도다
하나님의 성이여 너를 가리켜
영광스럽다 말하는도다(셀라)
내가 라합과 바벨론을 나를 아는 자 중에 있다 말하리라
보라 블레셋과 두로와 구스여 이도 거기서 났다 하리로다
시온에 대하여 말하기를 이 사람, 저 사람이 거기서 났나니
지존자가 친히 시온을 세우리라 하리로다
여호와께서 민족들을 등록하실 때에는
그 수를 세시며 이 사람이 거기서 났다 하시리로다(셀라)
노래하는 자와 춤추는 자는 말하기를
나의 모든 근원이 네게 있다 하리로다

He has set his foundation on the holy mountain;
the LORD loves the gates of Zion more than all the dwellings of Jacob.
Glorious things are said of you, O city of God: Selah
"I will record Rahab and Babylon among those
who acknowledge me--Philistia too, and Tyre,
along with Cush--and will say, 'This one was born in Zion.'"
Indeed, of Zion it will be said,
"This one and that one were born in her,
and the Most High himself will establish her."
The LORD will write in the register of the peoples:
"This one was born in Zion." Selah
As they make music they will sing,
"All my fountains are in you."

우리 나라의 서울은 주위에 있는 여러 도시의 기초가 되는 도시입니다. 서울 주위에 있는 여러 도시의 주민들의 생활 기초는 서울에 있습니다. 예를 들어서 수원, 인천, 안양, 성남, 분당, 일산, 고양, 의정부, 하남 등등의 거의 대부분의 주민들은 서울로 출퇴근을 하든지 아니면 서울과 관계를 해서 먹고 살아가고 있습니다. 이것을 볼 때 서울은 이 모든 도시들의 기지가 된다고 말할 수 있을 것입니다.

외국의 어느 도시는 가보니까 도시의 중심이 대학이었습니다. 거대한 대학을 중심으로 해서 도시가 형성이 되었는데 그 대학의 학생들이 방을 빌리거나 음식을 사먹거나 문화 생활을 하거나 하면서 도시가 운영이 되는 것입니다. 만약 그 도시에서 그 대학이 없어지면 도시의 모든 시설은 문을 닫아야 할 정도였습니다. 그럴 때 그 도시의 기초는 대학에 두고 있다고 말할 수 있을 것입니다.

오늘 성경 말씀에서 하나님께서는 이 세상의 모든 도시들이 시온에 그 기초를 두고 살아가게 될 것이라고 말씀하고 있습니다. 심지어는 애굽이나 바벨론 같은 나라도 시온의 덕을 볼 것이며 블레셋이나 두로나 구스도 예루살렘 때문에 살게 될 것이라고 말씀을 하고 있습니다.

이것은 겉으로 보기에는 인간의 역사가 강한 자를 중심으로 이루어지는 것 같지만 실제로 그 이면에는 교회가 얼마나 중요한 역할을 하는지 보여주는 말씀인 것입니다. 오늘 우리는 우리 사회에서 우리 교회와 믿는 자들이 얼마나 중요한 역할을 하는지 기억할 필요가 있습니다.

공산주의자들은 종교인들을 매우 싫어하고 미워합니다. 왜냐하면 공산주의자들이 보기에 종교인들은 물건을 생산하지 않는다는 것입니다. 유물론자들은 물질을 가장 중요하게 생각하기 때문에 물건을 생산하는 노동자를 가장 최고로 생각합니다. 그러나 정신이 똑바로 되어 있지 않는 물질적인 부요는 인간의 삶을 더욱더 썩고 부패하게 만든다는 것을 공산주의자들은 생각하지 못한 것입니다. 사람들은 단지 많은 물건을 가지고 있다고 해서 행복한 것이 아닙니다. 오히려 내가 누구이며 무엇 때문에 이 세상에 살아야 하는가 하는 것을 깨달을 때 오히려 더 큰 행복을 느낄 수 있으며 또 모든 물건들도 바로 사용할 수가 있는 것입니다.

오늘 본문 말씀은 예루살렘성이 있는 시온을 예찬한 시입니다. 본 시의 배경은 두 가지 중 하나로 추측이 되는데 하나는 앗수르 군대 십팔만 오천 명이 예루살렘을 공격했다가 모두 몰살당한 후에 열방의 축하를 받으면서 지어진 시일 수도 있고 또 다른 하나의 가능성은 유다 백성들이 바벨론에서 칠십 년의 포로 생활을 마친 후에 예루살렘에 돌아와서 성전을 재건하고 지어진 시로 생각이 됩니다. 그 어떤 경우에도 사람들은 예루살렘이 이 세상의 다른 도시와는 분명히 다른 특별한 곳이라는 것을 깨닫게 된 후에 지어진 것으로 생각이 됩니다.

시온에 기초가 있음

강이나 바다 위에 큰 다리를 건설할 때 교각을 세우는 데 기초는 어디까지 내려가느냐 하면 큰 암반이 나올 때까지입니다. 다리 기초를 아주 큰 암반 위에 세우고 다리를 만들면 다리가 튼튼하지만 암반이 아닌 모래 위에 대충 시멘트를 붓고 기초를 만들면 결국 다리가 점점 내려앉게 되어 어느 한 순간에는 붕괴되게 될 것입니다. 이것은 다리를 건설하는 데만 해당되는 것이 아닙니다. 우리의 진리의 기초를 세운다든지 아니면 자신의 인생을 설계하는데 있어서도 그 기초를 어디에 세우느냐 하는 것이 결국 그 진리나 인생이 얼마나 견고하며 오래 가느냐 하는 것을 결정하게 됩니다.

"그 기지가 성산에 있음이여 여호와께서 야곱의 모든 거처보다 시온의 문들을 사랑하시는도다"(87:1).

여기서 '그 기지'라는 것은 '기초'를 말합니다. 유다의 모든 기초는 시온에 있는 튼튼한 반석 위에 그 기초를 두고 있었습니다. '시온'이라는 것은 예루살렘을 받치고 있는 커다란 바위산을 말하는데 여기서는 '하나님의 말씀'을 두고 하는 말입니다.

대개 어떤 나라가 힘을 가지려면 어디에 그 힘의 기초를 두어야 할까요?

중국 같은 나라는 그 막강한 힘의 원천을 엄청난 인구에 두고 있습니다. 지금 중국은 노동력의 값이 워낙 싸니까 다른 나라가 아무리 물건을 싸게 만들어도 가격 경쟁이 될 수가 없는 것입니다. 인도네시아 같은 나라는 풍부한 천연 자원에 기초를 두고 있습니다. 석유라든지 목재라든지 고무라든지 하는 무궁무진한 자원이 있습니다. 중동의 여러 나라들은 아주 가난한 나라들이었습니다. 그러나 그 나라들도 역시 석유라는 자원 때문에 세계에서 무시할 수 없는 나라들이 되고 있습니다. 구 소련같은 나라는 군사력에 그 나라의 기초를 두고 있었습니다. 그런데 국가 경제가 어려워져서 군사력을 지탱할 수 없으니까 나라가 해체되어버린 것입니다. 미국 같은 나라는 그 기초를 철저한 민주주의에 두고 있습니다. 그래서 개인의 자유와 권리를 최대한으로 보장하고 모든 것을 법대로 하는 법치주의에 그 나라의 기초가 세워져 있습니다.

그런데 이스라엘 나라는 그 기초를 시온에 두고 있다고 했는데 이 시온은 하나님의 말씀을 말합니다. 우리가 생각하기에 어떤 나라의 기초가 그 나라의 많은 인구나 풍부한 자원 아니면 인간의 지혜 같은 데 기초를 두는 것은 이해가 되는데 하나님의 말씀에 기초를 둔다고 하면 잘 이해가 되지 않을 것입니다. 그러나 바로 여기에 이스라엘의 특징이 있습니다.

첫째로 이스라엘 나라는 하나님의 존재를 나타내기 위하여 존재했습니다. 하나님께서는 우리 인간들에게 여러 가지 방법으로 자신을 나타내셨습니다. 그 중에서 가장 대표적인 것이 자연 현상입니다. 지구 위에 있는 이 풍부한 동물과 식물 그리고 자연 현상들은 하나님의 존재를 나타내기 위한 것입니다. 훌륭한 작가의 미술품에는 그 작가의 사인(sign)이 들어 있습니다. 그런데 이 세상에 있는 모든 자연 현상에는 하나님의 사인이 들어 있습니다. 그것은 하나님께서 이 모든 것을 만드셨다는 증거입니다. 그 하나님의 사인이 무엇입니까? 도저히 흉내낼 수 없는 창조성과 정밀성입니다. 하나님이 만드신 모든 것들은 특별하며 완전한 개체를 이루고 있습니다. 그러나 인간은 하나님에 대하여 무지하여 오히려 많은 우상들을 만들어서 하나님을 욕되게 하였습니다. 그래서 하나님께서 만드신 것이 하나님의 백성들이고 하나님의 나라였습니다. 하나님께서는 이스라엘 백성들이 예배드리는 것을 통하여 하나님을 알게 하셨고 또 그들이 서로 사랑하는 것을 통하여 하나님의 성품을 깨닫게 하셨습니다.

그러니까 이스라엘 나라는 이 세상에 있는 하나님의 성입니다. 마치 식물원에 가면 온갖 모든 식물들이나 아름다운 꽃들을 볼 수 있는 것처럼 이스라엘 안에 들어가면 하나님의 모든 것을 살아있는 그대로 볼 수가 있는 것입니다. 죽은 화석이나 골동품이 아니라 현재 살아있고 생생하게 활동하고 있는 하나님에 대한 지식과 사랑을 체험할 수가 있습니다. 그런데 그 모든 에너지의 원동력은 하나님의 말씀에 있었습니다.

이스라엘 백성들이 하나님의 말씀을 연구하고 가르치고 지킬 때에는 이스라엘이 하나님의 능력과 은혜로 충만했습니다. 그리고 어느 다른 나라도 침공할 수 없는 힘을 가졌습니다. 그런데 그 백성들이 하나님을 사랑하지 않고 세상적인 지식이나 문화를 사랑해서 끌어들였을 때에는 하나님의 능력과 은혜는 시들해졌고 또한 이스라엘 나라도 힘이 약해졌습니다.

두 번째로 하나님께서는 이스라엘 백성들을 통하여 주위 모든 나라들이 하나님의 사랑을 체험하기를 원했습니다.

"여호와께서 야곱의 모든 거처보다 시온의 문들을 사랑하시는도다"(87:2).

여기서 '야곱의 거처들보다 시온의 문들을 사랑하신다'는 말이 무슨 뜻일까요? 야곱 백성들은 자기들이 잘 사는 것보다 예루살렘에 많은 사람들이 들락거림으로 하나님의 은혜와 사랑을 다른 많은 민족들도 누리기를 바랬다는 뜻입니다. 그러면 이스라엘 백성들이 다른 나라들보다 돈이 많은 것도 아니고 군사력이 강한 것도 아닌데 어떻게 다른 나라들을 섬길 수 있습니까?

바로 죄 문제로 도움을 줄 수 있었던 것입니다. 이 세상에서 일어나는 모든 재앙들은 궁극적으로는 죄와 관계가 있습니다. 하나님께서 그들의 죄에 대하여 심판하시는 것입니다.

이스라엘 백성들이 이 세상 나라들의 죄에 대하여 부지런히 가르치고 또 회개하는 자들을 위하여 제사를 드려주고 기도를 해줌으로 그들에게 임할 근본적인 재앙을 면하게 해주는 것입니다. 사실 어떤 의미에서 본다면 이것이야말로 몇천 가마의 쌀을 지원한 것보다 더

유익할 것입니다.

요나같은 사람은 니느웨 성이 그 당시에는 세계에서 가장 큰 성이었는데 불과 사십일 후에 하나님이 내리시는 심판으로 지진이 일어나서 그 성이 멸망할 것을 알게 되었습니다. 그러니까 다시 한번 소돔성이 되는 것입니다. 요나는 니느웨 성에 가서 그 사실을 알려주었습니다. 그랬더니 니느웨 사람들은 거기서 달아나지 않고 바로 하나님께 회개를 함으로 지진의 심판을 면제받았던 적이 있습니다.

성경은 하나님을 '소멸하는 불'이시라고 말씀하고 있습니다. 이것은 하나님께서 인간의 죄에 대하여 진노하실 때 마치 녹아 내리고 있는 원자로와 같다는 것입니다. 지난번 구 소련에서 체르노빌 원자로가 녹았을 때 얼마나 많은 사람들이 방사능으로 죽었는지 모릅니다. 이스라엘 백성들이 하는 것은 원자폭탄을 전기 에너지로 바꾸는 것입니다. 그러기 위해서는 누군가가 하나님 앞에서 제사장의 역할을 해야 합니다. 제사장이 할 일이 무엇인가 하면 하나님 앞에서 인간의 죄를 용서받음으로 하나님의 진노를 은혜로 바꾸는 일을 하는 것입니다.

오늘 우리들이 하나님 앞에서 기도하는 것은 바로 이러한 제사장의 사명을 감당하는 것입니다. 이 세상에서 일어나는 크고 작은 모든 재앙들은 하나님의 진노의 심판으로 일어나는 것입니다. 왜냐하면 성경에 하나님의 허락 없이는 참새 한 마리도 땅에 떨어질 수 없다고 말씀하셨기 때문입니다.

우리가 우리 도시에 있는 어려운 사람들을 위하여 많은 도움을 주는 것도 중요하지만 날마다 하나님 앞에 나와서 우리 자신과 이 민족의 죄를 짊어지고 기도하는 것이 재앙을 은혜로 바꾸는 일인 것입니다.

뿐만 아니라 세 번째로 모든 인간들은 하나님의 말씀을 들을 때 죽었던 영혼이 살아나게 되어 있습니다. 왜냐하면 모든 인간들은 하나님의 형상대로 만들어졌기 때문입니다. 그래서 하나님께서 이 세상에서 가장 귀하게 생각하시는 것은 바로 모든 사람들이 하나님의 말씀을 통해서 자기 자신의 모습을 되찾는 것입니다. 이것을 성경은 첫 열매라고 말을 합니다. 어느 과일이든지 첫 열매가 맺히면 계속해서 맺히게 되어 있습니다. 사실 이스라엘 백성들은 아주 강팍한 기질을 가진 자들이었고 그들은 변하기 어려운 사람들이었습니다. 그런데 그들이 하나님의 은혜로 변했다는 것은 다른 어느 민족도 변할 수 있다는 것을 보여주는 것입니다.

사실 이 지구는 하나님이 만드신 걸작품 세계였습니다. 그런데 하나님께서는 이 세계가 완전히 다 망가지는 것을 참으시면서까지 인간들이 하나님의 말씀으로 변화되고 구원받기를 원하시는 것입니다. 그래서 이 세상에서 말씀으로 변화되는 자들이 있는 한 하나님은 결코 이 세상을 버리지 아니하십니다. 그 대신 모든 인간들이 하나님의 말씀을 거부하고 강팍한 마음이 될 때 하나님은 이 세상의 모든 것들을 불로 심판하실 것입니다.

그래서 이스라엘 백성들 자신이 하나님의 말씀으로 변화되고 있는 한 절대로 이스라엘은 망하지 않습니다. 그리고 그들이 주위에 있는 나라들에게 선한 영향으로 조금씩 변화시키고 있는 한 그 나라들도 망하지 않고 살게 되는 것입니다. 왜냐하면 그들은 하나님께서 가장 소중하게 생각하는 열매를 맺고 있기 때문입니다.

시온과 세상 나라와의 관계

이스라엘 백성들은 주위에 있는 나라들과의 관계가 마치 물과 기름의 관계와 같았고 신앙의 섬과 같은 위치에 있었습니다. 즉 이스라엘 백성들도 근본적으로 다른 민족들과 다른 것은 없었습니다. 그런데 그들에게는 오직 하나 하나님을 아는 지식이 있었습니다. 하나님을 안다는 이 하나가 그들을 다른 민족들과 완전히 다른 사람들로 만들었습니다. 그만큼 우리 인간들에게 하나님을 믿는다는 것이 그렇게 중요한 것입니다.

> "하나님의 성이여 너를 가르켜 영광스럽다 말하는도다. 내가 라합과 바벨론을 나를 아는 자 중에 있다 말하리라. 보라 블레셋과 두로와 구스여 이도 거기서 났다 하리로다"(87:3-4).

여기서 중요한 것은 우리가 하나님을 알게 되면 이 세상에서 고립될 수밖에 없다는 것입니다. 그 이유가 무엇입니까? 사람들이 모두 거짓된 것을 믿고 있을 뿐 아니라 그것을 확신하고 있고 또 그것을 다른 사람들에게도 강요하고 있다는 것을 깨닫게 되기 때문입니다.

예를 들어서 모든 사람들이 다 맹인이었습니다. 그들은 자기들이 어디로 가고 있는지도 모르고 다 같이 가고 있었습니다. 그런데 그 중에서 어떤 사람들이 눈을 뜨게 되었는데 눈을 뜨고 보니까 모든 사람들이 지금 절벽을 향하여 가고 있다는 것입니다. 그리고 그것을 모든 사람들에게 강요하고 있습니다. 그들에게 그 사실을 설명을 하면 화를 내면서 마구 때리고 핍박을 합니다. 왜냐하면 자기들이 생각하는 것이 옳다는 것입니다. 그때에는 어떻게 합니까? 눈을 다시 감고 뻔히 멸망의 길인 줄 알면서 그 길을 갈 수는 없는 것이 아닙니까? 그래서 그 대열에서 빠져 나와서 일단 나 혼자라도 살고 봐야 합니다. 그래야 남을 도울 수 있기 때문입니다. 그런데 나중에 자신감이 생기고 나면 어떻게 합니까? 다시 그들을 찾아가서 한 사람씩 붙들고 설득을 해야 합니다. 그때는 이미 아무리 욕을 하고 발로 차더라도 감당할 수 있는 믿음이 생긴 것입니다.

이스라엘 백성들이 하나님을 알게 되었을 때 그들은 주위 나라들로부터 고립될 수밖에 없었습니다. 왜냐하면 주위의 모든 나라들은 그들이 눈에 보이는 이 세상을 믿지 않고 눈에 보이지도 않는 하나님을 믿는다고 하기 때문입니다. 그들은 이스라엘 백성들을 조롱하고 비웃었습니다. 그래서 어쩔 수 없이 그들은 고립될 수밖에 없었습니다. 그럼에도 하나님께서는 때가 되었을 때 그들을 이방인들 속에 집어 넣으셨습니다.

4절에 보면 '라합과 바벨론을 나를 아는 자 중에 있다' 고 말씀하고 있습니다. '라합' 이라는 것은 전설에 나오는 거대한 바다뱀을 말하는데 애굽에 대한 별명이었습니다. 즉 바다 속에 숨어 있는 거대한 바다 괴물처럼 도저히 사람의 힘으로는 잡을 수 없는 힘을 가진 나라이고 왕이라는 뜻입니다.

그런데 하나님께서는 애굽과 바벨론을 굴복시키기 위해서 하나님의 백성들을 그들의 노예로 집어 넣으셨습니다. 이스라엘 자손들은 이 두 나라에서 모두 아무 힘이 없는 노예요 포로였습니다. 그런데 하나님께서는 이 노예들을 사용하셔서 이 거대한 괴물들을 사냥하셨습니다. 하나님께서는 모세로 하여금 열 가지 재앙을 일으키게 하심으로 애굽의 바로를 굴복시키셨습니다.

그리고 하나님께서는 다니엘이라는 사람을 통하여 바벨론의 느부갓네살 왕을 굴복시키셨습니다. 그러니까 하나님의 백성들이 소금덩어리로 있을 때에는 주위 사람들의 미움이나 받고 핍박을 받지만 녹아서 스며들 때에는 세상 전체의 맛을 바꾸는 능력이 있더라는 것입니다.

하나님께서는 자기 백성들을 악의 세력 속에 집어넣을 때가 있습니다. 그러면 교회는 악한 세력에 의하여 말할 수 없는 고통을 받습니다. 그러나 그런 가운데 연단되고 연단되어서 정금같이 되었을 때 그 거대한 세력을 굴복시키고 영광된 하나님의 백성으로 나타나게 되는 것입니다.

이것과 거의 비슷한 예가 로마입니다. 로마는 기독교인들을 미워해서 열번 씩이나 큰 박해를 했습니다. 그런데 이런 박해 가운데서 교회는 연단되고 연단되어서 결국 로마를 굴복시키고 콘스탄틴 대제가 기독교를 공인하기에 이르렀던 것입니다. 그후 로마는 기독교를 전파하는 아주 중요한 매체의 역할을 하게 됩니다.

우리나라에는 기독교가 전파된지 얼마 되지 않아서 일본 제국이 우리나라를 강제로 합병을 했습니다. 그리고 나중에는 천황 숭배를 강요하면서 교회를 핍박했습니다. 그런데 결국 일본은 망하고 교회는 다시 부흥하기 시작했습니다. 그래서 우리나라에서 교회가 없는 곳이 거의 없을 정도로 기독교는 이 땅에서 부흥을 했습니다. 일본 제국주의는 교회를 연단하는 역할을 한 것입니다. 그리고 그 역할을 다했을 때 그들은 망할 수밖에 없었습니다.

이제 일본 교회는 목회자가 절대적으로 모자라 한국의 선교사들을 일본 교회의 목사로 청빙하고 있습니다. 이제 우리 한국 교회는 다시 일본 교회를 도와서 부흥시켜줄 책임이 있는 것 같습니다.

예수님께서는 복음을 가루 서말 속에 든 누룩과 같다고 하였습니다. 누룩은 결코 많은 양은 아니지만 가루 서말 전체를 변화시킬 힘이 있습니다. 그러나 이 세상을 변화시키려면 우리가 알갱이로 있으면 안되고 깨어져야 하고 물에 녹아서 이 세상 속으로 스며들어야 합니다.

두 번째는 블레셋과 두로와 구스 이야기를 하고 있습니다. 이 나라들은 이스라엘을 지배했던 나라들은 아닙니다. 단지 물과 기름처럼 섞이지 않으면서 갈등하던 민족들입니다. 그런데 이들도 시온에서 났다고 말씀하고 있습니다.

어떻게 해서 그런 일이 일어날 수가 있습니까?

우선 믿는 자와 믿지 않는 자는 서로 평행선을 달리는 것처럼 생각과 사는 방식이 다릅니다. 두 개의 평행선은 아무리 달려도 서로 만나지 않습니다.

그래도 서로가 만날 때가 있습니다. 언제인가 하면 생각이나 가치관이 달라서 충돌을 일으킬 때입니다. 그때 서로 느끼는 것은 우리의 생각의 차이가 참으로 크다는 것입니다. 한번 대화를 나누어보면 너무나도 생각하는 것에 많은 차이가 있는 것을 알게 됩니다. 그런데 이 세상을 살다보면 믿는 자들이 믿지 않는 자들을 도울 때가 있습니다. 그때가 언제입니까? 믿지 않는 자들이 큰 어려움을 당했을 때입니다. 큰 병에 걸렸거나 아니면 화재를 당해서 큰 손실을 입었는데 피할 곳이 없다거나 할 때 진정으로 사랑하는 마음으로 그들을 돕는 것입니다. 그때 이 사랑의 힘이라고 하는 것이 얼마나 무서운지 모릅니다. 왜냐하면 일단 사랑의 빚을 한번 지게 되면 그 다음에는 그 사람을 욕하는 것이 쉽지 않습니다. 적어도 예전처럼 욕만 하지 않아도 얼마나 좋은 일인지 모릅니다. 그리고 한 걸음 더 나아가면 복음을 받아들일 수도 있습니다.

그 예 중의 하나가 얼마 전에 터키에 큰 지진이 났을 때 한국 교회에서 터키 사람들을 돕고 집을 지어주었습니다. 터키 사람들은 회교도들이지만 한국 교회의 도움은 기꺼이 받았습니다. 왜냐하면 그들은 한국 전쟁 때 와서 피를 흘리며 도와준 적이 있기 때문입니다.

중요한 것은 우리 믿는 사람들이 블레셋 사람들이나 두로 사람들을 너무 강제적으로 개종시키려고 하지 않는 것입니다. 그들이 어려울 때 우리가 인색하지 않고 진심으로 그들을 사랑한다는 것을 보여

주는 것입니다. 우리 속담에 '웃는 얼굴에 침을 뱉지 못한다'는 말이 있습니다.

우리가 고통 가운데 있는 자들이 욕을 하거나 좋지 않은 소리를 해도 조금도 싫어하지 아니하고 진심으로 그들을 사랑하는 것을 보여줄 때 그들은 적어도 과거와 같은 적대감을 버리게 될 것입니다. 결국 이것이 블레셋 사람들이나 구로 사람들이 하나님의 백성들이 될 가능성이 있게 되는 것입니다.

온 세상의 구원

하나님께서는 사람들이 구원을 받을 수 있는 길을 여러가지 방법으로 주시지 않으셨습니다. 오직 한 길 시온에 있는 하나님의 말씀으로 구원을 얻게 하셨습니다.

"시온에 대하여 말하기를 이 사람, 저 사람이 거기서 났나니 지존자가 친히 시온을 세우리라 하리로다"(87:5).

사실 이 세상에 사는 모든 사람들은 구원의 길이 있다면 그 구원을 얻고 싶어하고 그 길을 가고 싶어합니다. 그러나 오직 시온에만 구원의 길이 있다는 것은 동의하려고 하지 않습니다. 왜냐하면 그것은 너무나도 독선적이라는 것입니다. 그런데 하나님께서는 이 사람이나 저 사람이나 구원받는 사람은 모두 시온에서 나오는 말씀으로 영생을 얻도록 하셨습니다.

그 이유가 어디에 있습니까?

하나님께서는 우리 인간들의 구원만큼은 절대로 인간에게 맡기지 아니하시고 하나님께서 친히 챙기십니다. 그 이유는 하나님이 주시는 구원은 너무나도 값진 것이기 때문입니다. 그래서 인간의 노력이나 공로는 1 퍼센트도 섞이지 않게 하시고 오로지 하나님의 은혜로 구원받게 하십니다. 그래서 인간의 노력으로 구원받는 것을 허락지 아니하십니다. 구원받은 사람들은 하나도 빼놓지 않고 하나님의 말씀을 듣고 거듭나게 하시는 것입니다.

그래서 구원은 하나님의 선물입니다. 하나님께서는 그 선물을 주실 때 말씀을 전해줄 사람을 보내 주십니다. 그 말을 들을 때 믿음이 생기는 것입니다.

> "여호와께서 민족들을 등록하실 때에는 그 수를 세시며 이 사람이 거기서 났다 하시리로다. 노래하는 자와 춤추는 자는 말하기를 나의 모든 근원이 네게 있다 하리로다"(87:6-7).

여기서 '모든 민족을 등록하신다'는 것은 이 세상의 모든 민족들 가운데서 하나님께서 사람들을 구원하시는 것을 말합니다. 하나님께서 '그 수를 헤아리신다'는 것도 같은 뜻입니다. 하나님께서 구원하시는 사람들은 모두 이 시온에서 말씀을 듣고 하나님을 믿은 사람들입니다.

원래 수를 '헤아린다'는 것은 하나님의 보호와 돌보심 안에 있는 것을 말합니다. 옛날에 목자들은 양들의 수를 헤아리면서 양들이 모두 안전한지 확인을 했습니다.

또 여기서 '노래하는 자와 춤을 추는 자'라는 것도 구원을 기뻐하고 감격하는 사람들인데 이 사람들도 시온에서 말씀을 배운 자들인 것입니다.

하나님께서는 예수 그리스도 외에 다른 구원의 길을 주시지 않으셨습니다. 그리스도를 인격적으로 만나는 것만이 최종적인 하나님의 심판에서 구원을 받는 길입니다. 그런데 멸망할 자들은 예수님의 이름을 들으면 '예수가 뭔데' 하면서 강한 불만을 나타냅니다. 그러나 구원받을 자들은 예수님의 이름 앞에 굴복하면서 눈물을 흘리는 것입니다.

하나님께서는 이 세상에 많은 복을 주셨습니다. 그 복들은 영혼이 구원을 받아야 모든 것을 바로 사용할 수가 있습니다. 교회가 이 세상에 줄 수 있는 가장 귀한 선물은 용서입니다. 하나님의 용서가 이 세상의 미움과 다툼을 쉬게 할 수 있습니다. 그리고 하나님께서 이 세상 사람들에게 주시는 은총들은 말씀으로 나아오라는 초청입니다. 병에서 낫거나 가난에서 벗어나거나 전쟁이 그치고 평화가 오는 것은 더 큰 믿음으로 나아오라는 하나님의 초청입니다. 교회는 하나님의 진리를 비추는 등대입니다. 이 등대의 사명을 잘 감당할 때 암초에 파선될 자들이 바른 길을 찾아서 하나님께 나아올 것입니다.

놀라운 것은 우리 믿는 사람들이 하나님의 말씀에 순종하여 살 때 하나님을 모르던 사람들에게도 일반적인 건전한 상식이 회복되는 것을 발견하게 됩니다. 결국 이들에게도 하나님의 은혜가 회복되고 있는 것입니다. 그래서 우리는 끝까지 다른 기초를 찾지 말고 오직 하나님의 말씀의 기초 위에 모든 것을 세우기 바랍니다.

88.

88:1-18

절망 가운데서 드리는 기도

여호와 내 구원의 하나님이여
내가 주야로 주의 앞에 부르짖었사오니
나의 기도로 주의 앞에 달하게 하시며
주의 귀를 나의 부르짖음에 기울이소서
대저 나의 영혼에 곤란이 가득하며 나의 생명은 음부에 가까왔사오니
나는 무덤에 내려가는 자와 함께 인정되고 힘이 없는 사람과 같으며
사망자 중에 던지운바 되었으며 살륙을 당하여
무덤에 누운 자 같으니이다 주께서 저희를 다시 기억지 아니하시니
저희는 주의 손에서 끊어진 자니이다
주께서 나를 깊은 웅덩이 어두운 곳 음침한데 두셨사오며
주의 노가 나를 심히 누르시고 주의 모든 파도로
나를 괴롭게 하셨나이다(셀라)
주께서 나의 아는 자로 내게서 멀리 떠나게 하시고
나로 저희에게 가증되게 하셨사오니
나는 갇혀서 나갈 수 없게 되었나이다
곤란으로 인하여 내 눈이 쇠하였나이다
여호와여 내가 매일 주께 부르며
주를 향하여 나의 두 손을 들었나이다
주께서 사망한 자에게 기사를 보이시겠나이까
유혼이 일어나 주를 찬송하리이까(셀라)
주의 인자하심을 무덤에서,
주의 성실하심을 멸망 중에서 선포할 수 있으리이까
흑암 중에서 주의 기사와 잊음의 땅에서 주의 의를 알 수 있으리이까
여호와여 오직 주께 내가 부르짖었사오니
아침에 나의 기도가 주의 앞에 달하리이다
여호와여 어찌하여 나의 영혼을 버리시며
어찌하여 주의 얼굴을 내게 숨기시나이까
내가 소시부터 곤란을 당하여 죽게 되었사오며
주의 두렵게 하심을 당할 때에 황망하였나이다
주의 진노가 내게 넘치고 주의 두렵게 하심이 나를 끊었나이다
이런 일이 물 같이 종일 나를 에우며 함께 나를 둘렀나이다
주께서 나의 사랑하는 자와 친구를 내게서 멀리 떠나게 하시며
나의 아는 자를 흑암에 두셨나이다

O LORD, the God who saves me, day and night I cry out before you.
May my prayer come before you; turn your ear to my cry.
For my soul is full of trouble and my life draws near the grave.
I am counted among those who go down to the pit;
I am like a man without strength.
I am set apart with the dead, like the slain who lie in the grave,
whom you remember no more, who are cut off from your care.
You have put me in the lowest pit, in the darkest depths.
Your wrath lies heavily upon me;
you have overwhelmed me with all your waves. Selah
You have taken from me my closest friends
and have made me repulsive to them. I am confined and cannot escape;
my eyes are dim with grief. I call to you, O LORD, every day;
I spread out my hands to you.
Do you show your wonders to the dead?
Do those who are dead rise up and praise you? Selah
Is your love declared in the grave, your faithfulness in Destruction?
Are your wonders known in the place of darkness,
or your righteous deeds in the land of oblivion?
But I cry to you for help, O LORD; in the morning my prayer comes before you.
Why, O LORD, do you reject me and hide your face from me?
From my youth I have been afflicted and close to death;
I have suffered your terrors and am in despair.
Your wrath has swept over me; your terrors have destroyed me.
All day long they surround me like a flood;
they have completely engulfed me.
You have taken my companions and loved ones from me;
the darkness is my closest friend.

사람은 이 세상에서 절대로 혼자 살 수가 없습니다. 사람이 사람다울 수 있는 것은 다른 사람을 만나서 자신에게 어울리는 사랑과 관심을 받을 때입니다. 그래서 어린아이들도 부모로부터 바른 관심을 받지 못하고 자란 아이는 성격이 포악하고 거친 것을 많이 볼 수 있습니다. 그리고 어른들도 다른 사람들로부터 필요한 관심과 인정을 받지 못하면 아무리 인물이 좋고 좋은 학교를 졸업했다 하더라도 폐인 비슷하게 되어 있는 것을 보게 됩니다.

IMF 이후 우리나라에는 많은 실직자들이나 노숙자들이 생겨나게 되었습니다.

우리나라에서 직장은 잃은 사람들은 가족이나 친구들로부터 존경이나 인정을 받지 못합니다. 그래서 남자들이 직장을 잃은 후에는 더욱더 사람들을 만나는 것을 기피하게 되고 자신감을 잃어버려서 나중에는 완전히 폐인처럼 되어버리는 것을 봅니다. 이런 사람들에게 필요한 것은 일보다 만남입니다. 즉 그 소외라는 깊은 구덩이에서 그 사람을 먼저 끄집어 내어서 자신감이 회복되어야 무슨 일이든지 할 수 있는 것입니다.

그런데 소외에는 일시적인 소외와 영구적인 소외가 있습니다. 일시적인 소외라고 하는 것은 그 말 그대로 일정한 기간 동안 격리되어 있다가 그 다음에는 다시 다른 사람들과의 관계가 회복이 되는 것입니다.

우리 나라 노동자들이 리비아나 사우디아라비아 같은 데서 일을 하면서도 견딜 수 있었던 것은 그것이 일시적인 소외였기 때문입니다. 2,3년만 고생하면 다시 가족들을 만날 수 있다는 희망이 있기 때문에 그들은 참을 수 있었던 것입니다. 죄를 지어서 감옥에 갇힌 자들도 형기를 마치면 다시 가족에게로 돌아갈 수 있다는 희망이 그들을 견디게 만드는 것입니다. 그런데 영구적인 소외가 있습니다. 이것은 한번 격리되면 다시는 다른 사람들을 만나지 못하는 것입니다. 사형수같은 경우에는 감옥에 들어가면 다시는 살아서 이 세상을 보지 못할 것입니다.

성도들에게도 영구적인 소외가 있습니다. 그것은 다시 살아날 수 없는 병에 걸렸거나 다시는 살아서 볼 수 없는 여행을 떠나야 할 때입니다. 성도들도 예기치 못한 병에 걸려서 죽게 되면 사랑하는 모든 사람들을 다 두고 떠나야 합니다. 이것이 얼마나 그를 고통스럽게 하는지 모릅니다.

시편 88편에 대하여 어떤 사람은 '가장 슬픈 시' 라고 말하고 있습니다. 그리고 이 시의 표제인 '마할랏르안놋' 이라는 말을 '병자의 노래' 라고 해석을 합니다. 그러니까 죽을 병에 걸린 성도들을 위로하기 위하여 지은 노래라는 뜻입니다. 그러나 저는 그런 말에 동의하지 않습니다. 물론 시편 88편은 그 내용이 너무나도 어렵고 고통스러운 것은 사실입니다. 그러나 다른 어떤 기도보다 힘이 있고 확신이 넘치고 있기 때문에 '슬픈 시' 라고 말할 수 없습니다. 하나님의 백성들에게는 절대적인 절망이라는 것은 존재하지 않습니다. 우리 하나님의 백성들에게는 언제든지 희망이 있고 가능성이 있습니다. 그래서 저는 이 시를 '가장 슬픈 노래' 라고 생각하지 않습니다. 그리고 시의 내용도 그런 자포자기하는 내용으로 되어 있지 않습니다. 우리 믿는 자들에게는 항상 '막판 뒤집기' 라는 것이 있기 때문입니다. 전에 어떤 야구 경기에서 자기 팀이 패색이 짙은데도 응원팀은 자리를 뜨지 않고 끝까지 열심히 관전을 하면서 응원을 하고 있었습니다. 그때 기자가 그중 한 사람에게 물어보았습니다. 무엇 때문에 거의 진 경기를 끝까지 응원하느냐고 물었더니 그 사람이 하는 말이 '야구는 한 방으로 얼마든지 뒤집어 질 수 있는 것 아닙니까?' 라고 대답을 하더라는 것입니다. 그 말이 마치기도 전에 지고 있던 팀의 한 선수가 나와서 홈

런을 때리고 들어가는 것입니다.

우리는 어려움 가운데 이런 담대한 기도를 드릴 필요가 있습니다. 한편으로는 나의 어려운 사정을 인정하면서도 다른 한편으로는 담대하게 하나님의 도우심과 구원을 요구하는 이런 힘있는 기도가 필요합니다.

하나님께 부르짖음

사람은 누구든지 두려우면 소리를 지르게 되어 있습니다. 가만히 있는 것보다 소리라도 지르면 조금은 마음의 불안이 줄어들 것입니다. 그러나 중요한 것은 부르짖기는 부르짖는데 누구를 향하여 부르짖느냐 하는 것입니다.

> "여호와 내 구원의 하나님이여 내가 주야로 주의 앞에 부르짖사오니 나의 기도로 주의 앞에 달하게 하시며 주의 귀를 나의 부르짖음에 기울이소서"(88:1-2).

이 시를 쓴 성도는 꼼짝할 수 없는 절대적인 어려움에 빠져 있습니다. 그런데 그를 옆에서 도와주거나 그의 이야기를 들어줄 수 있는 사람이 아무도 없는 것입니다. 그때 이 사람은 하나님을 향하여 주야로 계속 부르짖었다고 말을 하고 있습니다. 이것은 대단히 중요한 것입니다.

예를 들어서 어떤 사람이 하얗게 눈덮인 산에서 실종이 되었다고 합시다. 그런데 그 사람은 자신의 위치를 알릴 수 있는 장비가 없었습니다. 그러면 어떻게 합니까? 아무 데나 대고 '사람 살려!' 라고 소리를 지른다고 합시다. 그러면 이 사람은 어떻게 됩니까? 그 사람은 얼마 못가서 지쳐서 쓰러지고 말 것입니다. 그런데 다행스럽게도 자신의 위치를 알릴 수 있는 추적 장치를 가지고 있는 사람이라면 어떻게 하겠습니까? 비교적 안전한 곳에 몸을 피하면서 지속적으로 자신의 위치를 알리는 무전 신호를 보내는 것입니다. 우리가 도저히 빠져나올 수 없는 함정에 빠지거나 어려움에 처했을 때 가장 중요한 것이 지속적으로 하나님을 향하여 구조 신호를 보내는 것입니다. 오늘 본문에 '여호와 내 구원의 하나님' 이라고 말을 하고 있습니다. 하나님께만 향하여 계속 구조 신호를 보내는 것입니다.

어떻게 하면 이렇게 할 수 있습니까? 그것은 시간을 정해놓고 기도를 하는 것입니다.

우선 이 사람은 자신의 기도가 하나님 앞에서 헛될 것 같은 불안한 마음과 싸워야 합니다. 그래서 '나의 기도로 주의 앞에 달하게 하시며 주의 귀를 나의 부르짖음에 기울이소서' 라고 말을 합니다. 혹시 나의 기도가 하나님께 도달하지 않을까 두려운 것입니다. 그 이유가 무엇입니까? 우리의 기도는 일방 통행으로 되어 있기 때문입니다. 우리는 말하려고만 하지 하나님께서 말씀하시는 것을 우리는 들으려 하지 않습니다. 그러니까 기도가 나의 일방적인 독백으로 끝날까 두려운 것입니다. 하나님은 듣지도 않으시는데 나 혼자만 울부짖는 것이 아닌가 하는 불신앙이 마음을 괴롭게 합니다. 그러나 하나님은 반드시 우리의 구조 신호를 들으십니다. 그리고 우리를 구하러 오실 것입니다. 그러니까 이렇게 두려울 때에는 긴장한 온 몸에서 힘을 쭉 빼는 것이 중요합니다. 살려고 몸부림치면 쓸데없는 에너지를 많이 소모하게 됩니다. 우리는 어려움을 견디는데 주력을 해야 하고 그 다음에는 하나님의 소리를 분별하는데 신경을 써야 합니다. 우리 마음속에 많은 소리가 들리는데 거의 잡음일 때가 많습니다. 이런 잡음들에 속지 말아야 합니다. 그래서 마지막 순간까지 자포자기하지 않고 지속적으로 기도를 하는 것이 어려운 위기를 당했을 때 우리가 해야 할 행동입니다.

죽음을 두려워 함

성도들에게도 죽음의 위기가 찾아옵니다. 그때 어려움에 빠진 성도들에게 가장 걱정되는 것은 이 어려움으로 내 생명이 끝나느냐 아니면 위기를 극복하고 다시 살 수 있는 기회를 얻을 수 있느냐 하는 것입니다.

> "대저 나의 영혼에 곤란이 가득하며 나의 생명은 음부에 가까이 왔사오니 나는 무덤에 내려가는 자와 함께 인정되고 힘이 없는 사람과 같으며 사망자 중에 던지운 바 되었으며 살육을 당하여 무덤에 누운 자 같으니이다. 주께서 다시는 기억지 아니하시니 저희는 주의 손에서 끊어진 자니이다"(88:3-5).

지금 이 성도는 다른 사람들로부터 죽는 것이 기정 사실화되고 있습니다. 다른 사람들은 이 사람이 아예 죽은 것으로 단정하고 있습니다. 그래서 무덤에 내려가는 자로 인정되고 있고 살육을 당하여 무덤에 누운 것과 같다고 말하고 있습니다.

그는 자신의 '영혼에 곤란이 가득하다'고 고백하고 있습니다. 이것은 지금과 같은 이런 죽음에 대하여 전혀 준비가 되어 있지 못했던 것입니다. 쉽게 말해서 그 자신은 자기가 이렇게 죽게 될 줄은 몰랐던 것입니다.

그런 지금 가장 고통스럽게 하는 것이 무엇입니까? 지금의 이 소외가 일시적인 것이냐 아니면 영구적인 것이냐 하는 것입니다. 다시 말해서 일시적으로 혼자서 버림받고 연단을 당한 후에 다시 하나님께서 나를 이 고통에서 건지셔서 다시 다른 성도들과 함께 귀한 믿음의 생활을 할 수 있느냐 아니면 하나님께서 이번에 나를 그냥 데려가려고 하시느냐 하는 것을 알 수가 없는 것입니다. 우리에게 있어서 연단의 시간이 길어지면 이런 생각이 들게 되어 있습니다. 즉 내가 이런 식으로 비참하게 살다가 아무 것도 못하고 인생을 끝내게 되느냐 아니면 하나님께서 다시 나를 붙드셔서 나를 사용하시느냐 하는 것을 알 수가 없는 것입니다.

그리고 또 다른 하나는 내가 지금 이런 식으로 그냥 죽는다고 할 때 사랑하는 모든 것들 그리고 사랑하는 가족들과의 분리를 어떻게 극복할 수 있느냐 하는 것입니다. 이 두 가지 문제는 막상 어려움에 처한 당사자에게는 굉장히 중요한 것이며 이것이 해결되지 않으면 내내 불안해하고 두려워할 수밖에 없습니다.

그런데 성경에 보면 절망적인 위기에서 건짐을 받고 다시 사용되었던 사람들이 많이 있습니다. 대표적인 사람이 모세입니다. 모세는 살인죄를 저지르고 미디안 광야에 숨었을 때 그는 이미 끝난 인생이었습니다. 그런데 하나님께서는 이미 한번 끝난 모세의 인생을 다시 사용하셨습니다.

히스기야같은 경우에도 그의 질병은 살 수 없는 것이었습니다. 하나님께서도 이사야 선지자를 히스기야에게 보내어서 '너는 더 이상 살 수 없느니까 유언을 하라' 고 하셨습니다. 그런데 히스기야가 눈물로 기도했을 때 무려 15년 동안이나 수명을 연장시켜 주셨습니다. 요나 선지자 같은 경우에도 그가 하나님의 말씀에 불순종해서 바다에 빠졌을 때 이미 그는 죽은 목숨이었습니다. 누가 그 깊은 바다에 빠진 요나가 다시 살아서 돌아올 줄 알았겠습니까? 그러나 요나는 살아돌아와서 니느웨 성에 큰 회개의 역사를 일으켰습니다.

성경에 보면 절망적인 상황에서 다시 재기하여 하나님께 큰 영광을 돌려드린 예들이 압도적으로 많습니다. 그런 절망적인 상황에서 그냥 죽은 경우보다는 오히려 다시 하나님의 전능하신 손에 붙들린 예가 훨씬 많습니다.

이것을 보더라도 하나님께서 한번 '오케이' 하시면 이런 죽음의 위기는 얼마든지 뒤집어질 수 있다는 것입니다. 우리 성도들의 삶에도 홈런 한 방과 같은 힘이 있습니다. 그러나 죽을 수도 있습니다. 왜냐하면 우리는 하나님이 아니기 때문입니다. 하나님께서 기회를 주시지 않으시면 우리는 모든 것을 끝낼 수밖에 없습니다. 세례 요한같은 경우에는 무대에서 내려와야만 했습니다. 야고보 사도같은 경우에도 죽었습니다. 그러나 이 사람들의 죽음은 그냥 시시한 죽음이 아니었습니다. 세례 요한의 죽음은 구약을 끝내는 죽음이었고 사도 야고보의 죽음은 능력있는 새로운 신약의 문을 여는 죽음이었습니다. 성경은 하나님께서 성도들의 죽음을 귀하게 보신다고 말씀하고 있습니다.

그리고 또 다른 하나는 우리가 죽으면 과연 모든 것을 다 잃어버리느냐 하는 것입니다. 본문 5절 이하에 보면 "주께서 저희를 다시 기억지 아니하시나니 저희는 주의 손에서 끊어진 자니이다"라고 했습니다. 과연 죽으면 우리 믿는 자들도 영구적으로 소외되느냐 하는 것입니다. 그러나 절대로 그렇지 않습니다. 우리 믿는 자들이 죽는 것은 한 손은 놓고 다른 한 손은 붙들리는 것과 같습니다. 어렸을 때 우리가 철봉을 건너가려면 한 손을 놓아야 다른 철봉을 잡을 수가 있었습니다. 우리가 죽는 것은 더 좋은 것을 붙잡기 위해서 지금 붙잡고 있는 철봉을 놓는 것 밖에 되지 않습니다. 그러니까 우리 믿는 자들에게는 영구적인 소외라는 것이 있을 수가 없습니다. 영구적인 소외는 하나님을 믿지 않는 자들에게 있는 것입니다. 그들은 영원히 죽은 후에도 각자 따로 지옥의 형벌을 받을 것입니다. 그러나 성도들이 죽으면 더 좋은 가족들이 기다리고 있고 더 좋은 친구들이 우리를 만날 것입니다. 그리고 이 세상에 있는 가족과 친구들도 잠시 떨어져 있는 것이지 얼마 있지 않으면 다시 다 만나게 되어 있습니다. 단지 우리가 기분상으로 이 모든 것을 다 잃고 죽는 것이 아닌가 두려워 할 뿐입니다. 사실은 그리스도 안에서 죽는 것이 사는 것보다 훨씬 더 복된 것은 사실입니다.

하나님이 주신 어려움

어려움을 당한 이 성도는 이 모든 어려움을 하나님이 주신 것으로 생각합니다. 왜냐하면 하나님의 허락이 없으면 참새 한 마리도 땅에 떨어질 수 없다는 것을 믿고 있기 때문입니다.

하나님께서 그에게 주신 것이 무엇입니까? 깊은 절망 가운데 가두어놓으신 것입니다.

> "주께서 나를 깊은 웅덩이 어두운 곳 음침한데 두셨사오며 주의 노가 나를 심히 누르시고 주의 모든 파도로 나를 괴롭게 하셨나이다"(88:6-7).

하나님께서 '나를 깊은 웅덩이 어두운 곳 음침한데 두셨다'는 말은 나의 모든 영광과 능력을 다 가져가셨다는 뜻입니다. 그러니까 모든 힘과 능력을 다 잃어버리고 깊은 절망 가운데 빠져 있게 된 것입니다. 그 이유가 무엇입니까? '주의 노가 나를 눌렀다'는 것입니다. 즉 하나님께서 나에게 노하실 일이 있었다는 것입니다.

그것이 무엇일까요? 하나님께서 나의 교만을 기뻐하시지 않으신 것입니다.

믿는다고 하면서도 철저하게 하나님의 손에 붙들리지 아니하고 내 마음대로 행동하고 다닌 것입니다.

우리가 주의 일을 하는데도 두 단계가 있습니다. 하나는 내가 주인이 되어서 내 마음대로 모든 것을 다하는 것입니다. 온갖 인기를 한 몸에 다 받고 온갖 찬사를 사람들로부터 다 받습니다. 사람들은 결과만 보고 말하기 때문에 그런 사람을 아주 대단한 사람으로 생각합니다. 사실은 영웅과 같은 사람이지요. 미디안으로 도망치기 전까지만 해도 모세도 그런 사람이었습니다. 사울과 같은 사람은 얼마나 인간적인 영웅인지 모릅니다. 그러나 그런 사람들은 하나님 앞에서 불합격입니다. 하나님의 종으로서 불합격일 뿐 아니라 천국에 들어가는 것조차도 합당치 않은 사람들입니다. 그런 사람들은 하나님의 종이 아니고 자기가 하나님의 주인입니다.

그런데 하나님께서 이런 사람들을 사랑하셔서 한번 크게 치실 때가 있습니다. 심한 경우에는 육체적인 사형선고를 받기도 합니다. 어느 누구도 도와줄 수 없고 회복될 수도 없는 병이라는 판정을 받는 것입니다. 그러면 어떻게 됩니까? 자기 자신이 하나님 앞에서 행한 것이 얼마나 망령되고 거짓되고 위선적이었는지 알게 됩니다. 그런데 사실 죽기 전에 이런 기회를 가질 수 있는 사람은 너무나도 복된 사람입니다. 왜냐하면 자기가 이 세상에서 쓸데없는 짓만 잔뜩 했다는 것도 모르고 죽는 종들이 많기 때문입니다.

종들이 사람들의 인기를 끈다는 것은 맞을 짓을 자초하는 것입니다. 하나님의 종들은 정확하게 하나님이 원하시는 것만 해 드려야 합니다. 그러고도 종은 욕을 얻어먹는 것이 정상입니다.

음식점같은 데서 서빙하는 종업원들은 손님들에게 야단맞기 십상입니다. 왜냐하면 오는 손님들은 다 왕같은 대접을 받고 싶어하고 또 자기가 까다롭게 굴어야 귀한 손님인 줄 알기 때문입니다. 그래서 신실한 하나님의 종들은 칭찬받기 어렵습니다. 그런데 처음부터 그런 것을 깨닫는 사람이 어디에 있습니까? 제대로 사용되기 위해서는 한번 죽는 경험을 해야 합니다. 그러나 사실 한번 죽는 것만으로는 안 됩니다. 깊은 어두움에 빠져서 철저하게 죽어지는 경험을 해야 합니다. 사실 그렇게 하고 죽어도 그것은 영광스러운 것입니다. 그러나 만일 하나님께서 그런 절망에서 다시 한번 끄집어내어 주셔서 사용하신다면 이것은 복 중의 복이며 한평생 다른 것은 생각할 필요도 없습니다. 하나님만 기쁘시게 하다가 죽는 것입니다. 왜냐하면 내 자신은 그 절망에 빠졌을 때 한번 죽은 목숨이기 때문입니다.

지금 이 사람은 꼼짝할 수 없는 자신의 상황을 하나님께 말씀드립니다.

> "주께서 나의 아는 자로 내게서 멀리 떠나게 하시고 나로 저희에게 가증되게 하셨사오니 나는 갇혀서 나갈 수 없게 되었나이다. 곤란으로 인하여 내 눈이 쇠하였나이다. 여호와여 내가 매일 주께 부르며 주를 향하여 나의 두 손을 들었나이다"(88:8-9).

이 사람에게 가장 고통스러운 것은 두 가지입니다. 하나는 그를 사랑하는 사람들이 모두 그를 떠나는 것입니다. 그리고 더 나아가 그를 가증하게 생각하는 것입니다. 그를 가증하게 생각한다는 것은 이 사람에 대하여 깊이 실망을 한 것입니다. 그리고 이 사람이 이렇게 고통받는 것은 죄를 지어서 하나님으로부터 버림을 받았기 때문이라고 생각합니다. 지금까지는 사랑하는 사람들로부터 늘 칭찬과 격려를 받았는데 이제는 철저하게 그들을 실망시키게 되는 것입니다. 그 이유가 무엇입니까? 영적인 이유인 것입니다. 이제는 그들의 품을 떠나서 본격적으로 하나님께 사용되기 위한 준비를 하는 것입니다. 그리고 또 하나는 이 어려움에서 꼼짝할 수가 없는 것입니다. 마치 덫에 걸린 것처럼 아무리 몸부림을 쳐도 그러면 그럴수록 더 올무가 조여져 빠져나갈 수가 없습니다. 그 전까지만 해도 나의 열심과 노력으로 모든 것을 다 할 수 있었는데 하나님께서 은혜를 거두어 가시니까 그냥 산송장이 되고 만 것입니다. 이것을 이 사람은 '하나님의 파도' 라고 말하고 있습니다. 배가 파선이 되었는데 끊임없이 파도가 몰아치니까 더욱더 살 가능성이 없는 것입니다. 다시 말해서 하나님께서는 조금도 틈을 주시지 아니하시고 밀어붙이십니다. 그렇게 하시는 이유가 무엇입니까? 이제부터 너의 인생은 너의 것이 아니고 나의 것이라는 것입니다. 하나님의 소유권을 주장하시는 것입니다. 하나님께서는 사랑하시는 종들을 소금물에 상당한 기간 담그셔서 그의 모든 교만과 인간적인 야망을 다 빠지게 하십니다. 왜냐하면 그래야 진정한 하나님의 종으로 오래 사용될 수 있기 때문입니다.

하나님께 대한 항의

이 성도는 무조건 하나님께 살려달라고 빌지 않고 당당하게 하나님과 논쟁을 벌입니다.

"주께서 사망한 자에게 기사를 보이시겠나이까? 유혼이 일어나 주를 찬송하리이까? 주의 인자하심을 무덤에서, 주의 성실하심을 멸망 중에서 선포할 수 있으리이까? 흑암 중에서 주의 기사와 잊음의 땅에서 주의 의를 알 수 있으리이까?" (88:10-12).

이 성도가 하나님께 대하여 이렇게 당당할 수 있는 이유가 무엇입니까? 그는 하나님께서 자기를 속이지 않는다는 것을 알았습니다. 하나님께서는 절대로 자기를 기만하지 않는 줄 알고 있었습니다. 그런데 지금 되어지는 일을 보면 마치 하나님께서 자기를 속이는 것 같은 것입니다.

예를 들어서 이 성도가 하나님의 큰 은혜를 받았습니다. 이제 막 비전을 가지고 주님의 일을 하려고 하는데 어떤 큰 일이 터지면서 아무 것도 할 수 없게 된 것입니다. 갑작스럽게 무슨 병이 생기거나 다른 어려움이 터진 것입니다. 그는 하나님께 항의할 수 있습니다. '하나님, 제가 아무리 믿음이 없다 하더라도 그 동안 말씀으로 배운 것을 한번이라도 써먹고 죽어야 할 것 아닙니까? 그런데 이렇게 죽는 것은 절대로 저는 받아들일 수가 없습니다' 라는 식으로 항의를 하는 것입니다. 이것은 얼마든지 가능한 것입니다. 오히려 하나님께서는 우리가 타당한 이유를 가지고 하나님을 설득시켜서 기도로 이기기를 원하십니다.

그래서 예수님께서는 불의한 재판관을 찾아가는 과부의 비유를 말씀하셨습니다. 불의한 재판관은 너무나도 교만하여서 아무도 두려워하지 않았습니다. 그러나 억울한 한 과부가 정당한 사유를 가지고 지속적으로 탄원을 할 때 그가 성가셔서라도 과부의 탄원을 들어주었다는 것입니다. 우리는 내가 믿는 것이 옳은 것이라면 어떤 장애가 오더라도 포기하면 안됩니다. 심지어는 하나님도 설득을 시키라는 것입니다.

가끔씩 보면 청년들이 어떤 청원을 합니다. 어른들은 처음에는 별로 관심을 가지지 않고 들은체도 하지 않습니다. 그런데 너무나도 타당한 이유를 제시하면서 온유한 마음으로 끈질기게 설득을 하면 그것을 받아들이지 않을 사람이 없을 것입니다. 그러나 많은 경우에는 한번 이야기를 던져보고 안되면 그 자리에서 화를 내고 포기를 해버리니까 일이 안되는 것입니다. 타당한 이유를 가지고 설득을 한다는 것은 하나님의 일을 하는데 있어서 아주 중요한 것입니다.

본문의 이 성도는 하나님께 '자기가 죽고 난 후에 기적을 베풀면 무슨 소용이 있습니까' 라고 하면서 따집니다. 그리고 주님의 인자하심과 성실하심을 죽고 난 후에 무덤에서 어떻게 선포하겠느냐고 하면서 하나님을 설득을 시킵니다. 즉 이 성도는 자기가 죽으면 하나님이 손해라는 것입니다. 기왕 기적을 행하시려면 자기가 죽기 전에 하셔서 자기를 건져내신 후 실컷 사용해 달라는 것입니다. 참으로 당당하고 자신만만한 요청입니다.

이 성도는 이미 기도하는 가운데 자기가 죽지 않을 것이며 다시 하나님의 손에 붙들려서 사용될 줄 확신을 가지게 됩니다.

> "여호와여 오직 주께 내가 부르짖었사오니 아침에 나의 기도가 주의 앞에 달하리이다. 여호와여 어찌하여 나의 영혼을 버리시며 주의 얼굴을 내게 숨기시나이까" (88:13-14).

이 성도는 이 어려움 가운데서 흔들리지 않고 일관되게 하나님을 의지했습니다. 그렇기 때문에 아침에 내 기도가 하나님께 상달될 줄 확신한다는 것입니다. 이것은 아침에 하나님께서 가장 먼저 일을 처리하실 때 나의 문제부터 우선적으로 처리한다는 뜻입니다.

어떤 왕이 아침에 집무를 시작하면 그는 밑에 있는 사람에게 물을 것입니다. '지금 이 아침에 가장 시급하게 해결해야 할 일이 무엇이냐?' 고 하면 바로 자기 일이 제일 먼저 거론될 것이라는 것입니다.

그는 하나님이 자기를 피하실 이유가 없다고 생각합니다. 하나님께서 무엇 때문에 인간을 피하시겠습니까? 하나님께서 이 성도에게 무슨 빚이 있다고 이 성도가 간청할 때 모르는체 하시겠습니까? 하나님께서는 가장 우선적으로 이 사람의 문제를 해결해 주실 것입니다.

병원의 주치의는 아침에 출근해서 가장 먼저 물어보는 것이 가장 먼저 돌아보아야 할 환자가 누구냐 하는 것입니다. 그래서 가장 급한 환자부터 돌봐야 그 사람이 어려움을 당하지 않을 것입니다. 마찬가지로 이 사람은 자신의 형편이 가장 급하기 때문에 하나님께서 가장 우선적으로 해결하실 줄 확신하고 있습니다.

그 다음에 그는 이것이 처음은 아니었다고 고백하고 있습니다.

> "내가 소시부터 곤란을 당하여 죽게 되었사오니 주의 두렵게 하심을 당할 때에 황망하였나이다. 주의 진노가 내게 넘치고 주의 두렵게 하심이 나를 끊었나이다. 이런 일이 물같이 종일 나를 에우며 나를 둘렀나이다"(88:15-17).

이 사람은 소시적부터 어떤 고질적인 문제를 가지고 있었던 것 같습니다. 그런데 그것이 해결되지 않고 있다가 이번에 터지게 된 것입니다. 다시 말해서 이 사람의 아킬레스건이 터진 것입니다. 그러나 한번 터지니까 역시 정신을 차릴 수가 없습니다. 그러나 그는 이것도 하나님께서 고치시는 과정으로 생각하고 있습니다. 왜냐하면 고치시지 않으려고 하면 이런 어려운 과정을 주실 필요가 없기 때문입니다. 우리는 어려움을 통하여 많이 자라게 되어 있습니다. 우리는 아프면서 자라게 되어 있습니다. 우리는 많이 아프면 많이 아플수록 더 자라게 되어 있습니다.

오늘 본문이 말씀하시는 것은 우리 성도들에게 절대적인 절망이라는 것은 존재하지 않는다는 것입니다. 하나님의 흠런 한 방으로 우리의 어려움은 얼마든지 변할 수 있습니다. 그런데 하나님께서 우리를 이런 절망에 가두시는 것은 소금으로 우리를 저리시는 것입니다. 하나님의 손에 붙들린 지팡이가 되어서 끝까지 충성하는 종이 되게 하기 위한 것입니다.

하나님의 영광을 위하여 …

시편 강해 ⑥
책 이 름 바다 속에 난 길

펴 낸 날 1판 1쇄 2003. 9. 1
1판 5쇄 2013. 11. 30

지 은 이 김서택
펴 낸 이 이환호
펴 낸 곳 예찬사
등 록 1979. 1. 16 제 302-2004-000056호
주 소 서울시 용산구 한강로 2가 108-1 정우빌딩 205호
전 화 798-0147(편집) 798-0148~9(영업)
팩시밀리 798-0145
홈페이지 yechansa.com
전자우편 octo0691@naver.com
I S B N 89-7439-252-6 (전10권)
89-7439-258-5 04230
* 저자와 협약하여 인지를 생략합니다.

좋은 책은 좋은 사람을 만듭니다.
예찬사는 기독교 출판 실천윤리강령을 준수합니다.